Display, Commercial Space
& Sign Design

Vol. 36

Display, Commercial Space & Sign Design Vol. 36

Collaboration
Japan Display Design Association
Nippon Display Federation
Japanese Society of Commercial Space Designers
Japan Sign Design Association

Book Design : Tycoon Graphics
Layout : Seto Sanae, Kouda Sayaka

Publisher
Fujii Kazuhiko
Rikuyosha Co., Ltd.
Shizuoka Bank Bldg., 19-12,
Shinjuku 2-chome, Shinjuku-ku,
Tokyo, 160-0022 Japan
Phone +81-3-3354-4020 Fax +81-3-3352-3106
http://www.rikuyosha.co.jp/

ISBN978-4-89737-624-0 C3072

Contents

目次

Award-Winning Work Index

入賞作品インデックス

（数字は作品番号）

JCD大賞
JCD Grand Award

JCD金賞
JCD Gold Award

JCD 近藤康夫賞
JCD Kondo Yasuo Award

JCD 川島蓉子賞
JCD Kawashima Yoko Award

JCD 中村竜治賞
JCD Nakamura Ryuji Award

JCD 廣村正彰賞
JCD Hiromura Masaaki Award

JCD 面出 薫賞
JCD Mende Kaoru Award

JCD新人賞
JCD Rookie Award

JCD銀賞
JCD Silver Award

サインデザイン大賞(経済産業大臣賞)
Sign Design Grand Prix

サインデザイン最優秀賞
Sign Design Diamond Award

サインデザイン優秀賞
Sign Design Gold Award

サインデザイン奨励賞
Sign Design Silver Award

サインデザイン大倉冨美雄賞
Sign Design Okura Fumio Award

サインデザイン勝尾岳彦賞
Sign Design Katsuo Takehiko Award

サインデザイン小島良平賞
Sign Design Kojima Ryohei Award

サインデザイン青木 淳賞
Sign Design Aoki Jun Award

SDA特別賞(財団法人日本産業デザイン振興会会長賞)
Sign Design Special Award

入賞・入選作品点数

ディスプレイデザイン賞2008

大賞	1
優秀賞	10
奨励賞	10
企画・研究特別賞	1
企画・研究特別賞 学生賞	2
協会特別賞 地域賞	3
協会特別賞 学生賞	4
入賞作品合計	31
入選作品合計	417

ディスプレイ産業賞2008

大賞	1
優秀賞	3
特別賞	1
奨励賞	16
入賞作品合計	21
入選作品合計	447

JCDデザインアワード2008

大賞	1
金賞	5
審査員賞	5
新人賞	3
銀賞	12
入賞作品合計	26
入選作品合計	74

第42回SDA賞

大賞	1
最優秀賞	8
優秀賞	5
奨励賞	8
招待審査委員賞	4（3点は最優秀賞）
特別賞	2
入賞作品合計	28
入選作品合計	95

Award-Winning Works

入賞作品

001

001-008

鳥のビオソフィア——山階コレクションへの誘い

所在地：東京・本郷
展示期間：2008年3月～5月
企画：秋篠宮文仁、西野嘉章
デザイン：西野嘉章、関岡裕之、セルジオ・カラトローニ
プロダクション：セキオカヒロユキデザイン、商華堂
クライアント：東京大学総合研究博物館
撮影：フォワードストローク

ディスプレイデザイン大賞(朝日新聞社賞)

Display Design Grand Prix

002

The Biosophia of Birds : an Invitation to the Yamashina Collection

Place : Hongo, Tokyo
Date : from March to May, 2008
Plan : Akishinonomiya Fumihito, Nishino Yoshiaki
Design : Nishino Yoshiaki, Sekioka Hiroyuki, Sergio Calatroni
Production : Hiroyuki Sekioka Design, Shokado
Client : The University Museum, The University of Tokyo
Photograph : Forward Stroke

003

005

004

006

鳥類標本の寡黙にして雄々しい世界の魅力

デザイン意図

自然誌を代表する鳥類標本を“アート&サイエンス”の協働の成果として再解釈する試みである。会場は次の五つの空間に構成され、それぞれの空間は展示物の特性に従って個性化し、展示コンセプトの違いを実感させる。
第1室「驚異と造形」 鳥のイメージを芸術家が造形化した。絶滅した鳥類がいかに驚異的だったかを表示する。
第2室「博物学と工芸」 剥製標本の見事さ、ケースの質の高さを訴求する。ピュア・ホワイトの空間に突き出た棒状の棚を枝に見立て、ガラスケース入りの鳥がとまっているかのように見せる。優れた自然史標本は、“工芸と芸術”の協働の結晶体であることの提示。
第3室「鳥類学者の小部屋」 博物学に関するさまざまな資料を高密度に展示する。鳥類学者の“収集”マニア的性癖が感じられるようにした。19世紀スタイルのデザイン。
第4室「人為と自然」 ニワトリの家畜化をメインテーマとする。ピュア・ホワイトの余白をいかし、直線のみのモダニズム趣味を貫徹したデザイン。多種にして多彩な家畜化されたニワトリが華やいだ雰囲気を醸し出す。
第5室「博物学陳列場」 19世紀スタイルの自然史博物館に見る落ち着いた雰囲気を特徴とする。自然界の生き物がもつ、時を越えた存在感“死物の美学”を観る者の目に伝える。自然史標本特有の“寡黙にして雄々しい世界”の魅力を印象づける。

007

選評

今年のディスプレイデザイン大賞（朝日新聞社賞）に、ミュージアム部門の「鳥のビオソフィア——山階コレクションへの誘い」が選ばれた。東京大学の創立百三十周年を記念し、東京大学総合研究博物館で開催された企画展である。財団法人山階鳥類研究所が収集した鳥類剥製標本を中心に、貴重な絶滅鳥をはじめ絶滅危惧種や希少種とされる鳥類の剥製標本、卵殻標本、骨格標本、書籍などの“実物”を中心に展示している。構成する五つの空間は、展示意図にそって展示手法、色彩、ライティングなどを巧みに展開し、それぞれの空間に特徴をもたせ、モノを見る楽しさを演出している。特にレトロでモダンなガラスケースと照明のバランスは突出している。展示物“実物”の素晴らしさや、モノとモノとの関わりなど非常にわかりやすく展開し、その表現も繊細にデザインされている。ディスプレイはさまざまな事柄や情報を伝えるためのコミュニケーションメディアである。人と人、人と物、人と情報、の出会う双方向コミュニケーションの“場”づくりがディスプレイデザインの基本であり、その“場”に力があることを再認識させられた作品である。
（ディスプレイデザイン賞2008審査委員長　山田昌之）

009-016
INAX：GINZA

所在地：東京・京橋
完成年月：2007年6月
ディレクション：前田紀貞アトリエ一級建築事務所　前田紀貞
デザイン：前田紀貞アトリエ一級建築事務所　竹内晴代、武藤圭太郎、西坂智恵、乃村工藝社　栗原優美子、島村佳和
グラフィックデザイン：乃村工藝社　金子美佐緒
プロダクションマネジメント：乃村工藝社　井上直行、朝倉 淳
プロダクション：乃村工藝社
クライアント：INAX
撮影：鈴木賢一

ディスプレイ産業大賞（経済産業大臣賞）
Display Industry Grand Prix

ディスプレイデザイン奨励賞
Display Design Silver Award

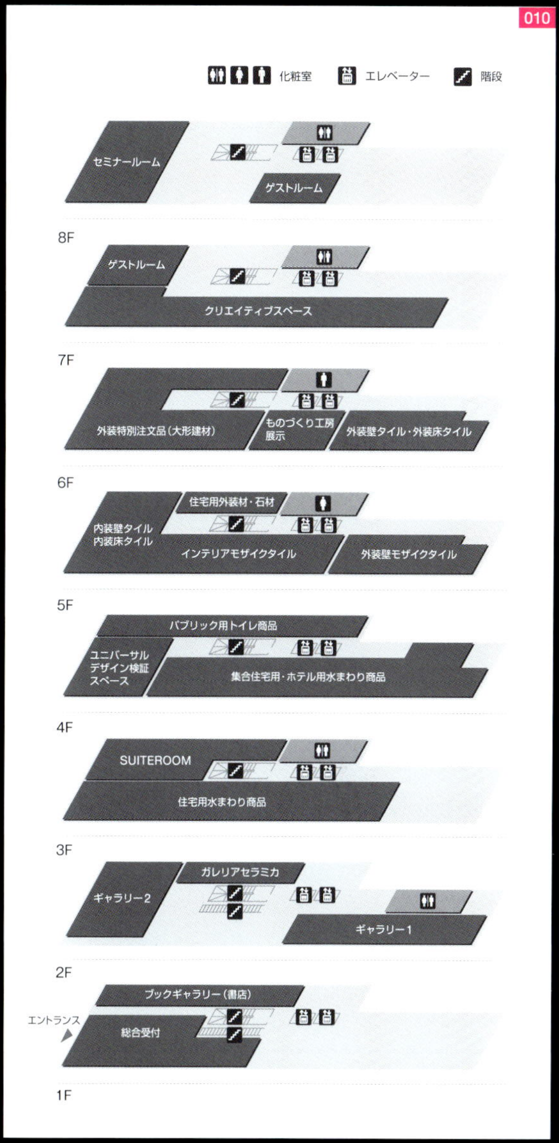

INAX : GINZA

Place : Kyobashi, Tokyo
Date of Completion : June, 2007
Direction : N Maeda Atelier - Maeda Norisada
Design : N Maeda Atelier - Takeuchi Haruyo, Muto Keitaro, Nishisaka Tomoe
Nomura - Kurihara Yumiko, Shimamura Yoshikazu
Graphic Design : Nomura - Kaneko Misao
Production Management : Nomura - Inoue Naoyuki, Asakura Jun
Production : Nomura
Client : Inax
Photograph : Suzuki Kenichi

011

013

012

014

ものづくりへのこだわりと空間デザインとの融合

デザイン意図

旧INAX銀座ショールームを改装し、プロユーザー向けに、上質で独創的な建築や住まいづくりのための素材や技術・情報の集積スポットとして「INAX:GINZA」をオープンさせた。久保田博二の写真を壁面タイルに表現したファサードを含め、1階から7階まで約700坪の空間に、INAXのタイルと設備機器、それらに付随する技術を、空間の中でより新しい形でデザイン展開している。"新技術のフォトタイルを組み合わせたファサード""天井や階段すべてに張られたタイルの有機的空間""LEDを埋め込んだ湾曲するタイル""調湿するカウンター"など、INAXの製品と技術、ものづくりへのこだわり+空間デザインが融合して生まれたショールームである。ショールーム内は展示商品のみならず、空間のマテリアル、空間自体も展示商品なのだ。

015

選評

雲一つない青空。見上げる人に与える感動は大きい。宇宙の広がりと、果てしない空間への想像の世界を、青一色で決めつけてくる。山に登る。ガス（霧）がわき出して、あっという間にすべての景色を霧の幕の中に包み込む。と、その一瞬、霧が流れ光が射し、山頂の一部が目に入る。そしてまた白霧の世界。
そんな大胆な演出を思わせる作品が現れた。しかも企業の展示空間。一般的には、多くの製品が清潔で好印象を与えるように、きめ細やかなコミュニケーション空間としてまとめられるのが普通だが…。
この作品は、従来の視点を真向から否定している。水まわりを白。白は清潔の象徴だが、それを一本の軸にした空間構成。限定された空間を無視し、あくまでも発展する可能性をイメージする造形と構成は、極めてユニークで、見る人に大きな期待感をおこさせる。
今、地球は“水”問題で混乱している。人間や動植物の生命を支えてくれる“水”が、姿を消し始めている。“水”を企業の使命とし、改めて社会に問いかけようとするこの作品の姿勢は、ディスプレイ業界の積極的な挑戦として評価したい。
（ディスプレイ産業賞2008審査委員長　豊口 協）

016

017

JCD大賞

JCD Grand Award

017-022

隙屋

Sukiya

所在地：静岡・浜松
完成年月：2007年8月
企画、設計：ナウハウス一級建築士事務所　鈴木幸治
施工：杉浦建築店
クライアント：小林浩志
図面：ナウハウス一級建築士事務所　鈴木幸治

Place : Hamamatsu, Shizuoka
Date of Completion : August, 2007
Plan and Design : Nauhaus Yukiharu Suzuki & Associates - Suzuki Yukiharu
Construction : Sugiura Kenchikuten
Client : Kobayashi Koji
Drawing : Nauhaus Yukiharu Suzuki & Associates - Suzuki Yukiharu

人間の感性に重きを置いたエコの家

デザイン意図

温暖な浜名湖なら隙間だらけの納屋でも住めるのではないかというのが、この住宅の出発点である。簡素だが豊かさをしみじみと感じさせる住まいだ。時代に逆行するが、設備よりも建築、建築よりも人間の感性に重きを置いた。感性は至れり尽くせりでは磨かれないものと考え、自然との間に強い境界をつくらず最小限のしつらえとした。一律的な高気密高断熱の家ではなく、究極のエコの家である。
外壁は黒い杉板を目透かしで張り、高耐候性ポリカーボネートをビス止めにした。耐用年数が過ぎれば簡単に取り替えられる。冬季には隙間からの日照を内部に蓄熱させ、夏季には上部の連窓を開放して湖面を渡る涼風を引き入れる。実際、冬季を過ごしたが十分暖かかった。屋根は離瓦を使って瓦下の通気を図り、屋根面の温度を下げる。伝統の瓦技術を見直すことで、現代の新機能とデザイン性を得た。地階は外断熱のRC造で、浜名湖へ開くトンネルから通風と採光を得る。視覚だけでなく、潮騒や潮の香りが聴覚や嗅覚を刺激する。夜は暮らしの光が建築の原型を浮かび上がらせ、経験したことのない空間へ飛躍する。夜が明ければ朝日で目が覚める。この作品がどこか懐かしいのは、隙間だらけの納屋からの発想であるからである。

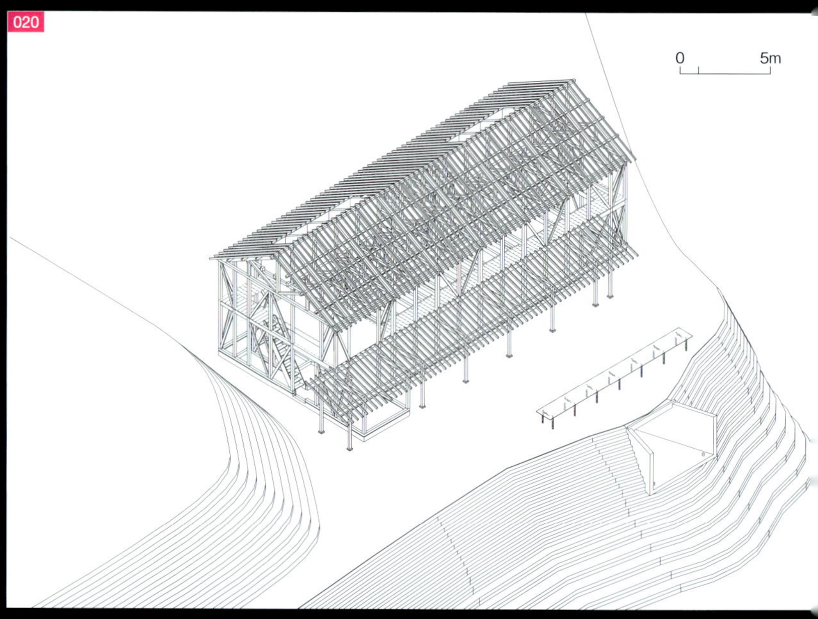

選評

ここ数年、JCDデザインアワードは、商業を中心とした作品が受賞できない風潮があったため、物議を醸し出すことが多かった。こうした傾向がある中で、住宅作品である今回の大賞受賞作も、新たな問題を抱えていることは間違いない。審査終了後に、大賞として認められるかどうかについての意見も出ていたが、応募、審査の段階で候補として残している限り、問題はないと考えている。こうしたJCDの取り組みは、すべてのジャンルが横断的にとらえられているという社会状況を反映した故の結果ではないかと思う。
この受賞作の評価は、「隙屋」というタイトルの通り、外壁をぐるりと取り囲むように打ち付けられた杉板の隙間から光を取り入れるという素直な解決方法が、際立っている点である。外壁との境界をあいまいにし、光で空間をコントロールするというシンプルな構造が、空間の豊かさにつながっている。作者も述べている通り、"人間の感性に重きを置いたエコの家"という表記は、現在社会が抱えている問題に一石を投じるものであろう。商業施設を設計する上でも、表層のデザインにとらわれることなく、デザインが本来もつ意義である、社会情勢を反映した問題意識のようなものが表現されるべきだと思う。
（JCDデザインアワード2008審査委員長　近藤康夫）

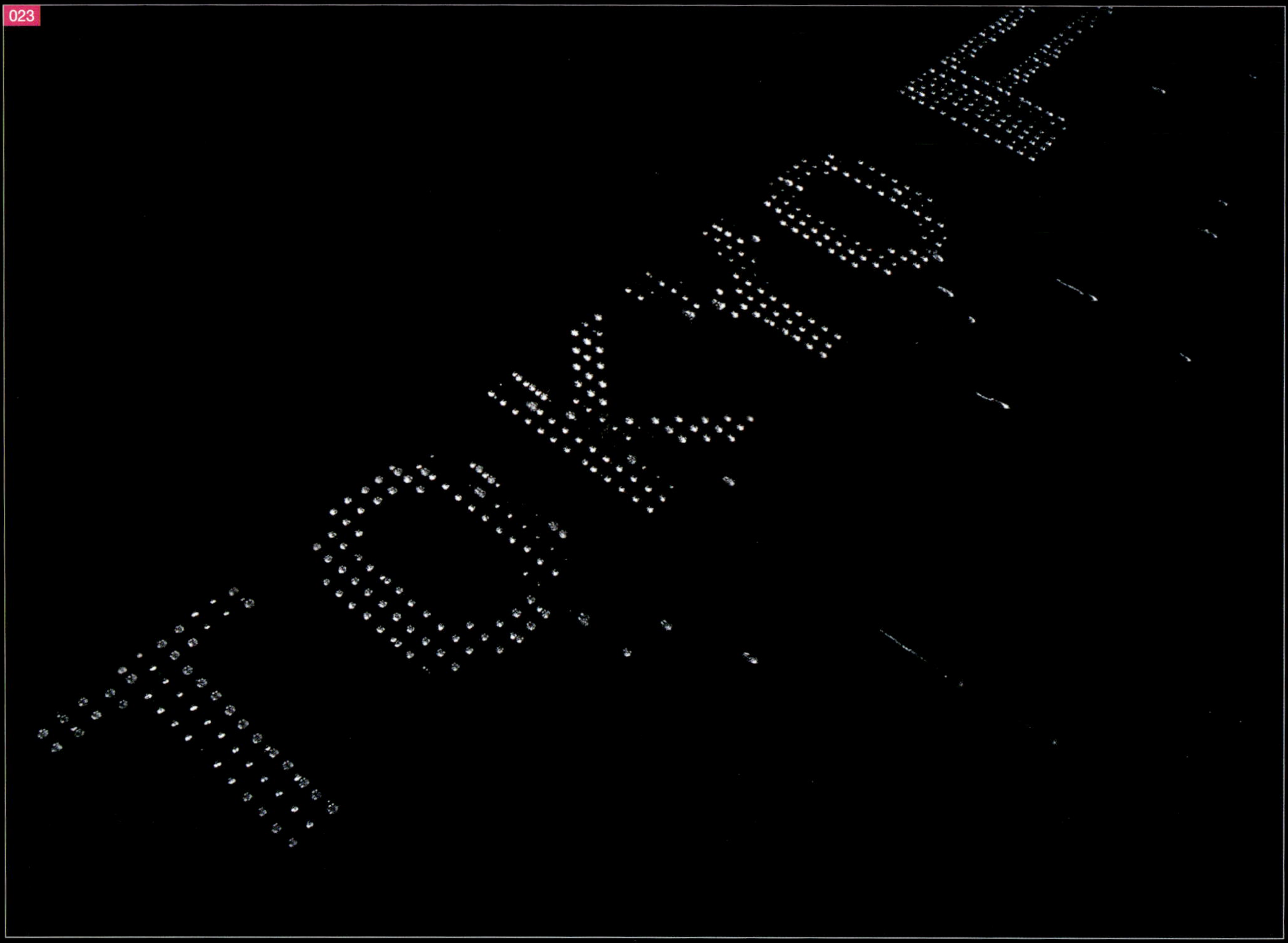

サインデザイン大賞(経済産業大臣賞)

Sign Design Grand Prix

023-031

WATER LOGO

所在地:東京・銀座
完成年月:2007年5月
ディレクション:原 研哉
デザイン:原 研哉、アトリエオモヤ、色部義昭
施工:アトリエオモヤ
クライアント:ジャパン・クリエーション実行委員会

WATER LOGO

Place : Ginza, Tokyo
Date of Completion : May, 2007
Direction : Hara Kenya
Design : Hara Kenya, Atelier Omoya, Irobe Yoshiaki
Construction : Atelier Omoya
Client : Japan Creation Executive Committee

024

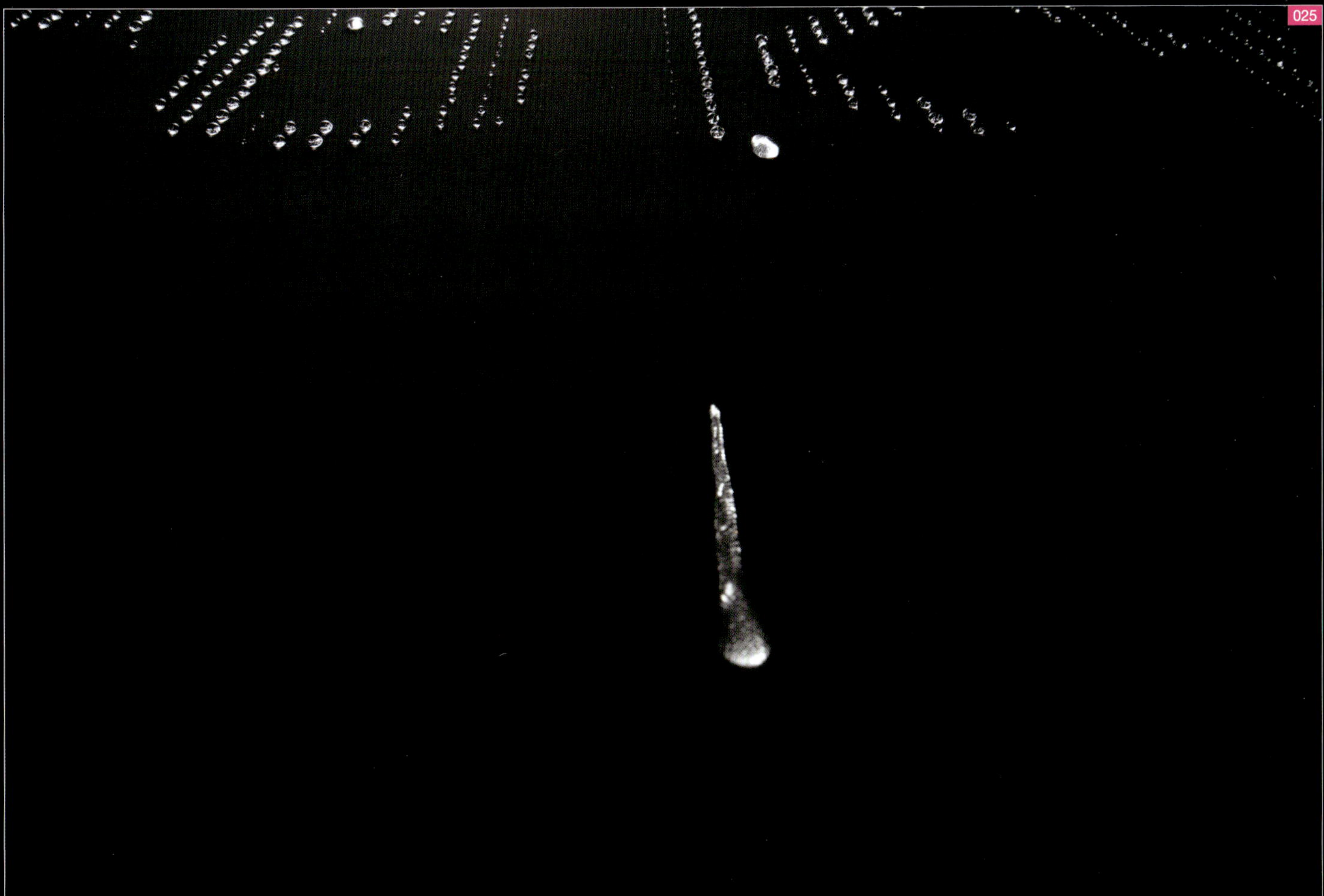

025

きらめきの水滴を演出したサインに、デザインの可能性が光る。

デザイン意図

光を集めた水玉はダイヤモンドのように美しいが、それはもっぱら刹那的な自然現象の中にとどまっている。したがって、雨の軒先や、蓮の葉の上に、私たちはその美しい輝きを見るのみである。ここでは、ナノレベル（10億分の1m）の超撥水加工を施した布を用いて、輝く水玉を黒い布の上に、美しく文字の形に整列させ、さらには、それが次々にきらめきながらこぼれ落ちる様を具体的に出現させた。水滴は布の背後から次々とわき現れ、一定以上の大きさに達すると、自らの重みで布の斜面を転がり落ちる。それによって浮かび上がるのはTOKYO FIBERのロゴ。展示台の下端で、転がる水を受け止めるのは、逆に親水性の高い布である。

布の背後には、ロゴの形に、おびただしい注射針が潜んでいる。空気圧で制御された注射器を通して、そこに次々と水滴が供給されるのである。この作品はメディア・アーティスト集団アトリエオモヤとのコラボレーションである。

027

029

028

030

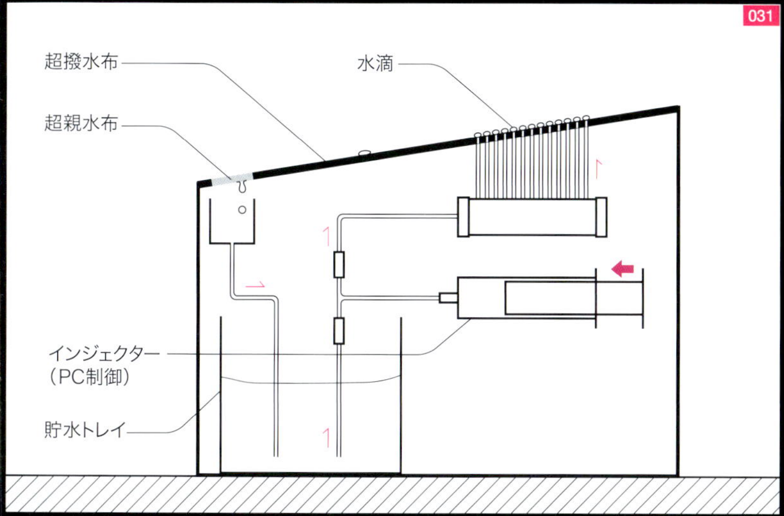

031

選評

サインデザインが時代の流れにそって変容することはいうまでもない。当然サインである以上、その機能性やイメージ性が大切であり、サインを利用する人や、そこを訪れる人々にわかりやすく、案内、誘導、表示するといった一連の行動心理に基づいたシステムが重要視される。そして環境や空間にマッチしたデザインが、建築、インテリア、ディスプレイ、サインといった分野に計画され実現しているが、ややもすれば表層的なデザインに終始しているのではないだろうか。

第42回SDA賞の審査を終えて感じたことは、LEDや液晶ディスプレイの可変情報システムがサインの分野に多い昨今であるが、大賞を受賞した「WATER LOGO」をはじめ、最優秀賞の「NICOLAS G. HAYEK CENTER 映像サイン計画」「WAVING INFORMAITION」など、上位に輝いたのは伝えたいメッセージが記憶に残る作品である。特に、SDA大賞の「WATER LOGO」の作品は、ダイヤモンドのような水玉が次々ときらめきながらこぼれ落ち、そのさまは目を見張るもので、審査員満場一致で選ばれた。サインに携わるもの、デザイナーにとって、この作品はこれから仕事をしていく上で刺激となり、サインデザインの可能性を膨らませたことと思う。

（第42回SDA賞審査委員長　井原理安）

033

035

034

036

サインデザイン最優秀賞

Sign Design Diamond Award

032-036

川村記念美術館 サイン計画

所在地：千葉・佐倉
完成年月：2008年3月
ディレクション、デザイン：色部義昭
施工：ジーティー・クリエイト
クライアント：川村記念美術館
撮影：渡邉 修

Sign Project for Kawamura Memorial Museum of Art

Place : Sakura, Chiba
Date of Completion : March, 2008
Direction and Design : Irobe Yoshiaki
Construction : GT Create
Client : Kawamura Memorial Museum of Art
Photograph : Watanabe Osamu

デザイン意図

千葉県佐倉市、緑豊かな庭園内にあり、子供から高齢者まで幅広く親しまれてきた美術館の大改装に際して行ったサイン計画。都心にはない静かな環境の中で、ゆったりと鑑賞してもらえるよう、“やさしく” “静かに” “わかりやすく” をテーマに、太文字に太いピクトの特徴的なVIで展開した静かなコミュニケーションを提案。中でも特徴的なのは矢印。単純な造作ながら余白となる地が矢印の図像として浮かぶ、オプティカルな表現となっている。

サインデザイン最優秀賞

Sign Design Diamond Award

037-040

乃村工藝社 本社ビル

所在地：東京・台場
完成年月：2007年12月
ディレクション：廣村正彰
デザイン：丸山智也
プロデュース：乃村工藝社
建築基本設計：日建設計
施工：ノムラコムス
クライアント：乃村工藝社
撮影：中島洋介

NOMURA New Building

Place : Daiba, Tokyo
Date of Completion : December, 2007
Direction : Hiromura Masaaki
Design : Maruyama Tomoya
Producing : Nomura
Architectural Basic Design : Nikken Sekkei
Construction : Nomura Coms
Client : Nomura
Photograph : Nakajima Yosuke

038

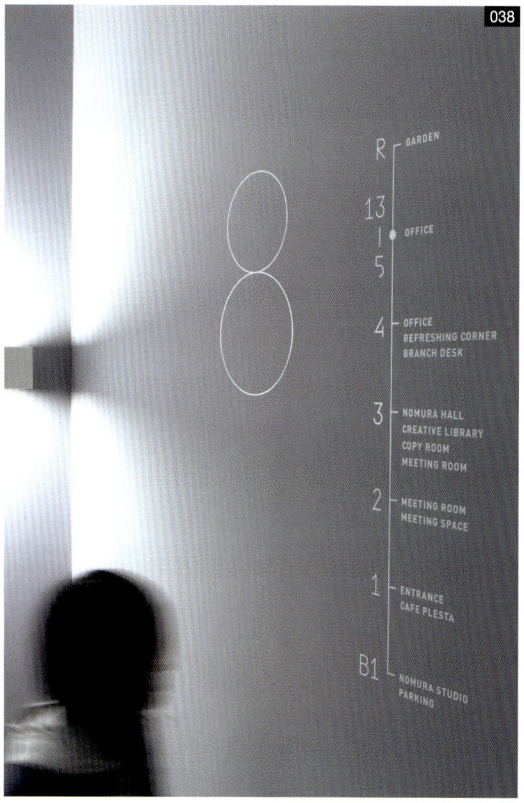

039

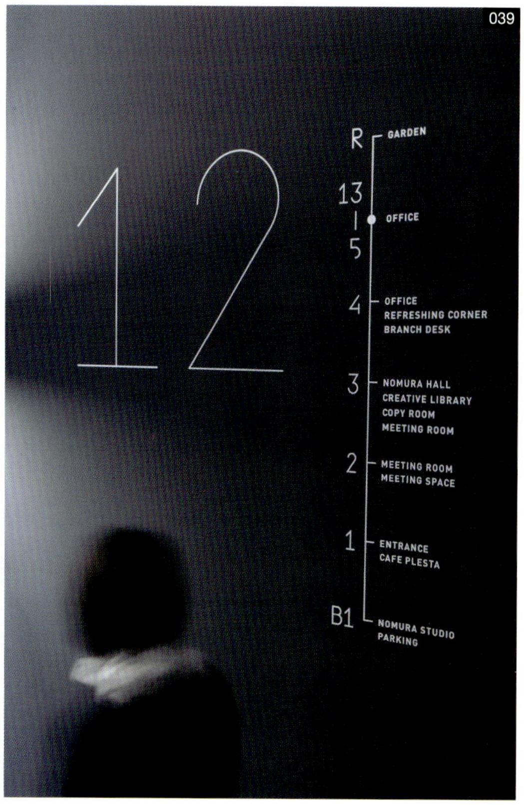

040

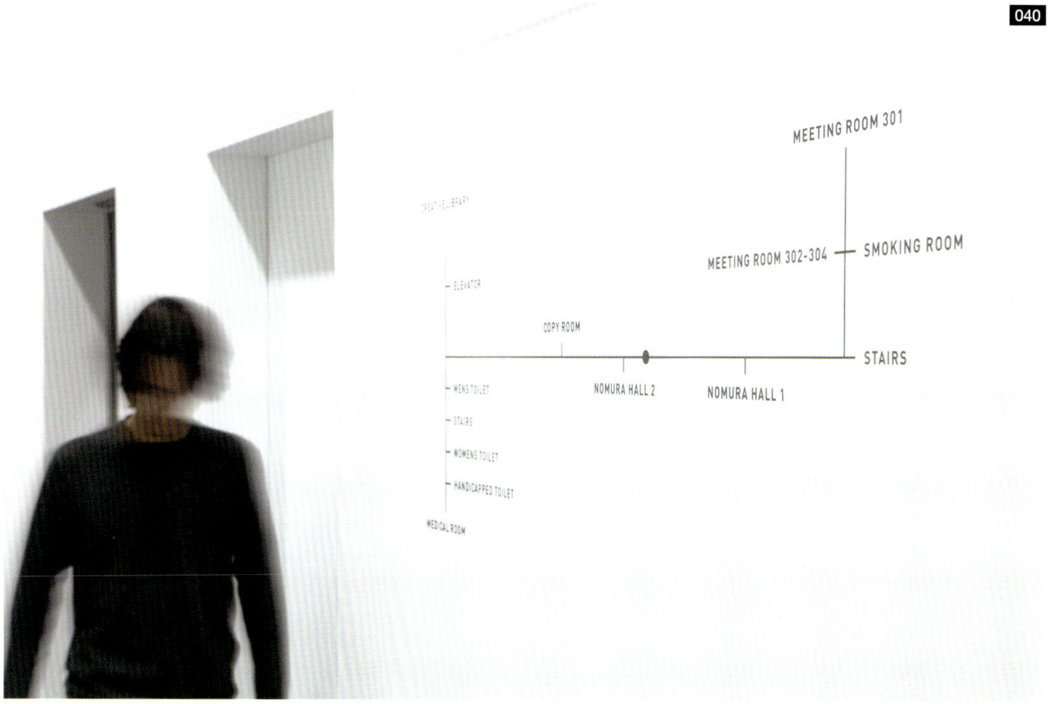

デザイン意図
乃村工藝社本社ビルのサイン計画は、すべて平面のグラフィック的なプランを提案した。サインはすべてシートで、単純化したフロアマップを、見る位置に応じて適切な方向に変え、必要な箇所に配置した。階段室の壁面の色は、最上階に向かって白色から黒色になっていく。"自分の位置を知ること"と"目的の場所を知ること"という、サインのもつ機能としての本質を考え直した。

041

042

サインデザイン最優秀賞、勝尾岳彦賞

Sign Design Diamond Award, Katsuo Takehiko Award

JCD 近藤康夫賞

JCD Kondo Yasuo Award

041-043

DIARY

所在地：東京・銀座
完成年月：2007年5月
ディレクション：大成建設一級建築士事務所、Soup Design　尾原史和
デザイン：大成建設一級建築士事務所　中藤泰昭、古市 理、渡辺 賢、太田英和、藤原 稔、野瀬英未璃、Soup Design　尾原史和
施工：大成建設
クライアント：読売新聞
撮影：阿野太一

DIARY

Place : Ginza, Tokyo
Date of Completion : May, 2007
Direction : Taisei, Soup Design - Ohara Fumikazu
Design : Taisei - Nakafuji Yasuaki, Furuichi Osamu, Watanabe Satoshi, Ota Hidekazu, Fujiwara Minoru, Nose Emiri, Soup Design - Ohara Fumikazu
Construction : Taisei
Client : The Yomiuri Shimbun
Photograph : Ano Daici

デザイン意図

仮囲いは工事現場と街とを隔てる壁である。しかし、私たちの現場では仮囲いの一部を透明な容器とすることで環境活動を含む建設行為の視覚化を試みた。現場で発生する端材は工事の進行に伴い10種類の分別容器に投入されていく。通り行く人は工事現場の中が見えると同時に、何が使われているのか、どのくらい工事が進んでいるのかを知ることができる。建物が完成するとき、すべての容器は満たされ、端材はリサイクルされていく。

043

044

サインデザイン最優秀賞

Sign Design Diamond Award

044-046

WAVING INFORMATION

所在地：東京・銀座
完成年月：2007年5月
ディレクション：原 研哉
デザイン：マングーススタジオ、色部義昭
施工：マングーススタジオ
クライアント：ジャパン・クリエーション実行委員会

WAVING INFORMATION

Place : Ginza, Tokyo
Date of Completion : May, 2007
Direction : Hara Kenya
Design : Mongoose Studio, Irobe Yoshiaki
Construction : Mongoose Studio
Client : Japan Creation Executive Committee

045

046

デザイン意図

高度な伸縮率をもつハイテク繊維を用いた、運動する三次元スクリーンである。布の背後に配されたグリッド状のアームが互い違いに前後運動を繰り返すことで、三次元的に波打つ映像投影スクリーンを生み出している。この波打つスクリーンに、展覧会のロゴや解説文がモーショングラフィックスとして投影される。

047

サインデザイン最優秀賞

Sign Design Diamond Award

047-050

犬島アートプロジェクト　サイン計画

INUJIMA ART PROJECT Signage Design

所在地：岡山
完成年月：2008年4月
ディレクション、デザイン：小磯裕司
施工：高松ホットスタンプ
クライアント：直島福武美術館財団

Place : Okayama
Date of Completion : April, 2008
Direction and Design : Koiso Yuji
Construction : Takamatsu Hot Stamp
Client : Naoshima Fukutake Art Museum Foundation

048

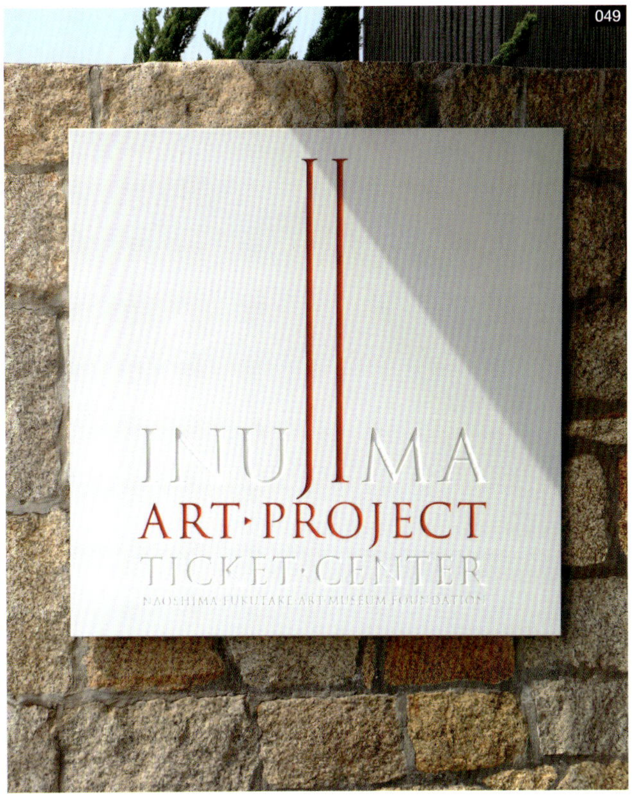

049

050

デザイン意図
瀬戸内の近代化産業遺産“犬島精錬所”を再開発したアート施設にある、圧倒的なランドマークの精錬所煙突をローマ碑文（トラヤヌス帝碑銘）書体で表現したロゴマーク・サインデザイン。近代化産業遺産としての文化的価値・瀬戸内の自然景観と、地方性・遺構景観の無国籍で時代性を超越した魅力を、古代地中海文明を引用したグラフィックの装着によって地球的普遍性へ昇華させる触媒サインである。瀬戸内伝統“焼板杉”の壁にステンレスサイン、チケットセンターに大理石碑文サイン、エントランスに初期金属活字書体に基づく“精錬所”ロゴタイプを腐蝕鉄板切文字で設置した。

051

サインデザイン最優秀賞、小島良平賞

Sign Design Diamond Award, Kojima Ryohei Award

051-054

NICOLAS G. HAYEK CENTER 映像サイン計画

所在地：東京・銀座
完成年月：2007年5月
ディレクション：原 研哉
デザイン：原 研哉、色部義昭
映像：齋藤裕行
施工：映像システム
クライアント：スウォッチ グループ ジャパン
撮影：関口尚志（No.051, 052, 053）、伊藤彰浩（No.054）

Motion Signage System for NICOLAS G. HAYEK CENTER

Place : Ginza, Tokyo
Date of Completion : May, 2007
Direction : Hara Kenya
Design : Hara Kenya, Irobe Yoshiaki
Motion : Saito Hiroyuki
Construction : Eizo System
Client : Swatch Group Japan
Photograph : Sekiguchi Takashi (No.051, 052, 053), Ito Akihiro (No.054)

デザイン意図

複数の腕時計ブランドの、各ショールームに直行する多数のエレベーターが集合してできたビルのサイン計画である。来館者をわかりやすく誘導する機能的なサインを提案すると同時に、訪れた人にそこが特別な場であるという印象が刷り込まれるよう、時間をテーマとした映像サイン計画を提案した。

空中に浮遊する時計“フローティングクロック”は、手のひらやその下を横切る物体に投影される“動いている時計”である。一連のサインは映像を基軸とした斬新な空間装置である。

052

053

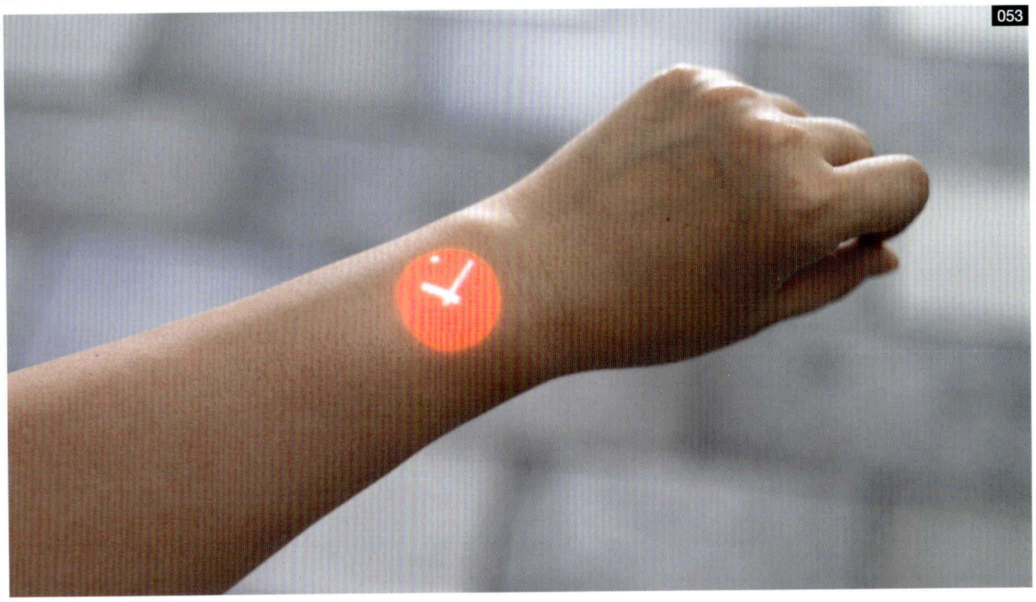

054

055

サインデザイン最優秀賞、青木 淳賞

Sign Design Diamond Award, Aoki Jun Award

055-056

CORN

所在地：京都
完成年月：2008年1月
ディレクション、デザイン：ninkipen! 一級建築士事務所　今津康夫
クライアント：グジ
撮影：河田弘樹

CORN

Place : Kyoto
Date of Completion : January, 2008
Direction and Design : Ninkipen! Architect Office - Imazu Yasuo
Client : Guji
Photograph : Kawata Hiroki

デザイン意図
セレクトショップの看板である。決められた予算は、ready-madeを買うのにピッタリで、キャスターも照明も付けることができたが、扱っているブランドがもつリテラシーには遠く及ばず、オリジナルな解答を探すことにした。看板は、カラーコーンとエプロンである。この二つはどちらもready-madeであるが、本来の用途は看板ではない。このことが見る人の価値観の中で多様な振幅を生む。さらに、単体の価格も10分の1に抑えることができたので、複数の製作が可能になった。そこにプリントされた"人さし指"によって京都というグリッドが、迷路のように、ハイキングコースのようになれば面白い。

057
Class Room
Class Room

サインデザイン最優秀賞

Sign Design Diamond Award

057-059

みんなで描いた、今庄小学校。

所在地：福井・南越前町
完成年月：2007年9月
ディレクション：島津勝弘
デザイン：島津環境グラフィックス　島津勝弘、竹内健人、米林真由美、島津睦子、井澤鉄之助
イラストレーション：今庄小学校在校生
建築設計：石本建築事務所
校舎施工：五洋建設・木原建設・大和建設 JV
体育館施工：坂川建設・キョウエイビルド JV
クライアント：南越前町

Imajo Elementary School that drew all

Place : Minami-Echizencho, Fukui
Date of Completion : September, 2007
Direction : Shimazu Katsuhiro
Design : Shimazu Environmental Graphics - Shimazu Katsuhiro, Takeuchi Takehito, Yonebayashi Mayumi, Shimazu Mutsuko, Izawa Tetsunosuke
Illustration : Imajo Elementary School Students
Architectural Design : Ishimoto Architect Office
Building Construction : Penta-Ocean Construction, Kihara, Daiwa JV
Gymnasium Construction : Sakagawa, Kyouei JV
Client : Minami-Echizencho Township

デザイン意図

今庄小学校は、町有林から伐採した今庄産スギ11本の丸太を柱構造材としてホールに使用しており、また越前瓦や和紙壁紙など内装建具にも多くの自然素材を多用している学校である。今回の計画は、子供たちの記憶にも残り自慢できる学校にという目標から、行政、学校、設計者が調整を行い参加型デザインという手法で、在校生に今庄に関する、普段より身近に親しんでいるアイテムの絵を描いてもらい、校内の環境グラフィックとしてデザイン展開している。

060

061

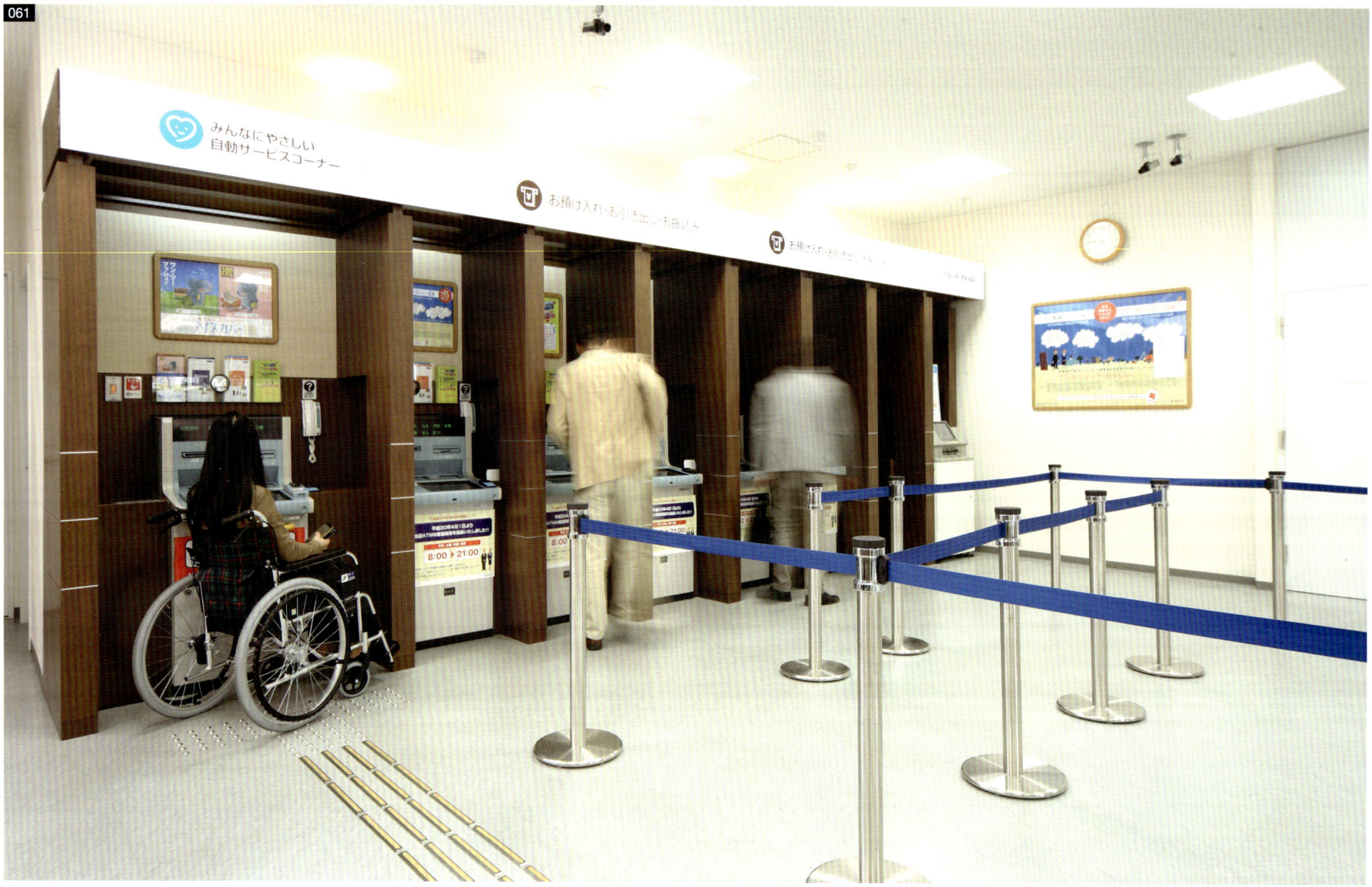

062

サインデザイン優秀賞

Sign Design Gold Award

060-062

福岡銀行のユニバーサルデザイン

所在地：福岡
完成年月：2008年1月
ディレクション：福岡銀行、ジーエータップ
デザイン：ジーエータップ
施工：ジーエータップ
クライアント：福岡銀行
撮影：遠江 晃（No.060, 062）、福島啓和（No.061）

The Universal Design of Fukuoka Bank

Place : Fukuoka
Date of Completion : January, 2008
Direction : Fukuoka Bank, GA-Tap
Design : GA-Tap
Construction : GA-Tap
Client : Fukuoka Bank
Photograph : Tonoe Akira (No.060, 062), Fukushima Hirokazu (No.061)

デザイン意図

福岡銀行では"すべての人に使いやすく心地よい銀行"を目指した店舗づくりを進めている。障害者も健常者もストレスなく利用できる店舗を実現するために、音声案内付き触知案内板、身体の負担を軽減する階段手摺、車椅子でも利用しやすいATMコーナーや窓口、座って記入のできる記帳台等、利用者のさまざまな条件に配慮して空間や装置を計画した。約3年間で全支店155店の整備を目標としている。

063

9
5
Some people say soccer's a matter of life or death
1
Football, it is really wonderful sport. Because it is a sport which raises a
child as an adult and raises an adult as a gentleman.
2
S南
エリア

064

065

サインデザイン優秀賞

Sign Design Gold Award

063-065

大宮公園サッカー場 施設空間デザインシステム開発

所在地：さいたま
完成年月：2007年10月
ディレクション：エモーショナル・スペース・デザイン　渡辺太郎
デザイン：エモーショナル・スペース・デザイン　佐野裕次、上野悟志
建築設計：NTTファシリティーズ　平田真祥、土井康弘
施工：トモエ
クライアント：さいたま市

Omiya Football Stadium Space Design Development

Place : Saitama
Date of Completion : October, 2007
Direction : Emotional Space Design - Watanabe Taro
Design : Emotional Space Design - Sano Yuji, Ueno Satoshi
Architectural Design : NTT Facilities - Hirata Shinsho, Doi Yasuhiro
Construction : Tomoe
Client : Saitama City

デザイン意図

プレイヤーとオーディエンスの渾然一体となった興奮・喜びが心地よい記憶として残る…、そんな空間のデザインを目指した。チームのアイデンティティーカラーをサインシステムのカラースキームに積極的に展開。中でもオレンジ色はプレイヤー、ブルーはサポーターを意味する12本の梁型のスーパーグラフィックには、それぞれにサッカーという素晴らしいスポーツを讃えるメッセージが込められ、目前に迫ったゲームに胸を弾ませる利用者を温かく迎え入れる。サインはこれらの施設を明確に区別し、それぞれが専用のエレベーターでしか行けない特殊なプランを、色分けした大きくわかりやすい矢印と、床の誘導ブロックによって示した。サインと空間を一体のデザインと考え、利用者が自然に目的地に到達することができるよう計画した。

066

サインデザイン優秀賞

Sign Design Gold Award

066-069

産経新聞印刷 千鳥センター

所在地：千葉・浦安
完成年月：2007年11月
プロデュース：サンケイビルテクノ　斉藤正義
ディレクション：KAJIMA DESIGN　米田浩二、武本真哉
デザイン：イリア　鈴木一成
施工：鹿島建設
クライアント：産業経済新聞社
撮影：エスエス東京　島尾 望

Sankei Shimbun Printing Chidori Center

Place : Urayasu, Chiba
Date of Completion : November, 2007
Producing : Sankei Bldg. Techno - Saito Masayoshi
Direction : Kajima Design - Yoneda Koji, Takemoto Shinya
Design : Ilya - Suzuki Kazunari
Construction : Kajima
Client : Sankei Shimbun
Photograph : SS Tokyo - Shimao Nozomu

067

068

069

デザイン意図
場所は東京ディズニーリゾートの近くの東京湾に面した工業団地内。その立地環境を最大限にいかし、“海”をテーマにそこで働く従業員や見学者に、楽しさと驚きを感じてもらえる新聞印刷工場を目指した。三層吹抜けのエントランスホールの壁面には、インクのCMYK、印刷機の歯車、東京湾の海をモチーフにしたグラフィックを採用。きらきらした印象、新しい印象など、楽しい雰囲気を工場全体にもたらすことを意図した。

13·14号館

サインデザイン優秀賞

Sign Design Gold Award

070-072

→

所在地：東京・目黒区駒場
完成年月：2007年5月
ディレクション、デザイン：nosigner
施工：nosigndesign、共栄精機
クライアント：東京大学先端科学技術研究センター

ARROW

Place : Komaba, Meguro-ku, Tokyo
Date : May, 2007
Direction and Design : Nosigner
Construction : Nosigndesign, Kyoeiseiki
Client : Research Center for Advanced Science and Tech, The University of Tokyo

デザイン意図

東京大学先端科学技術研究センターにおけるイヴェント時のサイン計画である。この矢印には、本体を支える足がない。いや、正確には足がないのではない。矢印の影が足になっているのである。この工夫によって、純度の高い、誰の目にも明らかな“ただの矢印”をつくることができた。いかに“矢印”らしくあるかを考えたサイン計画によって、注意をそがれることなく、矢印の示す目的地を認識することができる。

073

JCD金賞

JCD Gold Award

サインデザイン優秀賞

Sign Design Gold Award

ディスプレイ産業優秀賞(経済産業省商務情報政策局長賞)

Display Industry Gold Award

ディスプレイデザイン奨励賞

Display Design Silver Award

073-075

廣瀬歯科診療所

所在地：大阪・河内長野
完成年月：2008年3月
企画、設計：eleven nine interior design office　永田 武
構造：原田順三＋ステラジアン建築構造研究所　原田順三
施工：バンディット
クライアント：廣瀬敦文
撮影：山田誠良

Hirose Dental Clinic

Place : Kawachinagano, Osaka
Date of Completion : March, 2008
Plan and Design : Eleven Nine Interior Design Office - Nagata Takeshi
Structure : Harada Junzo + Architect Office Steradian - Harada Junzo
Construction : Bandit
Client : Hirose Atsufumi
Photograph : Yamada Seiryo

074

075

デザイン意図

雲烟。建物の硝子に、昼間の爽やかな雲が描かれている。くっきりと。やがて日の沈むころ、それは煙のように淡く薄くたなびき、霞と化す。この仕上げは二重膜で構成されている。雲模様シート張りの硝子部分と、内部PVCシートに同様の印刷をしたものだ。この二重膜により、院内イメージは、不思議なフィルターを通して外界へ発信される。夜、硝子に漂う雲が水墨画のようにたなびく。そこに映る雨や、人影、月をのみ込みながら。

JCD金賞

JCD Gold Award

076-079

BLESS

所在地：神戸
完成年月：2007年8月
設計：KEIKO＋MANABU　内山敬子、沢瀬 学
照明：遠藤照明　築山夏子
施工：T.P.I.
クライアント：ココパームス
撮影：太田拓実
図面：KEIKO＋MANABU

BLESS

Place : Kobe
Date of Completion : August, 2007
Design : Keiko + Manabu - Uchiyama Keiko, Sawase Manabu
Lighting : Endo Lighting - Tsukiyama Natsuko
Construction : T.P.I.
Client : Coco Palms
Photograph : Ota Takumi
Drawing : Keiko + Manabu

デザイン意図

神戸・元町駅にほど近い、路面店であるセレクトショップのリニューアル。20坪ほどの広さの中に、奥行きのある、什器と壁の中間のような存在のもので三つの空間をつくっている。表側は3種のイメージの空間に厳選された商品が浮かび上がり、裏側は白色の空間にさまざまな商品が高密度に置かれている。仕切られた空間をつなぐ開口が隣の気配を伝え、商品と空間の組み合わせで相対的に変化するショップイメージが開口の向こうとこちらで移ろう。

077

078

079

JCD金賞

JCD Gold Award

080-083

MUSVI

所在地：福岡
完成年月：2008年3月
企画：春蒔プロジェクト　田中陽明
設計：point　長岡 勉、田中正洋
施工：ミザーニ
クライアント：ミザーニ
撮影：平賀 哲
図面：田中正洋

MUSVI

Place : Fukuoka
Date of Completion : March, 2008
Plan : Harumaki Project - Tanaka Haruaki
Design : Point - Nagaoka Ben, Tanaka Masahiro
Construction : Misani
Client : Misani
Photograph : Hiraga Tetsu
Drawing : Tanaka Masahiro

デザイン意図

ブランド名の“MUSVI＝結び”というコンセプトを表した、紐でできたジュエリーショップ。デザイナーが指輪に込めた物語と向き合えるように、一人のデザイナーに一つの展示台を用意することで、ギャラリーのような空間ができた。来店者は紐のカーテンで緩やかに仕切られた空間をさまよいながら、二人だけの特別な結婚指輪を探す。カーテンは“結び”方次第で、通り抜けができる柱や壁になり、ジュエリーを巡るさまざまな散策路ができ上がる。

081

082

083

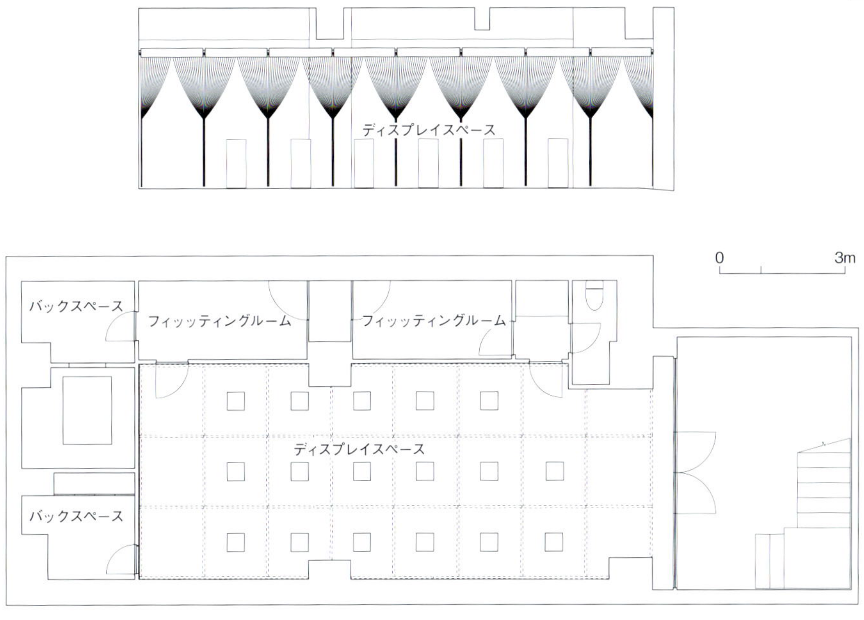

ディスプレイスペース
0
3m
バックスペース
フィッティングルーム
フィッティングルーム
ディスプレイスペース
バックスペース

085

086

087

JCD金賞

JCD Gold Award

084-087

"ハンカイ"ハウス

所在地：兵庫・明石
完成年月：2007年12月
設計：宮本佳明建築設計事務所　宮本佳明
構造：滋賀県立大学　陶器浩一
照明：ぼんぼり光環境計画
施工：藤原建設
クライアント：永田ヒロ子

"HANKAI" HOUSE

Place : Akashi, Hyogo
Date of Completion : December, 2007
Design : Katsuhiro Miyamoto & Associates - Miyamoto Katsuhiro
Structure : The University of Shiga Prefecture - Toki Hirokazu
Lighting : Masahide Kakudate Lighting Architect & Associates
Construction : Fujiwara Kensetsu
Client : Nagata Hiroko

デザイン意図

東播磨の古い集落の中に建つ民家のリノヴェーションである。老朽化に加えて阪神・淡路大震災時には"半壊"判定を受けた。そこで特に損傷の激しい部分は解体し、伝統的な田の字型（四間取り）平面をもつ母屋の周囲に、新たな個室と水回り、スロープを主体とした動線系を配置して根本的なプログラムの転換を図った。2×4構法によって構成された新設部分は、既存母屋に対してとぐろのように巻き付き、耐震補強として有効に機能している。

JCD金賞

JCD Gold Award

088-091

佐川美術館 樂吉左衞門館

所在地：滋賀・守山
完成年月：2007年7月
企画：佐川急便
設計：樂吉左衞門、竹中工務店　内海慎介
音響：竹中工務店　荒木邦彦
照明：アカリ・アンド・デザイン　吉野弘恵
施工：竹中工務店
クライアント：佐川急便
撮影：畠山 崇（No.088, 089, 091）、エスエス大阪　清水向山（No.090）

Sagawa Art Museum RAKU KICHIZAEMON-KAN

Place : Moriyama, Shiga
Date of Completion : July, 2007
Plan : Sagawa Express
Design : Raku Kichizaemon, Takenaka - Utsumi Shinsuke
Sound Design : Takenaka - Araki Kunihiko
Lighting : Akari + Design - Yoshino Hiroyasu
Construction : Takenaka
Client : Sagawa Express
Photograph : Hatakeyama Takashi (No.088, 089, 091), SS Osaka - Shimizu Kozan (No.090)

089

090

091

デザイン意図

琵琶湖と比叡山を望む美しい環境に位置する美術館の別館増築である。十五代樂吉左衛門とのコラボレーションにより、現代の茶室と非日常的展示室の創出に取り組んだ。当初示された構想に基づき、葦の茫々と茂る水庭に浮かぶ現代の茶室と、水面下に埋設された樂茶碗の展示室を計画している。水庭を眺める経路空間を特徴とする本館との連続性を保ちながら、別館特有の潜在意識に訴える水のイメージをいかした非日常空間の創出を目指した。

092

093

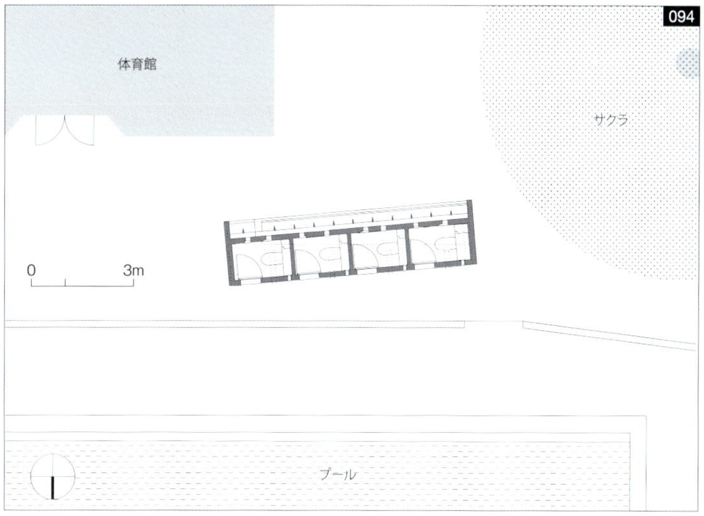

094

095

JCD 廣村正彰賞

JCD Hiromura Masaaki Award

092-095

田園調布雙葉学園 屋外トイレ

所在地：東京・玉川田園調布
完成年月：2007年9月
企画：竹中工務店
設計：竹中工務店　藤田純也、白石充史、田口裕子
施工：竹中工務店
クライアント：田園調布雙葉学園
撮影：村井 修（No.092）
図面：藤田純也、白石充史、田口裕子

Denenchofufutaba Gakuen Elementary School PLAY GROUND TOILET

Place : Tamagawa-Denenchofu, Tokyo
Date of Completion : September, 2007
Plan : Takenaka
Design : Takenaka - Fujita Junya, Shiraishi Atsushi, Taguchi Yuko
Construction : Takenaka
Client : Denenchofufutaba Gakuen
Photograph : Murai Osamu (No.092)
Drawing : Fujita Junya, Shiraishi Atsushi, Taguchi Yuko

デザイン意図

モダニズムスタイルの学校環境に置いた調度としての建築。環境を大きく変えてしまうのではなく、家具や調度を置くような在り様によって、環境がより楽しくなるような“もの”としての建築を実現した。屋根と壁の区分のない彫塑的な家型ヴォリュームに、棟線や妻壁の傾斜等ミニマムな操作を加えることで建物に動きをもたせ、高さの異なる扉や、色ガラスブロックを散りばめることにより、小学生にとっての小さな世界を実現している。

096

097

098

JCD 面出 薫賞

JCD Mende Kaoru Award

096-098

山手歯科クリニック

所在地：兵庫・姫路
完成年月：2008年3月
設計：アトリエKUU　熊沢信生、岩橋 翼
構造：原田順三＋ステラジアン建築構造研究所
照明：Light style　見木志郎
設計協力：アトリエ リー　李 仁孝
施工：丹田工務店
クライアント：影山勝英
撮影：松岡広和

Yamate Dental Clinic

Place : Himeji, Hyogo
Date of Completion : March, 2008
Design : Atelier Kuu - Kumazawa Nobuo, Iwahashi Tsubasa
Structure : Harada Junzo + Architect Office Steradian
Lighting : Light Style - Miki Shiro
Design Cooperation : Atelier Lee - Lee Yoshitaka
Construction : Tanda Building Firm
Client : Kageyama Katsuhide
Photograph : Matsuoka Hirokazu

デザイン意図

既存歯科医院は各診療スペースが個室であり、それぞれが庭をもっている。今回の増築に際し、限られた敷地の中で各診療スペースの両側に庭をつくることで診療室を区切られたものにしている。既存の建物の形状を継承しつつも、コンクリートの堅いイメージとは対照的に軽やかな印象をもたせた。

099

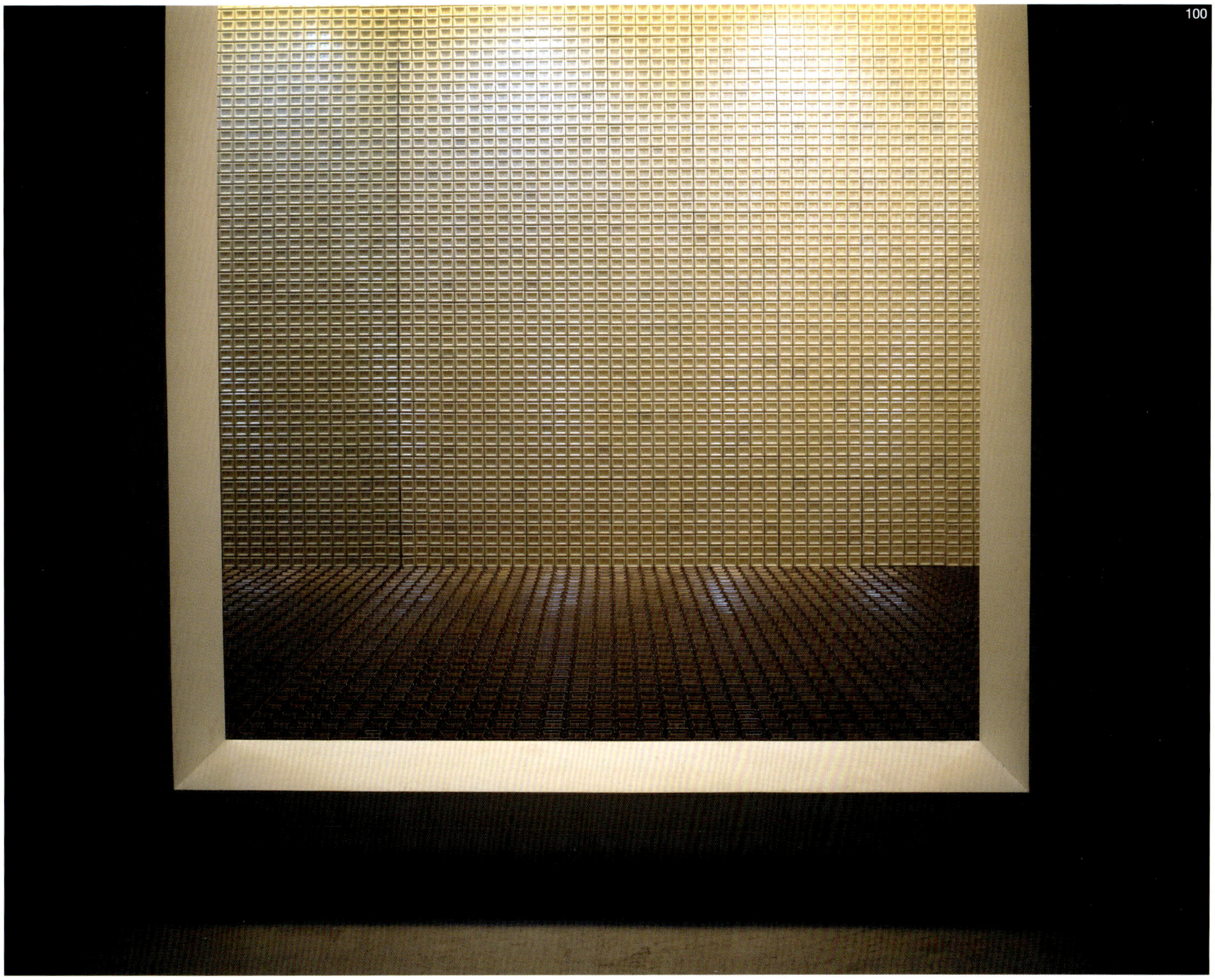

100

101

JCD 川島蓉子賞

JCD Kawashima Yoko Award

099-101

Sweet Room

所在地：東京・赤坂
完成年月：2007年4月
企画：21_21 DESIGN SIGHT、三宅一生デザイン文化財団
設計：TONERICO　米谷ひろし、君塚 賢、増子由美
施工：綜合デザイン
クライアント：21_21 DESIGN SIGHT、三宅一生デザイン文化財団
撮影：淺川 敏(No.099-100)、佐々木英豊(No.101)

Sweet Room

Place : Akasaka, Tokyo
Date of Completion : April, 2007
Plan : 21_21 Design Sight, The Miyake Issey Foundation
Design : Tonerico - Yoneya Hiroshi, Kimizuka Ken, Masuko Yumi
Construction : Sogo Design
Client : 21_21 Design Sight, The Miyake Issey Foundation
Photograph : Asakawa Satoshi (No.099-100), Sasaki Hidetoyo (No.101)

デザイン意図

チョコレートをテーマに行われた展覧会でのインスタレーション。チョコレートのような磁器タイルと光のシャワールーム。日常の何気ない一コマがチョコレートに見えたとき、その空間に幸せが増したように感じた。無意識にイメージしていた世界を、現実の空間にすることによって日常が違って見えた。イメージの中には限りなく無意味なことがある。そこに意味があるのかもしれない。

102

103

JCD 中村竜治賞

JCD Nakamura Ryuji Award

102-103

soup cups

所在地：大阪
完成年月：2007年4月
設計：ナツメトモミチ　夏目知道
施工：ナツメトモミチ
撮影：ナカサ&パートナーズ（No.102）

soup cups

Place : Osaka
Date of Completion : April, 2007
Design : Natsume Tomomichi
Construction : Natsume Tomomichi
Photograph : Nacása & Partners (No.102)

デザイン意図

紙カップの中には色とりどりのスープ？ ほんわり明かりが灯る。おいしい食事に、おいしい明かりはいかが？ Bon appétit!!

104

105

JCD新人賞

JCD Rookie Award

104-105

箱根 Art Loop

所在地：神奈川・箱根町
完成年月：2007年4月
企画：市川 茂、長沼隆之
設計：office mikiko一級建築士事務所　遠藤幹子
施工：泉宣宏社
クライアント：彫刻の森美術館
撮影：坂田峰夫

Hakone Art Loop

Place : Hakonemachi, Kanagawa
Date of Completion : April, 2007
Plan : Ichikawa Shigeru, Naganuma Takayuki
Design : Office Mikiko - Endo Mikiko
Construction : Izumi Senkosha
Client : The Hakone Open-Air Museum
Photograph : Sakata Mineo

デザイン意図

大人から子供まで、アートをもっと身近に楽しく感じてもらうための展覧会。とぐろを巻いた巨大な黒板迷路"ループくん"に山やトンネルが仕掛けられ、遊びやお絵描きのできる楽しいランドスケープになった。来た人は思い思いに走り回り、絵を描き、鑑賞し、黒板はみるみるうちに真っ白に。まだ帰りたくないと言う子供たち、粘土に熱中するお父さん。この非日常的な世界の中で、みんな無我夢中になって創造力を発揮した。

106

107

JCD新人賞

JCD Rookie Award

106-107

masser de la vie paradis salon Caresse moi

所在地：東京・六本木
完成年月：2007年9月
設計：山本陽一建築設計事務所　山本陽一、伊東弥生
施工：シーエーリーディング
クライアント：レラ六本木販売
撮影：ナカサ＆パートナーズ

masser de la vie paradis salon Caresse moi

Place : Roppongi, Tokyo
Date of Completion : September, 2007
Design : Yoichi Yamamoto Architects - Yamamoto Yoichi, Ito Yayoi
Construction : CA Leading
Client : Rella Roppongi Sales
Photograph : Nacása & Partners

デザイン意図

手のみで施術を行う女性向けのエステサロン。施術椅子に座ったゲストの、視線だけを遮る高さに設定した木の箱は、貴重品の収納、施術道具を入れる棚、ホットキャビネット、調光器、施術後に化粧直しをする机といった、さまざまな機能を兼ね備えている。各施術椅子の周りだけで必要な機能を完結させ、サービスの向上を図った。そして浮かび上がった大木の幹のような塊によって、森や林のような空間となることを意図した。

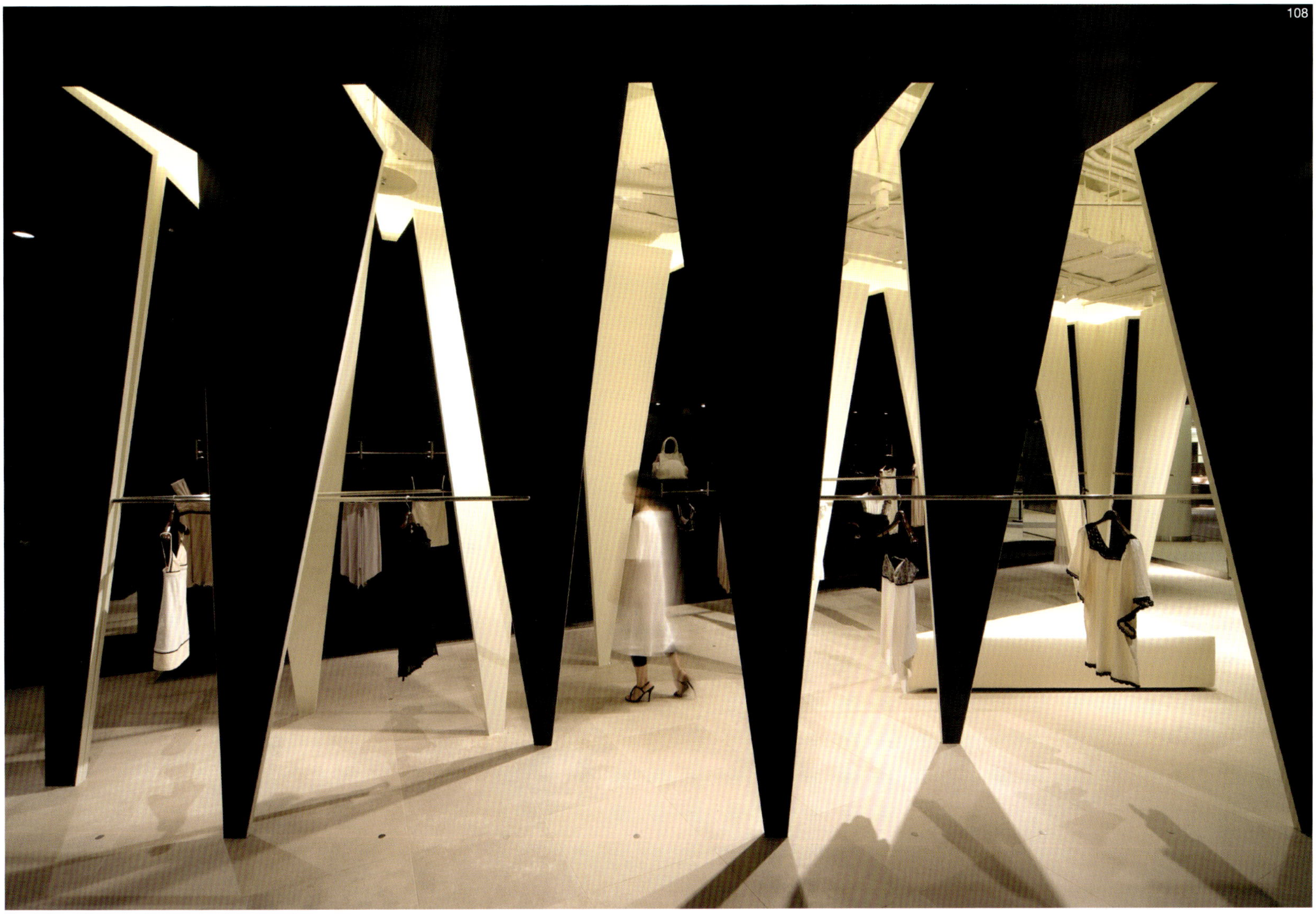

108

109

JCD新人賞

JCD Rookie Award

サインデザイン奨励賞

Sign Design Silver Award

108-109

DURAS ambient (funabashi)

所在地：千葉・船橋
完成年月：2008年3月
設計：sinato　大野 力
照明：FDS
施工：ジーク
クライアント：デュラス
撮影：永井泰史

DURAS ambient (funabashi)

Place : Funabashi, Chiba
Date of Completion : March, 2008
Design : Sinato - Ono Chikara
Lighting : FDS
Construction : Zycc
Client : Duras
Photograph : Nagai Yasushi

デザイン意図

レディスアパレルショップのインテリア。三角形に切り取られた壁が、店舗中央の空間を分ける。それらの壁はフラフラと踊るように立っていて、その散らばりの中に"領域の隙間"のような新しい場所が生まれる。隙間には、洋服が掛けられたり人が入り込んだりすることで、さらにその場所性を強める。また壁の仕上げは表と裏で異なり、各々の色と質感が入り組んだその姿は、見る位置によって複雑な表情を見せながら変化していく。

ディスプレイデザイン優秀賞

Display Design Gold Award

ディスプレイ産業特別賞(日本経済新聞社賞)

Display Industry Special Award

110-112

FUJICOHAKU(現 たかの友梨 COHAKU SPA)

所在地:東京・南青山
完成年月:2007年5月
デザイン:乃村工藝社　平田裕二、羽原ふみ
プロダクション:乃村工藝社
クライアント:不二ビューティ、ライフネオ
撮影:鈴木賢一

FUJICOHAKU (TAKANO YURI COHAKU SPA)

Place : Minami-Aoyama, Tokyo
Date of Completion : May, 2007
Design : Nomura - Hirata Yuji, Habara Fumi
Production : Nomura
Client : Fuji Beauty, Lifeneo
Photograph : Suzuki Kenichi

111

112

デザイン意図
体の中から本質的な美しさと健康を目指すという新しいコンセプトのサロンである。そのコンセプトに基づいた空間のあり方を考えたとき、"興味→驚き→緊張→安心→感動→満足→余韻"といったそれぞれの場で起こる"感情の変化の振り幅"を"色·形·素材·光"さらに目に見えない"音"や"空気"等の空間表現で大きくすることで、より施術の効果を上げることができるのではないかと考えた。

113

ディスプレイデザイン優秀賞

Display Design Gold Award

113-115

オムロンヘルスケア ショールーム

OMRON HEALTHCARE Showroom

所在地：東京・大崎
完成年月：2008年4月
ディレクション：廣村正彰
デザイン：丸山智也
コピーライティング：鵜久森 徹
インテリアデザイン：中村隆秋
クライアント：オムロンヘルスケア
撮影：高山幸三

Place : Osaki, Tokyo
Date of Completion : April, 2008
Direction : Hiromura Masaaki
Design : Maruyama Tomoya
Copy Writing : Ugumori Toru
Interior Design : Nakamura Takaaki
Client : Omron Healthcare
Photograph : Takayama Kozo

114

115

デザイン意図

オムロンヘルスケア東京本社移転の際に設立された、オムロン製品を紹介するためのショールーム。展示の中心となる円形のテーブルは、オムロンの過去から現在、未来へのつながりを表している。展示する製品はすべて透明のアクリルキューブの彫り込みにセットした。アクリルの底面に貼られたシートには、それぞれの製品の使用風景にあった素材のテクスチュアがプリントしてあり、アクリルに映り込んで製品と一体化しているように見える。

116

117

118

116-118

バーゼルワールド2008“セイコースタンド”

展示場所：スイス・バーゼル
展示期間：2008年4月
ディレクション：丹青社　上垣内泰輔、高村裕之、万井 純
デザイン：丹青社　上垣内泰輔、高村裕之、万井 純、猪瀬恭志、瀬野文雄
プロダクション：丹青社
クライアント：セイコーウオッチ
撮影：ナカサ&パートナーズ

BASEL WORLD 2008 "Seiko Stand"

Place : Basel, Switzerland
Date : April, 2008
Direction : Tanseisha - Kamigaichi Taisuke, Takamura Hiroyuki, Mani Jun
Design : Tanseisha - Kamigaichi Taisuke, Takamura Hiroyuki, Mani Jun, Inose Hisashi, Seno Fumio
Production : Tanseisha
Client : Seiko Watch
Photograph : Nacása & Partners

デザイン意図

高級時計の祭典、スイスバーゼルワールド。日本のマニファクチュール“SEIKO”が掲げる四つのコンセプト（奥深さ、調和、潔さ、内なる強さ）をもとに、他店舗環境を遮断する“静かなる孤高の世界観”を表現した。

ディスプレイデザイン優秀賞
Display Design Gold Award

ディスプレイ産業優秀賞（経済産業省商務情報政策局長賞）
Display Industry Gold Award

サインデザイン奨励賞
Sign Design Silver Award

119

ディスプレイデザイン優秀賞

Display Design Gold Award

119-121

グッドデザインプレゼンテーション2007“ホンダブース”

展示場所：東京・有明
展示期間：2007年8月
ディレクション：アクシス　吉田栄二
デザイン：アクシス　森川雅仁、アゾイック　菊池克弥
照明：インパクト　笠井俊克、豊泉 哲
映像：エイ・ジョブ　中村由男、増淵裕子
企画：アクシス　岡田広美、太田美紀
プロダクション：プランニングワークス
クライアント：本田技術研究所
撮影：工藤明敏

Good Design Presentation 2007 “Honda Booth”

Place : Ariake, Tokyo
Date : August, 2007
Direction : Axis - Yoshida Eiji
Design : Axis - Morikawa Masahito, Azoic - Kikuchi Katsuya
Lighting : Impact - Kasai Toshikatsu, Toyoizumi Satoshi
Contents Design : A·Job - Nakamura Yoshio, Masubuchi Yuko
Plan : Axis - Okada Hiromi, Ota Miki
Production : Planning Works
Client : Honda R & D
Photograph : Kudo Akitoshi

120

121

デザイン意図

"Focus on the Form"をテーマに、次世代燃料電池車とハイブリッドスクーターを紹介。ブースを二分するスリット越しに展示物を覗かせることで、車体の特徴となっている有機的なフォルムを見せると同時に、内部空間への期待値の醸成を狙った。スリット上部には、展示車両のコンセプトや技術・デザインのポイントをキーワードで表示。見る人の視野に対応した内容とすることで、展示物の訴求ポイントを端的かつ象徴的に伝えた。

122

[Kawaguchi i-mono(いいもの)]
Kawaguchi i-mono
旨い煮込み料理を作るなら鋳物の鍋がいい。でも、鋳物は重くて扱い難い。そう敬遠していた人にこそ「挑戦するものづくりのまち・川口」が生んだこの鍋を試して欲しい。世界でも珍しい「ダクタイル鋳鉄」を使うことで、薄肉・軽量、落下による衝撃にもへこたれない強度を実現。IHにも対応する。鋳物のある暮らしが蘇る逸品だ。
To make a delicious stew you can't go any further than cast pots. For those of you who find the pot heavy and cumbersome to use, you're in luck because the daring people at Kawaguchi i-mono have made just the pot for you. By using ferrous casting ductile, a unique product on the world market, Kawaguchi i-mono has created a pot that is not only strong, but also very thin and light, and can also be used on an element. This gem will certainly breathe new life into your cooking.
JAPAN BRAND

123

124

ディスプレイデザイン優秀賞
Display Design Gold Award
ディスプレイ産業奨励賞（日本ディスプレイ業団体連合会賞）
Display Industry Silver Award

122-124

東京デザイナーズウィーク2007
JAPAN BRAND EXHIBITION in TDW

展示場所：東京・明治神宮外苑
展示期間：2007年10月～11月
プロデュース：デザインアソシエーション　川又俊明
アートディレクション：JTQ　谷川淳司
デザイン：ベルベッタデザイン　長谷川喜美
プロダクション：TSP太陽
主催：日本商工会議所、全国商工会連合会、デザインアソシエーション
撮影：林 雅之

Tokyo Designer's Week 2007
JAPAN BRAND EXHIBITION in TDW

Place : Meijijingugaien, Tokyo
Date : from October to November, 2007
Producing : Design Association - Kawamata Toshiaki
Art Direction : JTQ - Tanigawa Junji
Design : Velveta Design - Hasegawa Kimi
Production : TSP Taiyo
Organization : Japan Chamber of Commerce & Industry,
Central Federation of Societies of Commerce & Industry, Design Association
Photograph : Hayashi Masayuki

デザイン意図

空間コンセプトは“Creating Sympathy”。“地域の中小企業ならではの価値を進化させ、新しい伝統を創造する”という事業コンセプトをシンプルに伝えるため、価値進化と伝統創造の観点からデザインエッセンスを抽出し構成した。モノだけにとどまらず、商品を生み出す匠の技や技術の継承、意匠の深みや工夫など“括り”を展示することが日本のこれからであり、継承すべき価値と信じ、来場者への共感を込めて空間ステイトメントとした。

125

126

127

ディスプレイデザイン優秀賞

Display Design Gold Award

125-127

ニコラス・G・ハイエックセンター

所在地：東京・銀座
完成年月：2007年5月
企画：スウォッチグループ
ディレクション：スウォッチグループ、ハイエック・エンジニアリング
建築設計：坂茂建築設計　坂 茂
施工：スルガコーポレーション、鹿島建設
ショールームエレベーター：横浜エレベーター
ガラスシャッター：ガートナージャパン
構造設計：Arup Japan
設備設計：イーエス アソシエイツ
植栽：オンサイト計画設計事務所　三谷 徹
照明：ライティング プランナーズ アソシエーツ
グラフィックデザイン：日本デザインセンター　原 研哉
クライアント：スウォッチグループジャパン、アーレット・エルザ・エムシュ
撮影：阿野太一

NICOLAS G. HAYEK CENTER

Place : Ginza, Tokyo
Date of Completion : May, 2007
Plan : The Swatch Group
Direction : The Swatch Group, Hayek Engineering
Architectural Design : Shigeru Ban Architects - Ban Shigeru
Construction : Suruga, Kajima
Showroom Elevator : Yokohama Elevator
Glass Shutter : Gartner Japan
Structural Design : Arup Japan
MEP Design : ES Associates
Landscape Design : Studio on Site - Mitani Toru
Lighting : Lighting Planners Associates
Graphic Design : Nippon Design Center - Hara Kenya
Client : The Swatch Group Japan, Arlette-Elsa Emch
Photograph : Ano Daici

デザイン意図

スウォッチグループの本社代表取締役会長の名を冠した「ニコラス・G・ハイエックセンター」は、2007年5月に東京・銀座中央通りに面した地下2階、地上14階建てのビルとして誕生した。建築設計には、近年世界的に注目され活躍中の坂茂を起用し、スウォッチグループにふさわしいラグジュアリーでアーティスティック、そしてエコロジーな要素を取り入れた。まさにこれからのラグジュアリーの象徴となる想像を越えた新しい空間芸術が完成した。

128

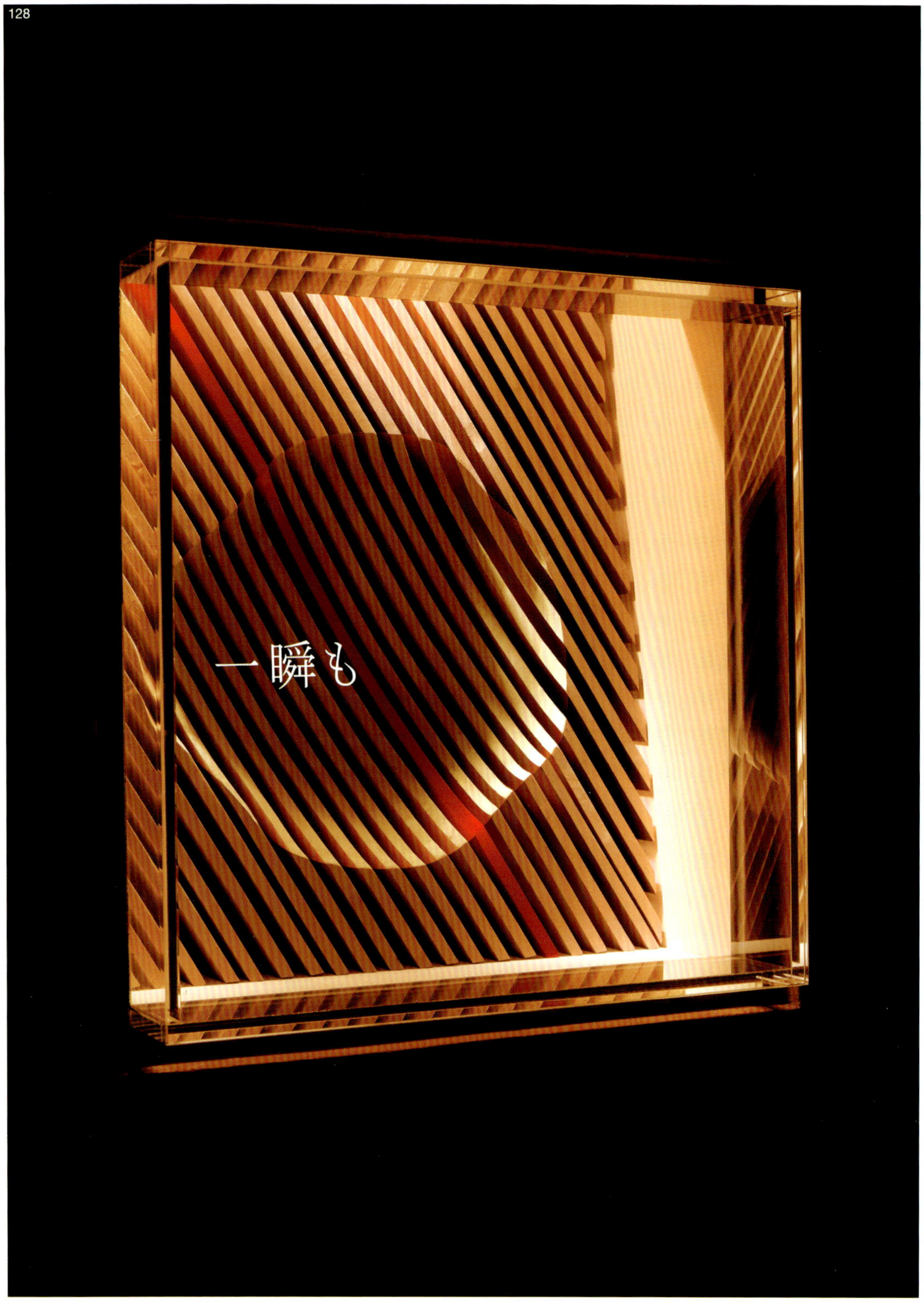

129

ディスプレイデザイン優秀賞

Display Design Gold Award

128-130

資生堂エコール ド ハヤマ"一瞬も、一生も、美しく"

展示場所：神奈川・葉山町
展示期間：2007年5月〜9月
アートディレクション、デザイン：檜原由比子
クリエイティヴディレクション：山形季央
プロダクション：現代工房
クライアント：資生堂
撮影：安達 香

Shiseido École de Hayama "This moment, This life, Beautifully"

Place : Hayamamachi, Kanagawa
Date : from May to September, 2007
Art Direction and Design : Hihara Yuiko
Creative Direction : Yamagata Toshio
Production : Gendai-kobo
Client : Shiseido
Photograph : Adachi Kaoru

130

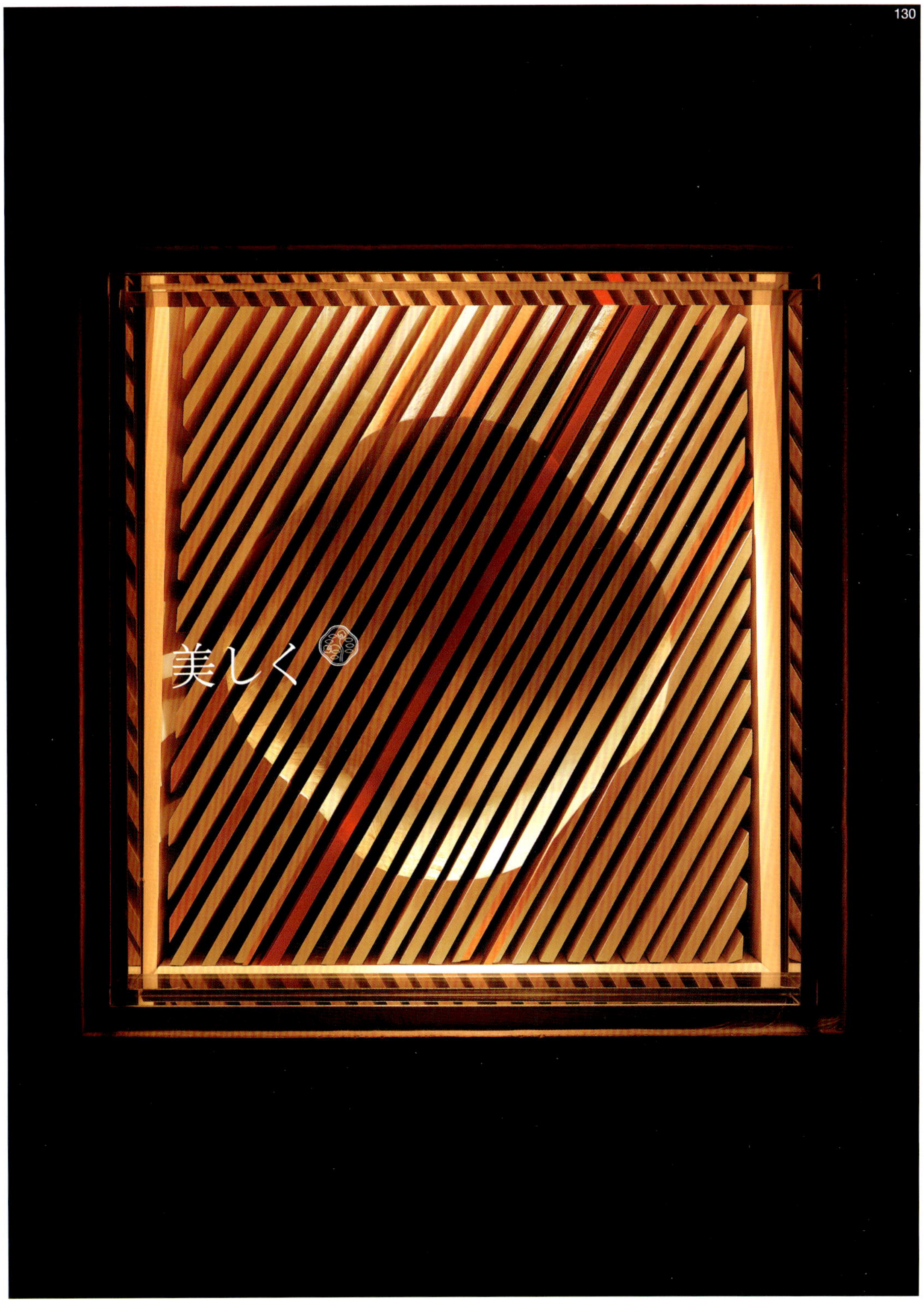

デザイン意図
コーポレートメッセージ“一瞬も、一生も、美しく”をテーマに、商標花椿マークの“姿”を中心にすえ、人のさまざまな“人生”の歩みと資生堂の関係・融合を表現した。幾重にも並ぶ木板を“人生”に、さまざまな角度を“人生の流れ”とし、凛とたたずむ一枚の赤い板を“一人の人間”にたとえて構成。人の小さな歩みの形が重なり大きな“人生の姿”となって輝く様子と、そこにはいつも資生堂が寄り添っているという、目に見えない姿を形にした。

131

ディスプレイデザイン優秀賞

Display Design Gold Award

ディスプレイ産業奨励賞（日本ディスプレイ業団体連合会賞）

Display Industry Silver Award

131-132

THE GINZA

展示場所：東京・銀座
展示期間：2007年6月～8月
企画：資生堂
クリエイティヴディレクション、デザイン：信藤洋二
アートディレクション、グラフィックデザイン：丸橋 桂
プロダクション：現代工房
クライアント：資生堂
撮影：飯野太平

THE GINZA

Place : Ginza, Tokyo
Date : from June to August, 2007
Plan : Shiseido
Creative Direction and Design : Nobuto Yoji
Art Direction and Graphic Design : Marubashi Katsura
Production : Gendai-kobo
Client : Shiseido
Photograph : Iino Taihei

デザイン意図
多くの高級メゾンが立ち並ぶ街、銀座。その銀座7丁目に位置するファッションブティック「THE GINZA」。ディスプレイ用に銀座の街を、服の型紙に見立ててポスターを制作した。

133

134

ディスプレイデザイン優秀賞

Display Design Gold Award

ディスプレイ産業優秀賞(経済産業省商務情報政策局長賞)

Display Industry Gold Award

133-135

和光並木館“嬉”

展示場所：東京・銀座
展示期間：2008年1月～4月
ディレクション、デザイン：和光　武蔵 淳
アートワーク：菱山裕子
デコレイション：内藤大子
プロダクション：シャコー
クライアント：和光
撮影：ナカサ&パートナーズ(No.133)、守屋敏彦(No.134, 135)

Wako Namiki Building “Joy”

Place : Ginza, Tokyo
Date : from January to April, 2008
Direction and Design : Wako - Musashi Jun
Art Work : Hishiyama Yuko
Decolation : Naito Hiroko
Production : Syako
Client : Wako
Photograph : Nacása & Partners (No.133), Moriya Toshihiko (No.134, 135)

135

デザイン意図

銀座4丁目並木通り、和光並木館オープニングのディスプレイは画竜点睛。生命を吹き込むようなものを目指した。今回の彫刻家の手による、表情豊かな白銀色のオブジェたちは、通りを行き交う人々に、新たな空間と時間の誕生を祝う嬉しさを伝えるストーリーテラー。時計仕掛けの種子、巨大なトケイソウ、白銀色の街路樹、赤い糸で結ばれた長針と短針などとともに、それぞれの場面を演出した。2ブロック先の本館ウインドウも同じコンセプトで展開。ストーリーは銀座4丁目を巡ることとなった。

136

137

ディスプレイデザイン優秀賞

Display Design Gold Award

136-137

ペーパークラフト　クリスマスツリー

展示場所：福岡・小倉
展示期間：2007年11月～12月
企画、ディレクション：PDS企画事務所　戸島謙治
デザイン：P.P.I.C　川村哲司、平田すず子、元松克敏
プロダクション：JR九州エージェンシー
クライアント：小倉ターミナルビル
撮影：門司愛輝

Paper Craft Christmas Tree

Place : Kokura, Fukuoka
Date : from November to December, 2007
Plan and Direction : P.D.S. Planning Office - Kojima Kenji
Design : P.P.I.C - Kawamura Tetsuji, Hirata Suzuko, Motomatsu Katsutoshi
Production : JR Kyushu Agency
Client : Kokura Terminal Building
Photograph : Monji Aiki

デザイン意図

このツリーには、多くの人に地球温暖化に関心をもってほしいというメッセージが込められている。土台とランプ類以外はすべて紙を使って製作した。土台のターコイズブルーは青い海を、頂上は太陽を表し、輝く太陽のもと祈りの歌を捧げる修道女たちがいる。クリスマスシーズン終了後、ツリーはすべて解体、分別され、紙と土台は新たな資源としてリサイクルされている。

138

139

ディスプレイデザイン奨励賞

Display Design Silver Award

ディスプレイ産業奨励賞(日本ディスプレイ業団体連合会賞)

Display Industry Silver Award

138-139

SHAMROCK AIR. 原宿店

展示場所：東京・神宮前
完成年月：2007年10月
企画：サクラインターナショナル
ディレクション：サクラインターナショナル　道祖健吾
デザイン：サクラインターナショナル　横倉淳子、清水洋絵
プロダクション：コラム・コア
クライアント：バンダイ
撮影：クドウ　オリジナルフォト

SHAMROCK AIR. Harajuku

Place : Jingumae, Tokyo
Date of Completion : October, 2007
Plan : Sakura International
Direction : Sakura International - Doso Kengo
Design : Sakura International - Yokokura Junko, Shimizu Hiroe
Production : Column-Core
Client : Bandai
Photograph : Kudo Original Photo

デザイン意図

「SHAMROCK AIR.」は"大人の女性の夢を叶えるために設立した航空会社"という設定のファッション雑貨ブランド。トレードマークのピンクの機体をそのまま外観として用い、プライヴェートジェットをイメージした内装は、光沢を抑えた白とステンレスで仕上げ、壁面の片方を全面ガラス張りにして、室内が広がっていくように見せている。装飾にはクリスタルガラスを用い、"原宿"という若者の街に、高級宝石店のような上質な空間をつくり出した。

ディスプレイデザイン奨励賞

Display Design Silver Award

140

東京銀座資生堂ビル 2007クリスマス“唐草ツリー”

展示場所：東京・銀座
展示期間：2007年11月～12月
企画：資生堂
ディレクション、デザイン：信藤洋二
プロダクション：現代工房
クライアント：資生堂
撮影：飯野太平

Tokyo Ginza Shiseido Bldg. “Karakusa-tree”

Place : Ginza, Tokyo
Date : from November to December, 2007
Plan : Shiseido
Direction and Design : Nobuto Yoji
Production : Gendai-kobo
Client : Shiseido
Photograph : Iino Taihei

デザイン意図

資生堂の文化遺伝子“唐草”をモチーフに展開している東京銀座資生堂ビルのクリスマスディスプレイ。昭和の初めごろ、銀座の資生堂の顔と呼ばれた、赤い包装紙のビアズレー風唐草模様を、クリスマスツリーとして蘇らせた。燃えてうねるような唐草の躍動感を表現するために、一つ一つの柄をパズル状に型抜きし、真鍮の柱にリズミカルに組み上げている。かつての銀座の顔は、80年の時を超え、新たな銀座の顔に生まれ変わった。

ディスプレイデザイン奨励賞
Display Design Silver Award

141-142

「　　　」

展示場所：神戸
展示期間：2007年10月〜11月
企画：熊谷彰博
ディレクション、デザイン：熊谷彰博、nosigner
協賛：トラクソン・テクノロジーズ・ジャパン、三菱レイヨン、中川ケミカル
クライアント：神戸ビエンナーレ組織委員会
撮影：山本あゆみ

[　　]

Place : Kobe
Date : from October to November, 2007
Plan : Kumagaya Akihiro
Direction and Design : Kumagaya Akihiro, Nosigner
Support : Traxon Technologies Japan, Mitsubishi Rayon, Nakagawa Chemical
Client : Kobe Biennale Organizing Committee
Photograph : Yamamoto Ayumi

デザイン意図
白い教室のような空間に置かれた赤いペンで、記憶を落書きする空間作品。鑑賞者により書かれた文字は赤いアクリル板により、外からは見えない。コンテナの内側に鑑賞者の「　」を留め、「　」が埋まっていく過程を参加・体験できる。また照明の変化により文字がゆっくり消えたり現れたりする現象を、記憶の移ろいとともに体感することもできる。

143

ディスプレイデザイン奨励賞

Display Design Silver Award

143-144

FABRIC-SCAPE / 12·SCENES OF LIFE

展示場所：東京・有明
展示期間：2007年11月
企画：日本インテリアファブリックス協会、日本インテリアプランナー協会
ディレクション：ディーコンセプトデザインオフィス　竹村尚久
デザイン：ディーコンセプトデザインオフィス　竹村尚久、
佐藤勉建築設計事務所　佐藤 勉
グラフィックデザイン：平野達郎、石原光一
クライアント：日本インテリアファブリックス協会、日本インテリアプランナー協会
撮影：須藤慶一

FABRIC-SCAPE / 12 · SCENES OF LIFE

Place : Ariake, Tokyo
Date : November, 2007
Plan : Nippon Interior Fabrics Association,
Japan Federation of Interior Planner's Association
Direction : Di-Concept Design Office - Takemura Naohisa
Design : Di-Concept Design Office - Takemura Naohisa,
Bensato Architecture - Tsutomu Ben Sato
Graphic Design : Hirano Tatsuro, Ishihara Koichi
Client : Nippon Interior Fabrics Association,
Japan Federation of Interior Planner's Association
Photograph : Sudo Keiichi

144

デザイン意図

インテリア系展示会の中心的な場所として、単に商品を陳列するだけではない積極的な場のあり方を提案した。12のブースに囲まれた空間には300のクッションがあちこちに散らばり、来場者は自由に利用することができる。出展企業から提供された素材によって構成されたこの空間は"人生"というテーマを付与することで、来場者に"何か"を感じさせ、単なる休憩場所ではない、文字通り、展示会の中心的な場となることを企図している。

145

146

ディスプレイデザイン奨励賞

Display Design Silver Award

145-146

21_21 DESIGN SIGHT 第3回企画展 三宅一生ディレクション"XXIc.-21世紀人"

展示場所：東京・赤坂
展示期間：2008年3月～7月
主催：21_21 DESIGN SIGHT、三宅一生デザイン文化財団
企画：三宅一生、佐藤 卓、深澤直人
ディレクション：三宅一生
デザイン：デュイ・セイド
企画協力：川上典李子
プロダクション：ジールアソシエイツ
クライアント：21_21 DESIGN SIGHT
撮影：ナカサ&パートナーズ

21_21 DESIGN SIGHT EXHIBITION 3 "XXIst Century Man" Directed by Issey Miyake

Place : Akasaka, Tokyo
Date : from March to July, 2008
Organization : 21_21 Design Sight, The Miyake Issey Foundation
Plan : Miyake Issey, Satoh Taku, Fukasawa Naoto
Direction : Miyake Issey
Design : Dui Seid
Associate Direction : Kawakami Noriko
Production : Zeal Associate
Client : 21_21 Design Sight
Photograph : Nacása & Partners

デザイン意図

21_21 DESIGN SIGHT第3回企画展は、デザイナー、三宅一生のディレクションのもと、"21世紀人"をテーマに、国内外11組の作家が参加し、明日のものづくりについて考えた展覧会である。会場構成は、米国人アーティストのデュイ・セイドが担当。21世紀という時代の"恐怖"から出発し、人間の身体を改めて見つめ直し、人間とテクノロジーとの関係を問い、最後には"希望"が感じられるストーリーを組み立てた。

ディスプレイデザイン奨励賞

Display Design Silver Award

147-148

東京デザイナーズウィーク2007 "Container Ground / Globe-Trotter×Wallpaper*"

展示場所：東京・明治神宮外苑
展示期間：2007年10月～11月
アートディレクション：JTQ　谷川淳司
デザイン：JTQ
プロダクション：JTQ
クライアント：BLBG
撮影：フォワードストローク

Tokyo Designer's Week 2007 "Container Ground / Globe-Trotter × Wallpaper*"

Place : Meijijingugaien, Tokyo
Date : from October to November, 2007
Art Direction : JTQ - Tanigawa Junji
Design : JTQ
Production : JTQ
Client : BLBG
Photograph : Forward Stroke

デザイン意図

Globe-Trotter110年の歴史が生み出した"110―ワンハンドレッドテン―"。軽さと美しさを併せ持つ、このプロダクトを、鏡を使ったミニマルな空間に展示。埋め込まれた鏡には反転したグラフィックが浮かび、気付けば無重力の意識空間を遊泳することができる。白と黒のモノトーンで二つに区切られた空間変化により、時間と空間を超え"旅"にこだわるGlobe-Trotterのブランドフィロソフィーを表現した。

ディスプレイデザイン奨励賞

Display Design Silver Award

149-150

ミキモト本店プラザ"SHELL CUBE"

展示場所：東京・銀座
展示期間：2008年2月～3月
ディレクション：新保智子
プロダクションマネジメント：佐藤一郎
デザイン：日本大学芸術学部　八重樫 悠
プロダクション：アトリエ・あい
クライアント：ミキモト
撮影：馬場祥光

Mikimoto Main Store Plaza "SHELL CUBE"

Place : Ginza, Tokyo
Date : from February to March, 2008
Direction : Shimpo Tomoko
Production Management : Sato Ichiro
Design : Nihon University College of Art - Yaegashi Yu
Production : Atelier Eye
Client : K. Mikimoto
Photograph : Baba Yoshiteru

デザイン意図

新しい海へ。御木本幸吉生誕150年の今年、ミキモトは真珠の美しさの未来を見つめて、福岡県新宮町相島で新たに養殖事業を始めた。「SHELL CUBE」は、2007年度銀座スペースデザイン学生コンペティションで"ミキモト企業賞"に選ばれた大学生の作品である。かつて海だった銀座の記憶を想起しながら、新しい美を創造する海の力を、2008年1月、相島で浜上げした1500枚の真珠母貝の造形で表現している。

151

152

ディスプレイデザイン奨励賞

Display Design Silver Award

151-152

2007年沖縄全戦没者追悼式"さとうきび畑"

展示場所：沖縄・糸満
展示期間：2007年6月
ディレクション：沖縄県立芸術大学　北村義典
デザイン：沖縄県立芸術大学　北村義典、仲嵩弥愛
プロダクション：白水堂
クライアント：沖縄県
撮影：高野生優（No.151）

"The Sugercane Field" for the 2007 Okinawa Memorial Service for All the War Dead

Place : Itoman, Okinawa
Date : June, 2007
Direction : Okinawa Prefectural University of Art - Kitamura Yoshinori
Design : Okinawa Prefectural University of Art - Kitamura Yoshinori, Nakatake Yayori
Production : Hakusuido
Client : Okinawa Prefecture
Photograph : Takano Seiyu (No.151)

デザイン意図

本作品は、沖縄全戦没者追悼式における式典会場のデザインである。実施50回目に当たり既設の祭壇形式を見直し、次世代へ向けた追悼と平和への祈りの場を新たに創作することが求められた。戦時中、多くの市民がサトウキビによって命をつないだという戦争体験者の話をもとに、沖縄を代表する風景であるサトウキビ畑をテーマとし、白色紙管340本を会場に展開した。風に揺れる紙管のサトウキビ畑から周辺の緑地を垣間見ることができる。

153

154

ディスプレイ産業奨励賞（日本ディスプレイ業団体連合会賞）

Display Industry Silver Award

153-154

21_21 DESIGN SIGHT 第2回企画展 佐藤卓ディレクション"water"

展示場所：東京・赤坂
展示期間：2007年10月～2008年1月
主催：21_21 DESIGN SIGHT、三宅一生デザイン文化財団
企画：三宅一生、佐藤 卓、深澤直人
ディレクション、デザイン：佐藤 卓
企画協力：川上典李子
プロダクション：ジール アソシエイツ
クライアント：21_21 DESIGN SIGHT
撮影：ナカサ＆パートナーズ

21_21 DESIGN SIGHT EXHIBITION 2 "water" Directed by Taku Satoh

Place : Akasaka, Tokyo
Date : from October, 2007 to January, 2008
Organization : 21_21 Design Sight, The Miyake Issey Foundation
Plan : Miyake Issey, Satoh Taku, Fukasawa Naoto
Direction and Design : Satoh Taku
Associate Direction : Kawakami Noriko
Production : Zeal Associate
Client : 21_21 Design Sight
Photograph : Nacása & Partners

デザイン意図

21_21 DESIGN SIGHT第2回企画展は、グラフィックデザイナー、佐藤卓のディレクションのもと、デザインによって"水"を示す新しいかたちの展覧会を目指した。ギャラリー1では、音と光と映像で水を表現。ギャラリー2では、水を張った半球状の器を中心に、五感を通して水のさまざまな姿を発見できる体験型の仕掛けを配置した。またサンクンコートには、猫やねずみの視点から、水の世界を再現した。

155

156

ディスプレイ産業奨励賞（日本ディスプレイ業団体連合会賞）

Display Industry Silver Award

155-156

顔魂

展示場所：東京・六本木
展示期間：2008年1月～2月
企画：ウェルストーン・ヴォイス
ディレクション：ラップネット
デザイン：パラスタイル　楠田雅史
オブジェ：石井竜也
照明：プラディスコ システムワークス　小池明夫
プロダクション：つむら工芸
クライアント：ウェルストーン・ヴォイス
撮影：宮角孝雄

KAODAMA~TATUYA ISHII EXHIBITION 2008

Place : Roppongi, Tokyo
Date : from January to February, 2008
Plan : Well Stone Voice
Direction : Lapnet
Design : Parastyle - Kusuda Masashi
Object : Ishii Tatuya
Lighting : Pladesco - Koike Akio
Production : Tsumura Kogei
Client : Well Stone Voice
Photograph : Miyakaku Takao

デザイン意図

“顔魂（かおだま）”と称せられる作品は、作家が創造した作品でありながら、完成に近付くにつれ、作者の手を離れていったという。あたかも、完成させるという行為の完結は、“それ”を発見するという意識への移行だったと。仏像に出会ったときの静謐感や、遺跡のスケール感に対峙したときの高揚。会場構成は、美術展でありながら、博物館的手法を取り入れた。作家が体験したであろうパラドックスが、来場者に少しでも追体験として伝わるように、そこにただ“在る”という展示とした。会場構成という計画でありながら、計画性を放棄し、悠久の昔からそこにただ“在る”かのようなパラドックスを伝えるべく、空間・配置に配慮した構成とした。

157

158

ディスプレイ産業奨励賞（日本ディスプレイ業団体連合会賞）

Display Industry Silver Award

157-158

CEATEC JAPAN 2007 "Blu-ray Disc Association ブース"

展示場所：千葉・幕張
展示期間：2007年10月
総合プロデュース：ソニーPCL　藤井 暁
ディレクション：ソニーPCL　加藤丈晴
アートディレクション：ソニーPCL　上月貴博
デザイン：フジヤ　中郡伸一、尾形茂雄、ピー・ウェイブ　横井 守
テクニカルディレクション：フジヤ　渡邉正幸
プロダクション：フジヤ
クライアント：Blu-ray Disc Association Japan
撮影：工藤明敏

Ceatec Japan 2007 "Blu-ray Disc Association Booth"

Place : Makuhari, Chiba
Date : October, 2007
Total Producing : Sony PCL - Fujii Akira
Direction : Sony PCL - Kato Takeharu
Art Direction : Sony PCL - Kozuki Takahiro
Design : Fujiya - Chugun Shinichi, Ogata Shigeo, P-wave - Yokoi Mamoru
Technical Direction : Fujiya - Watanabe Masayuki
Production : Fujiya
Client : Blu-ray Disc Association Japan
Photograph : Kudo Akitoshi

デザイン意図

映像の世界を飛躍的に愉しいものにした次世代光メディアBlu-ray Disc。その高画質大容量HD映像記録が可能な機能を訴求するブース。"魅力あるソフトがなければハードはただの箱である"-soft box-がデザインコンセプト。最新のテクノロジーがつくり出す新たな映像の世界を、アカデミックな世界観として表現した。

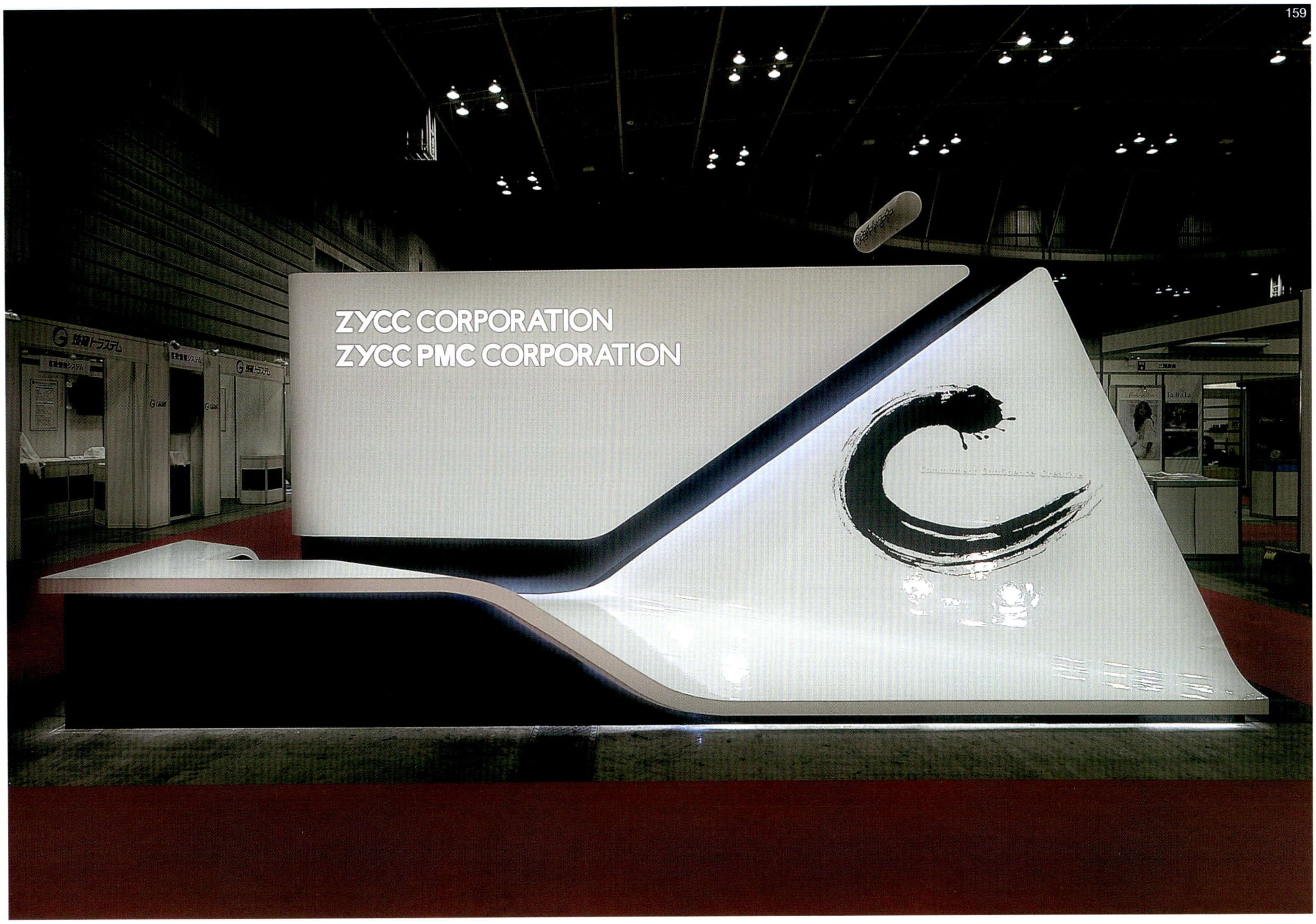

ディスプレイ産業奨励賞(日本ディスプレイ業団体連合会賞)

Display Industry Silver Award

159-160

第32回 日本ショッピングセンター全国大会ビジネスフェア “ジーク/ジークPMCブース”

展示場所:横浜
展示期間:2008年1月
企画:ジークPMC 野村尚紀
デザイン:ジーク 山中隆寛
書:赤岩保元
プロダクション:ジーク
クライアント:ジーク、ジークPMC
撮影:工藤明敏

The 32nd JCSC National Convention Business Fair “Zycc / Zycc PMC Booth”

Place : Yokohama
Date : January, 2008
Plan : Zycc PMC - Nomura Naoki
Design : Zycc - Yamanaka Takahiro
Calligraphy : Akaiwa Yasumoto
Production : Zycc
Client : Zycc, Zycc PMC
Photograph : Kudo Akitoshi

デザイン意図

“ブースには商品を一切置かない”それが、来場者とのコミュニケーションを見据えた企画要旨であった。そのため本来は展示に必要であった床、壁、展示台、スポット照明という構成を捨て、来場者の視線と関心を受け止めるような白いフォルムをまとった空間をデザインした。機能として必要であったレセプション台とストックスペースのヴォリュームは、一枚のサーフェスの中になじませた。結果的に、写真や文字など多くの情報が連なる会場の中で“地”の存在となり、来場者との対話を誘発する場が生まれた。

161

162

ディスプレイ産業奨励賞（日本ディスプレイ業団体連合会賞）

Display Industry Silver Award

161-162

デンソーギャラリー

所在地：愛知・刈谷
完成年月：2008年2月
プロデュース：電通　近藤一成、五島武彦
マネジメント：電通テック　櫻井茂禎、両角 章、内藤雅仁、辻 寛生、石森克往
ディレクション：JTQ　谷川淳司、大塚一成、en-魔　金宇保明、加藤恭司、
プランツスケープ　小泉 薫
音響、映像：エル・プロデュース　井出祐昭、GLMV　丸野 優、アドホック　今枝 寛
展示、グラフィックデザイン：カトウスタヂオ　飯嶋浩通、山田 宣、
インパクトたき　亀山成規、中嶋千恵
施工、照明：熊谷組　渡辺篤郎、熊井 博、大塔電気　加藤裕康、美和商会　加藤 聡
プロダクション：カトウスタヂオ
クライアント：デンソー
撮影：フォワードストローク

DENSO Gallery

Place : Kariya, Aichi
Date of Completion : February, 2008
Producing : Dentsu - Kondo Kazunari, Goto Takehiko
Management : Dentsu Tec - Sakurai Shigesada, Morozumi Akira, Naito Masahito, Tsuji Hiroki, Ishimori Katsuyuki
Direction : JTQ - Tanigawa Junji, Otsuka Kazunari, En-Ma - Kanau Yasuaki, Kato Kyoji, Plants Scape - Koizumi Kaoru
Sound and Movie : El Produce - Ide Hiroaki, GLMV - Maruno Yu, Adhoc - Imaeda Hiroshi
Display and Graphic Design : Kato Studio - Iijima Hiromichi, Yamada Minori, Impact Taki - Kameyama Shigenori, Nakashima Chie
Construction and Lighting : Kumagaigumi - Watanabe Atsuro, Kumai Hiroshi, Daito Electric - Kato Hiroyasu, Miwa Shokai - Kato Satoshi
Production : Kato Studio
Client : Denso
Photograph : Forward Stroke

デザイン意図

自動車部品メーカー最大手デンソーの、過去・現在の製品や企業活動、そして未来のクルマ社会に向けた取り組みを紹介する施設。この施設はグローバルなネットワークをもつ同社の総合的な情報発信の場として機能する。“一歩先を目指す”企業姿勢を表現する先進的なデザイン、そしてビジネス客だけでなく、地域住民からも共感を得られるような親しみのあるデザイン。これら2種類の異なったデザインコンセプトを融合することを目指した。空間のトーンは白を基調として未来を表現。曲線を多用した空間に植物を多く取り入れ、さらに風の流れをイメージした空間音響を付加することで心地よさを実現した。また、すべての映像装置は空間全体に一体感をもたせるため、奥行きを表現しながら有機的に連動する。そして、施設のクライマックスとなるシアターは大型モニターが可動することにより、期待感を高め、同社の未来への取り組みを強く印象づけるものに仕上げた。

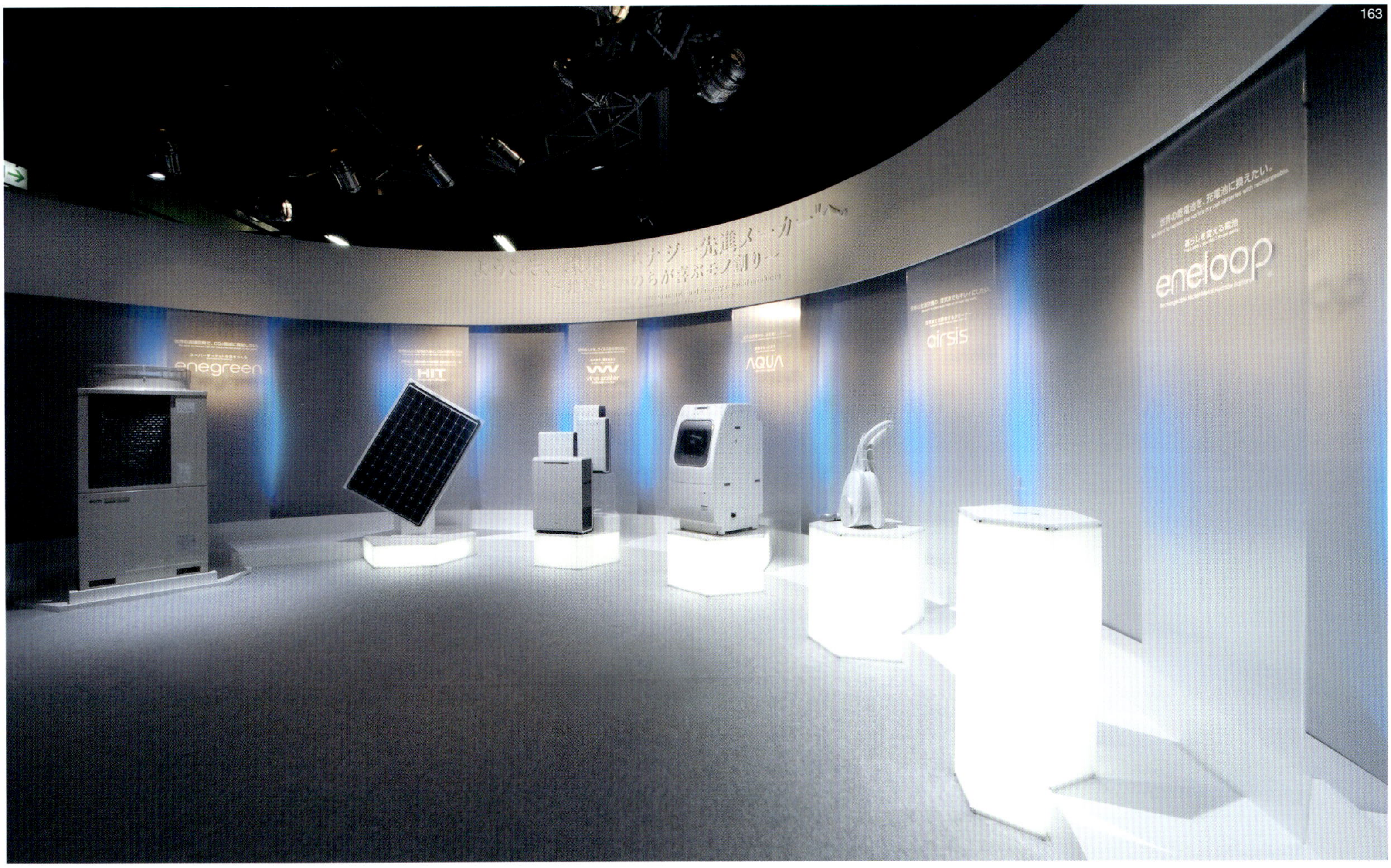

163

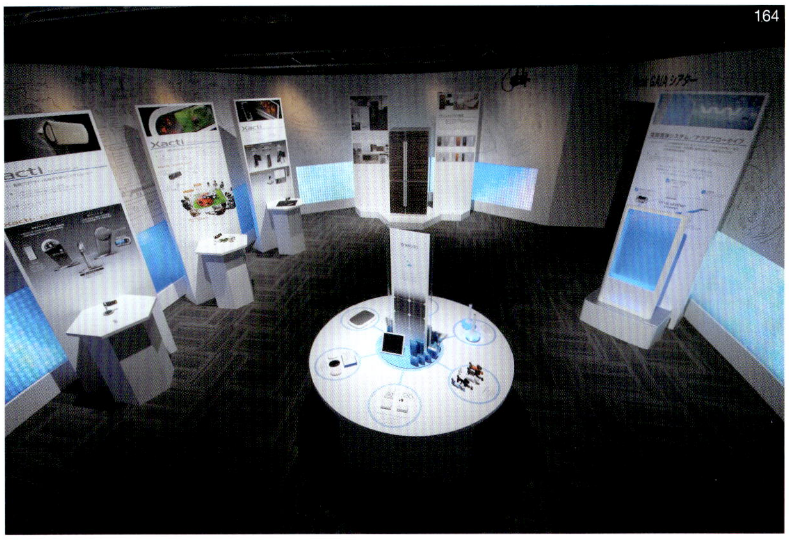

164

ディスプレイ産業奨励賞(日本ディスプレイ業団体連合会賞)

Display Industry Silver Award

163-164

SANYO Think GAIA 2007 ～SANYOは、"環境·エナジー先進メーカー"へ。～

展示場所:東京·文京区後楽
展示期間:2007年9月
プロデュース:三洋電機　盛田清人
ディレクション:三洋電機　小谷浩和
監修:スペースコア　山田 修
デザインアドヴァイス:ホルストベッカー
デザイン:ジーク　日下 穣、田中保成、岡田泰彦
マネジメント:ジーク　児玉憲一
プロダクション:ジーク
クライアント:三洋電機
撮影:クドウ オリジナルフォト

SANYO Think GAIA 2007
SANYO will be a leading provider of Environment and Energy-related products.

Place : Koraku, Bunkyo-ku, Tokyo
Date : September, 2007
Producing : Sanyo Electric - Morita Sumito
Direction : Sanyo Electric - Kotani Hirokazu
Supervision : Space Core - Yamada Osamu
Design Advice : Horst Becker
Design : Zycc - Kusaka Jo, Tanaka Yasunari, Okada Yasuhiko
Management : Zycc - Kodama Kenichi
Production : Zycc
Client : Sanyo Electric
Photograph : Kudo Original Photo

デザイン意図

SANYOの、企業変革、総合家電メーカーから"環境·エナジー先進メーカー"への進化を具現化。地球といのちのための、モノづくりを全うする社員の想いと新たなSANYOをみなぎらせる結束力を、自然界の造形物であり、高効率性を秘めた"ハニカム"をモチーフに形づくった。また新しい企業イメージを醸成させるために、白を基調とした造形に、照明、音楽、映像を共鳴させた演出で展示テーマである"SANYO PRIDE"を表現した。

165

166

ディスプレイ産業奨励賞（日本ディスプレイ業団体連合会賞）

Display Industry Silver Award

165-166

世界競泳2007 イン ジャパン

展示場所：千葉・習志野
展示期間：2007年8月
主催：世界競泳実行委員会
プロダクション：ムラヤマ
ディレクション：雨宮英之、ムラヤマ　久吉広幸、杉本奈津子
デザイン：ムラヤマ　河田有史、GIOTTO　中村秀人
照明：共立　吉川哲男
クライアント：世界競泳実行委員会
撮影：ジェイライツ　板村光一郎

International Swim Meet 2007 in Japan

Place : Narashino, Chiba
Date : August, 2007
Organization : International Swim Meet Executive Committee
Production : Murayama
Direction : Amemiya Hideyuki, Murayama - Kuyoshi Hiroyuki, Sugimoto Natsuko
Design : Murayama - Kawata Arihito, Giotto - Nakamura Hideto
Lighting : Kyoritsu - Yoshikawa Tetsuo
Client : International Swim Meet Executive Committee
Photograph : J-Lights - Itamura Koichiro

デザイン意図

北京オリンピックを翌年に控え、オリンピック前年にふさわしい大会をと、北京と近い環境の日本で開催された国際大会。特徴あるフォルムをもつ会場を宇宙船に見立て、“宇宙最速を決める戦いの場”というテーマで、宇宙感とスピード感に溢れる会場の創出を目指した。競泳のもつ、スピード感や力強さと空間演出を融合させることで、競泳をスポーツ競技としてだけではなく、より魅力的でドラマチックなものを見せる空間として仕立てた。

167

ディスプレイ産業奨励賞(日本ディスプレイ業団体連合会賞)

Display Industry Silver Award

167

リョーショクグループ2007 グランドフェア エントランス

展示場所:東京·平和島
展示期間:2007年6月
企画、プロデュース:ウィン·コム·リンク
ディレクション:ムラヤマ 山﨑和紀
デザイン:ムラヤマ 斉藤里枝
テクニカルディレクション:ムラヤマ 清家伸夫、野口幸夫、竹内克巳
プロダクション:ムラヤマ
クライアント:菱食
撮影:ジェイライツ 板村光一郎

RYOSHOKU GROUP 2007 GRAND FAIR Entrance

Place : Heiwajima, Tokyo
Date of Completion : June, 2007
Plan and Producing : Win Com Link
Direction : Murayama - Yamazaki Kazuki
Design : Murayama - Saito Rie
Technical Direction : Murayama - Seike Nobuo, Noguchi Yukio, Takeuchi Katsumi
Production : Murayama
Client : Ryoshoku
Photograph : J-Lights - Itamura Koichiro

デザイン意図

菱食グループがフルラインを展開するこのプライベートショーは、商品のアピールの場であるとともに、招待客に日頃の感謝の気持ちを込めたおもてなしを提供する場である。"おいしい力(ちから)ニッポン"をテーマに、キーグラフィックに用いた色とりどりの箸で、エントランスのエスカレーターを包み込むように展開した。"ニッポンの食"を意識した展示とすることで、これから始まる、さまざまな食体験への期待を抱かせる幻想的な空間となった。

168

169

ディスプレイ産業奨励賞（日本ディスプレイ業団体連合会賞）

Display Industry Silver Award

168-169

デジタルマジカルランド イオンファンタジア

所在地：岡山・倉敷
完成年月：2008年4月
総合プロデュース：ソニーPCL　藤井 暁
ディレクション：ソニーPCL　加藤丈晴、松田 茜
アートディレクション：ソニーPCL　小川晋平
コンストラクションディレクション：ソニーPCL　中尾憲明
照明：MGS　藤本晴美
デザイン：フジヤ　中郡伸一、尾形茂雄
テクニカルディレクション：フジヤ　大橋武夫、園田信治、大島嘉明
プロダクション：フジヤ
クライアント：イオンファンタジー
撮影：工藤明敏

Degital Magical Land AEON FANTASIA

Place : Kurashiki, Okayama
Date of Completion : April, 2008
Total Producing : Sony PCL - Fujii Akira
Direction : Sony PCL - Kato Takeharu, Matsuda Akane
Art Direction : Sony PCL - Ogawa Shimpei
Construction Direction : Sony PCL - Nakao Noriaki
Lighting : MGS - Fujimoto Harumi
Design : Fujiya - Chugun Shinichi, Ogata Shigeo
Technical Direction : Fujiya - Ohashi Takeo, Sonoda Shinji, Oshima Yoshiaki
Production : Fujiya
Client : Aeon Fantasy
Photograph : Kudo Akitoshi

デザイン意図

新感覚体験型エンターテインメントスペース“イオンファンタジア”。高度な科学技術でつくる不思議なステキ体験が、イオンSC内で展開される新たなアミューズメント施設である。ファンタジーな世界観を追求し、子供も大人もほうっておけない知的空間の構築を目指した。そこに一歩足を踏み入れると、まるで“魔法にかかった世界”、現実とは違う世界に引き込まれる。

170

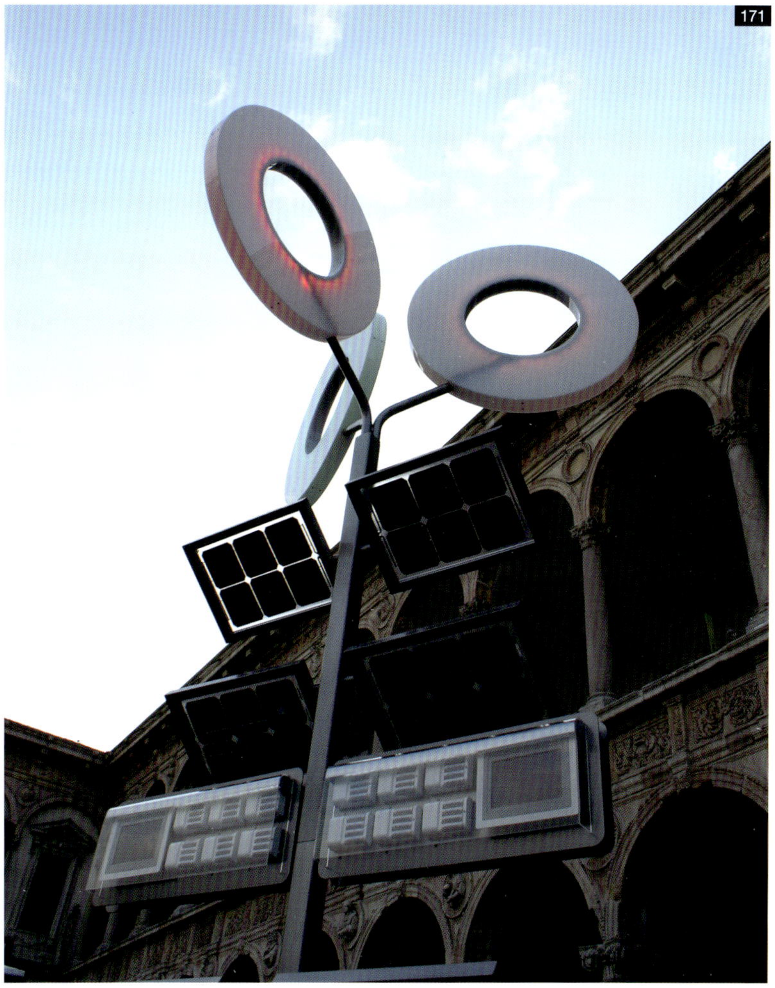

171

ディスプレイ産業奨励賞(日本ディスプレイ業団体連合会賞)

Display Industry Silver Award

170-171

SUNPLANT

展示場所:イタリア・ミラノ
展示期間:2008年4月～5月
企画:喜多俊之、三洋電機
ディレクション、デザイン:喜多俊之
実施設計:ジーク　児玉憲一、デバイス　田坂智成
プロダクション:ジーク
クライアント:三洋電機

SUNPLANT

Place : Milano, Italy
Date : from April to May, 2008
Plan : Kita Toshiyuki, Sanyo Electric
Direction and Design : Kita Toshiyuki
Working Design : Zycc - Kodama Kenichi, Device - Tasaka Tomonari
Production : Zycc
Client : Sanyo Electric

デザイン意図

三洋電機のブランドヴィジョン"Think GAIA"から生み出された、太陽の光からつくるエネルギーで充電し、繰り返し使うという"eneloop universe"のコンセプト。これに共感した喜多俊之の提案により、"ミラノサローネ2008"の市街地イヴェントの目玉"GREEN ENERGY DESIGN"出展のため、近未来の生活シーンを一目で感じることができる作品として「SUNPLANT」は生まれた。

172

173

174

賞

ディスプレイ産業奨励賞（日本ディスプレイ業団体連合会賞）

Display Industry Silver Award

172-174

資生堂エコール ド ハヤマ
"一瞬も、一生も、美しく—椿"

展示場所：神奈川・葉山町
展示期間：2007年5月～9月
クリエイティヴディレクション：山形季央
アートディレクション、デザイン：岸野桃子
プロダクション：現代工房
クライアント：資生堂
撮影：安達 香

Shiseido École de Hayama
"This moment, This life, Beautifully – Tsubaki"

Place : Hayamamachi, Kanagawa
Date : from May to September, 2007
Creative Direction : Yamagata Toshio
Art Direction and Design : Kishino Momoko
Production : Gendai-kobo
Client : Shiseido
Photograph : Adachi Kaoru

デザイン意図

"一瞬も、一生も、美しく"という資生堂のコーポレートメッセージを、小さなウインドウに表現した。一輪の白い椿に柔らかい光が落ち、少しずつ花びらが染まり、やがては周囲をも染めていく…という様子を女性の一生として考えた。どの一瞬を切り取っても美しいけれど、どの一瞬にも異なる美しさがある、ということを表現したかった。

175

ディスプレイ産業奨励賞（日本ディスプレイ業団体連合会賞）

Display Industry Silver Award

175

かなざわごのみ2007 2007年特別企画事業 黒川雅之の“伝統の再編集”展

展示場所：金沢
展示期間：2007年10月
企画、ディレクション、デザイン：黒川雅之建築設計事務所　黒川雅之
プロダクション：ナカダ
クライアント：金沢ファッションウィーク実行委員会、金沢市
撮影：三津 努

Kanazawagonomi 2007 Masayuki Kurokawa “The Re-Editing of Tradition” Exhibition

Place : Kanazawa
Date : October, 2007
Plan, Direction and Design : Kurokawa Masayuki Architect Studio - Kurokawa Masayuki
Production : Nakada
Client : Committee of Kanazawa Fashion Week, Kanazawa City
Photograph : Mitsu Tsutomu

デザイン意図

展示台は漆黒の宇宙空間に浮かぶ漆黒のキューブである。職人は素材を身体で感じながらつくっている。素材の中に真理を探る作業だ。長い“人と素材、人と地球”の関わりの歴史を、この展示空間に表現しようと思った。照明は展示された作品だけに照射される。展示作品自体もこの漆黒の空間に浮遊することになる。

ディスプレイ産業奨励賞（日本ディスプレイ業団体連合会賞）

Display Industry Silver Award

176-177

蔵人厨 ねのひ 銀座店

所在地：東京・銀座
完成年月：2008年4月
デザイン：丹青社　上垣内泰輔、立川美和、菊地 健
プロダクション：綜合デザイン
クライアント：モリタフードサービス
撮影：ナカサ&パートナーズ

Kuroud-Kuriya NENOHI GINZA

Place : Ginza, Tokyo
Date of Completion : April, 2008
Design : Tanseisha - Kamigaichi Taisuke, Tachikawa Miwa, Kikuchi Takeshi
Production : Sogo Design
Client : Morita Food Service
Photograph : Nacása & Partners

デザイン意図

愛知県知多半島で340年続く、蔵元“盛田”。“盛田”の清酒とともに、自前のみそやしょうゆで味付けした肴を提供する“蔵人厨（くろうどくりや）ねのひ”銀座店の設計。在りし日の“倶楽部”をコンセプトとし、役石を配した石垣、大谷石や、ウォールナットの巨大なスリットなど、時代に流されない、スケールの大きな素材感と伝統を感じさせる道具のコントラストで、“優雅な敷居感”を表現した。

178

179

JCD銀賞

JCD Silver Award

178-179

Suspended Figure

所在地：東京・南青山
完成年月：2008年1月
企画：ディーゼルジャパン
設計：丸田絢子建築設計事務所　丸田絢子
キュレーター：高橋正明
施工：青
クライアント：ディーゼルジャパン
撮影：首藤幹夫

Suspended Figure

Place : Minami-Aoyama, Tokyo
Date of Completion : January, 2008
Plan : Diesel Japan
Design : Office Ayako Maruta - Maruta Ayako
Curator : Takahashi Masaaki
Construction : Creators Ao
Client : Diesel Japan
Photograph : Shuto Mikio

デザイン意図

工事用作業灯620個によって形づくられた空間。ランプとそのケーブルが集合して弧や垂線の集合となり、総体としてアーチと柱に似た形態をつくる。アーチと柱と認識されたオブジェは、その周りに展示されたトルソーや商品と一体となって、神殿のような風景をつくり出す。作業灯の荒々しい素材感に潜む美しさが作業着から進化してきたデニムの歴史、魅力に重ね合わされ、ショップとアートが一体化した空間へと昇華されている。

180

181

JCD銀賞

JCD Silver Award

180-181

UT STORE HARAJUKU.

所在地：東京・神宮前
完成年月：2007年4月
クリエイティヴディレクション：SAMURAI　佐藤可士和
インテリアプロデュース：iRIKAWA & Partners、入川スタイル＆ホールディングス　入川秀人
設計：iRIKAWA & Partners、窪田建築都市研究所
インテリアデザイン：窪田 茂、関田浩司、鈴木聡平
照明：遠藤照明　長谷川明夫、上田聖子
リーチイン什器：タニコー　前島一友
LED：スターレット　井上宏之
施工：ムラヤマ
クライアント：ユニクロ
撮影：ナカサ＆パートナーズ

UT STORE HARAJUKU.

Place : Jingumae, Tokyo
Date of Completion : April, 2007
Creative Direction : Samurai - Sato Kashiwa
Interior Producing : Irikawa & Partners, Irikawa Style & Holdings - Irikawa Hideto
Design : Irikawa & Partners, Kubota Architects & Associates
Interior Design : Kubota Shigeru, Sekita Koji, Suzuki Sohei
Lighting : Endo Lighting - Hasegawa Akio, Ueda Seiko
Reach in Utensil : Tanico - Maeshima Kazutomo
LED : Starlet - Inoue Hiroyuki
Construction : Murayama
Client : Uniqlo
Photogragh : Nacása & Partners

デザイン意図

コンセプトは“新しい買い方のデザイン”と“Tシャツの未来のコンビニ”。ペットボトルに入れられたTシャツをコンビニのリーチイン什器に整然と並べ、ハンギングやLEDによる表示によって、欲しいものが簡単に楽しく探し出せるような買い方を提案。これは膨大なTシャツを折り畳んで並べるというオペレーションを排除している。ファサードは巨大なリーチイン什器のようであり、店舗アイデンティティーそのものである。

182

183

JCD銀賞

JCD Silver Award

182-183

index hair

所在地：東京・江戸川区東瑞江
完成年月：2007年4月
企画：竹迫忠文
設計：タカラスペースデザイン　湯口 巌
施工：タカラスペースデザイン
クライアント：オービーアイ
撮影：宮本啓介

index hair

Place : Higashi-Mizue, Edogawa-ku, Tokyo
Date of Completion : April, 2007
Plan : Takesako Tadafumi
Design : Takara Space Design - Yuguchi Iwao
Construction : Takara Space Design
Client : OBI
Photograph : Miyamoto Keisuke

デザイン意図

“椅子”と“箱”により構成される美容室。一般的に美容室では、各場所に明確な用途とそれに応じて求められる機能が細部に至るまであり、そこを出発点としてフォルムを決定する方法論をとるように思う。ここではフォルムが先行して用意され、そこに用途や機能が何となく当てはまったかのような状況をつくり出したかった。“椅子の美容室”といったわかりやすいアイコンとともに親しまれればと思う。

184

185

JCD銀賞

JCD Silver Award

184-185

le jardin

所在地：東京・江戸川区西葛西
完成年月：2008年3月
企画：箭内 力
設計：タカラスペースデザイン　湯口 巌
施工：タカラスペースデザイン
クライアント：YRP
撮影：宮本啓介

le jardin

Place : Nishi-Kasai, Edogawa-ku, Tokyo
Date of Completion : March, 2008
Plan : Yanai Tsutomu
Design : Takara Space Design - Yuguchi Iwao
Construction : Takara Space Design
Client : YRP
Photograph : Miyamoto Keisuke

デザイン意図

駅前に立地することから幅広い客層を考慮し、性格の異なる二つのスタイリングスペースを設けた。ミラー一枚を隔てて異なる空間が隣り合う構成、それ自体を個性として街路にアピールしている。美容室ではそのほとんどがミラーを前に座っている時間であり、このミラーの形状がデザインの主眼とされる例が多い。ここではミラーにグラデーション加工を用いている。形ではなく座っているときの感覚・体験が特別なものとなるように。

JCD銀賞

JCD Silver Award

186-187

Detox Natural Antiaging DNA

所在地：愛媛・松山
完成年月：2007年9月
企画、設計：タカラスペースデザイン　長尾壮一郎
照明：コイズミ産業　一宮誠志
施工：タカラスペースデザイン
クライアント：フェイズ・ジャパン
撮影：山田誠良

Detox Natural Antiaging DNA

Place : Matsuyama, Ehime
Date of Completion : September, 2007
Plan and Design : Takara Space Design - Nagao Soichiro
Lighting : Koizumi Sangyo - Ichimiya Seishi
Construction : Takara Space Design
Client : Phase Japan
Photograph : Yamada Seiryo

デザイン意図
ランダムに散りばめた象徴的な鏡の映り込みは、人の動き回る動線によって万華鏡の中にいるかのように空間を増幅させ、実体と映り込みである非実体の距離感を錯乱させたようにオーバーラップさせる。この鏡は美容室のセットミラーというツールの側面だけではなく空間の結界を解き放つ装置であり象徴となる。

JCD銀賞

JCD Silver Award

188-189

荒川技研工業表参道ショールーム

所在地：東京・神宮前
完成年月：2007年10月
企画：荒川技研工業　高橋 忍
設計：6D　大坪輝史
サインデザイン：6D　木住野彰悟
施工：タナカデザインロジスティクス
クライアント：荒川技研工業
撮影：ヒュー　藤本伸吾

ARAKAWA GRIP SHOP & SHOWROOM

Place : Jingumae, Tokyo
Date of Completion : October, 2007
Plan : Arakawa - Takahashi Shinobu
Design : 6D - Otsubo Terufumi
Sign Design : 6D - Kishino Shogo
Construction : Tanaka Design Logistics
Client : Arakawa
Photograph : Hue - Fujimoto Shingo

デザイン意図

多種・多分類に分かれたワイヤーグリップの商品群を展示するショールーム。商品の使用用途をわかりやすく伝えるために、商品の特性を正しく分析し、情報量を整理することにより、54本の円筒状ヴォイド管（紙管）をゆるやかな曲線上に配列し、ヴォイド管の中にワイヤーとグリッパーを展示した。横列ではワイヤー径に適合したアイテム分類として、縦列は固定箇所を示す用途の分類となっており、全体を俯瞰すると、用途別に分けられたチャートとして見ることができる。

190

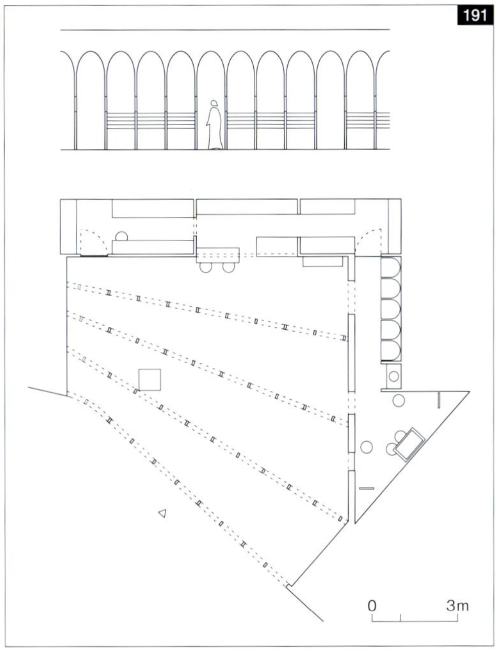

191

JCD銀賞

JCD Silver Award

190-191

ジンズ グローバルスタンダード 広島店

所在地：広島
完成年月：2008年1月
企画：ジェイアイエヌ
設計：日吉坂事務所　寳神尚史、田中美香
施工：日商インターライフ
クライアント：ジェイアイエヌ
撮影：阿野太一
図面：寳神尚史、田中美香

JIN'S GLOBAL STANDARD Hiroshima

Place : Hiroshima
Date of Completion : January, 2008
Plan : JIN
Design : Office Hiyoshizaka - Hojin Hisashi, Tanaka Mika
Construction : Nissho Inter Life
Client : JIN
Photograph : Ano Daici
Drawing : Hojin Hisashi, Tanaka Mika

デザイン意図

アーチの散策路。アーチの連なる列柱壁。重なる密度感、細い柱の林立風景。規則と不規則と、複雑な表情を見せながら変化する風景。一定の高さに張り巡らされた鏡は、空間の奥行きや広がりの体験を、さらに多様にする効果をもたらす。

JCD銀賞
JCD Silver Award

192-193

Duex

所在地：神戸
完成年月：2007年9月
企画、設計：ポリディアインク一級建築士事務所　中住直義
照明：大光電機　村西貴洋
施工：アリストクラッツ
クライアント：ドゥ・マルナカ
撮影：山田誠良

Duex

Place : Kobe
Date of Completion : September, 2007
Plan and Design : Polideainc Architects - Nakazumi Naoyoshi
Lighting : Daiko Electric - Muranishi Takahiro
Construction : Aristocrats
Client : Duex Marunaka
Photograph : Yamada Seiryo

デザイン意図

間口8.5mのファサードを眺めながら通り過ぎる時間はわずか数秒間である。店と人とを面でつなぐショーウインドウを一枚の浸透膜と考え、その距離や面積を増大させることでコミュニケーションの時間と、内部を認識させるデータ量をも増大させようという試み。20mのうねるウインドウは、内と外を曖昧にしながら、店内を分断するように進む。ウインドウ越しに内部のデータとアクセスしていた人は、ウインドウが消失していたことに気付かないまま、店内にのみ込まれる。

194

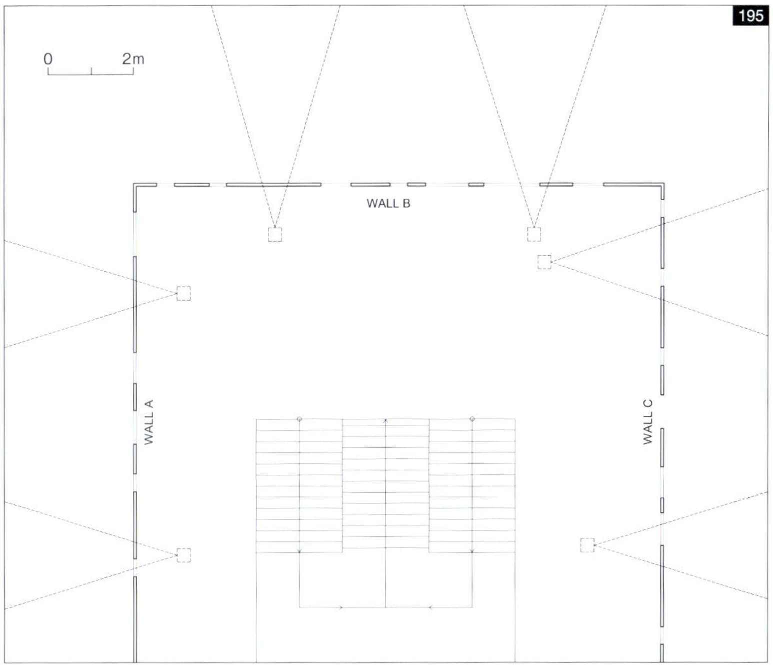

195

JCD銀賞

JCD Silver Award

194-195

北京“BORDERLINE”

所在地：中国・北京
完成年月：2007年6月
設計：ペンシルバニア大学　杉田 宗、SAKO建築設計工社　青山周平
クライアント：プラットフォームチャイナ
撮影：広松美佐江
図面：杉田 宗、青山周平

Beijing “BORDERLINE”

Place : Beijing, China
Date of Completion : June, 2007
Design : University of Pennsylvania - Sugita So, Sako Architects - Aoyama Shuhei
Client : Platform China
Photograph : Hiromatsu Misae
Drawing : Sugita So, Aoyama Shuhei

デザイン意図

北京市郊外の新興芸術区で、1年に一度行われる短編映像展の会場構成。現代の中国社会をテーマとした映像作品と観客との間に、たくさんの窓をもつ黒い壁を設置した。遠くから見ると、穴のあけられた壁はフィルターとして機能し、断片化され暗闇に浮かぶ映像群のメッセージ性を消している。窓に近付くにつれて次第に作品全体が見え始め、観客は“自分の窓”から作品を楽しむことができるようになっている。

196

197

JCD銀賞

JCD Silver Award

196-197

杭州ロマンチシズム2

所在地：中国・杭州
完成年月：2007年8月
企画：SAKO建築設計工社　迫 慶一郎
設計：SAKO建築設計工社　迫 慶一郎、石坂猛志、原 信敏
照明：ぼんぼり光環境計画　角舘政英
施工：杭州浪漫一身服飾
クライアント：杭州浪漫一身服飾
撮影：ナカサ&パートナーズ

ROMANTICIZM2 in Hangzhou

Place : Hangzhou, China
Date of Completion : August, 2007
Plan : Sako Architects - Sako Keiichiro
Design : Sako Architects - Sako Keiichiro, Ishizaka Takeshi, Hara Nobutoshi
Lighting : Masahide Kakudate Lighting Architect & Associates - Kakudate Masahide
Construction : Roman Issin
Client : Hangzhou Rmeo Fashion
Photograph : Nacása & Partners

デザイン意図

身体を包む衣服を第二のスキンととらえると、パーティションや什器に変容する“ネット”は、床・壁・天井よりも身体に近い第三のスキンとなる。第三のスキンと位置付けた“ネット”は“骨・肉・皮”から構成され、“骨”は鉄筋、“肉”はスタイロフォームとガラス繊維、“皮”はエポキシ樹脂と油性塗料である。ファサードから吸い込まれるように内部空間へと連続した“ネット”は、空間に流動性と非日常性をもたらしている。

198

199

JCD銀賞

JCD Silver Award

198-199

TECHTILE EXHIBITION

展示場所：東京・湯島
展示期間：2007年11月
企画：仲谷正史、筧 康明、nosigner
設計：nosigner
施工：nosigndesign
クライアント：東京大学、日本バーチャルリアリティ学会

TECHTILE EXHIBITION

Place : Yushima, Tokyo
Date : November, 2007
Plan : Nakatani Masashi, Kakei Yasuaki, Nosigner
Design : Nosigner
Construction : Nosigndesign
Client : The University of Tokyo, Virtual Reality Society of Japan

デザイン意図
この展示は、東京大学本郷キャンパスで行われた"触覚技術"と"アート"、そして"デザイン"の融合による新しい研究領域創成を目指した展示である。この会場構成では、合計10000m以上もの長さの食品用ラップフィルムを用い、さらに音響と空調を連動させることで、温感を刺激する巨大な氷の柱のような空間を制作した。身近な素材に対して新しい視点を導入することにより、2000円／㎡という超低予算を実現している。

200

201

賞

JCD銀賞

JCD Silver Award

200-201

chair cafe

所在地：東京・西新宿
完成年月：2007年4月
企画：リビング・デザイン・センター
設計：TONERICO　米谷ひろし
ロゴマークデザイン：神谷奈々子
施工：綜合デザイン
クライアント：リビング・デザイン・センター
撮影：ナカサ&パートナーズ

chair cafe

Place : Nishi-Shinjuku, Tokyo
Date of Completion : April, 2007
Plan : Living Design Center
Design : Tonerico - Yoneya Hiroshi
Logo Mark Design : Kamiya Nanako
Construction : Sogo Design
Client : Living Design Center
Photograph : Nacása & Partners

デザイン意図

アトリウム空間において椅子を楽しむためのカフェスペース。椅子を開梱したあとの"箱"をイメージしたオブジェクトを仮設的に囲むことでカフェをつくり出している。いわゆるカフェを連想させるアイコンや素材感をもち込まずに、椅子のための"背景をデザイン"した空間。最後まで大空間の中での存在感を意識していたが、単純に強固なモノだけに存在感があるとは限らないと感じた。

202

サインデザイン奨励賞

Sign Design Silver Award

202

深川ギャザリア外構サインリニューアル計画

所在地：東京・木場
完成年月：2007年6月
ディレクション：F.PLUS　藤田克美
デザイン：F.PLUS　藤田克美、松崎 怜
エイジェンシー：エイムクリエイツ
施工：エイムクリエイツ
クライアント：フジクラ開発
撮影：ナカサ＆パートナーズ

Signage Renewal Design for FUKAGAWA GATHARIA

Place : Kiba, Tokyo
Date of Completion : June, 2007
Direction : F.Plus - Fujita Katsumi
Design : F.Plus - Fujita Katsumi, Matsuzaki Ryo
Agency : Aimcreate
Construction : Aimcreate
Client : Fujikura Development
Photograph : Nacása & Partners

デザイン意図

「深川ギャザリア外構サインリニューアル計画」において、(1) 施設の散らばった広い街区、(2) 夜は暗めの照明計画、という課題に対し、(1) 目的地とそこへの道をわかりやすく示したルートマップ、すべての施設をピクトグラム化、(2) 大きい板面で目立つがぼんやりとした優しい光、というコンセプトで総合案内板をデザインした。

203

204

サインデザイン奨励賞

Sign Design Silver Award

203-204

JR東日本 異常時情報案内サイン

所在地：宮城、福島、山形
完成年月：2007年5月
ディレクション：新陽社 西城 毅
デザイン：新陽社 松渕泰典
施工：新陽社
クライアント：東日本旅客鉄道

JR East Japan Train Status

Place : Miyagi, Fukushima, Yamagata
Date of Completion : May, 2007
Direction : Shin-yosha - Saijo Hitoshi
Design : Shin-yosha - Matsubuchi Yasunori
Construction : Shin-yosha
Client : East Japan Railway

デザイン意図

災害や事故などで列車の運行に障害が発生した際に、駅利用者へ異常時情報の提供を行うLED使用の案内サインである。FOMAネットワークを利用した表示システムを導入し、さまざまな駅環境に調和するシンプルな筐体とモノクロームの塗装色とした。異常時情報を表示する場合は、傾斜部のLEDが赤色で点滅し、誘目性を高めている。異常時情報の配信がない場合は、駅の情報やイヴェントなどの案内を提供している。

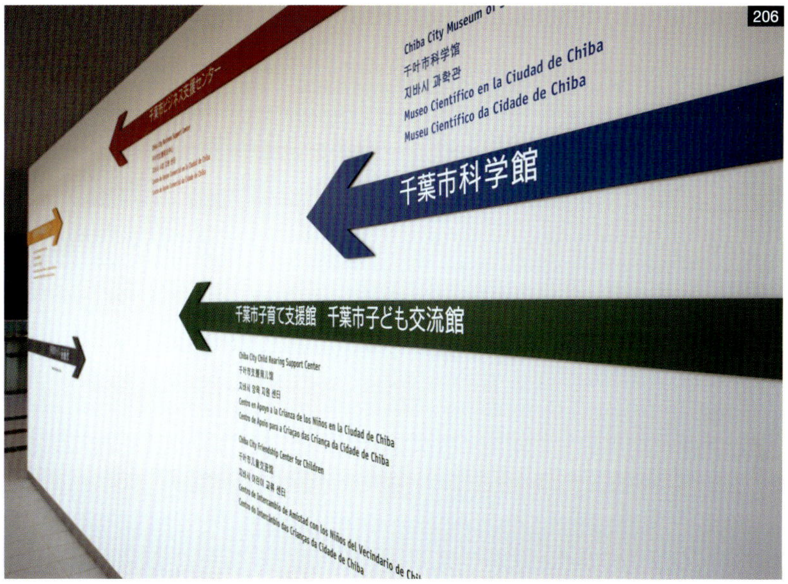

サインデザイン奨励賞

Sign Design Silver Award

205-206

複合施設"きぼーる"のサイン計画

所在地：千葉
完成年月：2007年10月
ディレクション：宮崎 桂
デザイン：宮崎 桂、渡辺光恵
建築設計：日建設計
施工：コトブキ
誘導ブロック施工：INAX
クライアント：千葉市中央第六区地区再開発組合

"Qiball" Sign Project

Place : Chiba
Date of Completion : October, 2007
Direction : Miyazaki Kei
Design : Miyazaki Kei, Watanabe Mitsue
Architectural Design : Nikken Sekkei
Construction : Kotobuki
Floor Ceramic Tile Construction : Inax
Client : Chiba Chuodairokkuchiku Redevelopment Association

デザイン意図

アトリウムに浮かぶボール形のプラネタリウムと"希望"の意味を合わせてネーミングされたQiball"きぼーる"は千葉市の官民複合再開発ビルである。ここには保健福祉、子育て・児童交流、産業支援、科学教育の四つの行政サービス施設が集まっている。

207

208

サインデザイン奨励賞

Sign Design Silver Award

207-208

住吉区役所、住吉区民センター、住吉図書館
水道局住吉サービスステーション

所在地：大阪
完成年月：2008年2月
ディレクション：島津勝弘
デザイン：島津環境グラフィックス　島津勝弘、竹内健人、米林真由美、島津睦子、井澤鉄之助
建築設計：大阪市、昭和設計
施工：大林組・奥村組・松本建設 JV
クライアント：大阪市
撮影：松村芳治

Sumiyoshi Public Office, Sumiyoshi Public Center, Sumiyoshi Library, Waterworks Bureau Sumiyoshi Service Station

Place : Osaka
Date of Completion : February, 2008
Direction : Shimazu Katsuhiro
Design : Shimazu Environmental Graphics - Shimazu Katsuhiro, Takeuchi Takehito, Yonebayashi Mayumi, Shimazu Mutsuko, Izawa Tetsunosuke
Architectural Design : Osaka City, Showa Sekkei
Construction : Obayashi, Okumura, Matsumotokensetsu JV
Client : Osaka City
Photograph : Matsumura Yoshiji

デザイン意図

環境グラフィックの展開イメージは、住吉大社の太鼓橋のシルエットが水面に映る美しい影と重ね合わさったイメージと、緑のプロムナードから見上げた建築のシンボリックな大屋根の円形ディテールとのデザインイメージの調和を計った。各施設のテーマカラーとデザインがリンクした円形シルエットの連続は、情報の視認性とエリア認識の向上を考慮しながら、区民に楽しく親しまれるデザイン展開を目指した。

賞

サインデザイン奨励賞

Sign Design Silver Award

209

七色の帆引き船

所在地：茨城・霞ヶ浦
完成年月：2007年11月
ディレクション、デザイン：藤代範雄
施工：霞ヶ浦、行方、玉造、麻生漁業組合
クライアント：第23回国民文化祭実行委員会、霞ヶ浦レインボークラブ、行方市観光協会

Sailing Ships of Seven Colors

Place : Kasumigaura, Ibaraki
Date of Completion : November, 2007
Direction and Design : Fujishiro Norio
Construction : Kasumigaura, Namegata, Tamatsukuri, Aso Fishermen's Union
Client : The 23rd National Cultural Festival Committee, Kasumigaura Rainbow Club, Namegata Kanko Kyokai

デザイン意図

雄大で美しい景観をもつ霞ヶ浦の魅力を日本全国にアピールする方法はないものかと模索していたとき、130年もの歴史をもつ帆引き船と出合った。地元の風物詩である帆引き船を伝統から解き放ち、その白い帆に色とりどりの色を付けてみたらどうだろう。これまで誰も見たことのない霞ヶ浦の表情が立ち現れるのではないか。環境資源をいかし、地域を活性化させる21世紀の新たな観光開発の一つとして、この「七色の帆引き船」は誕生した。

210

211

サインデザイン奨励賞

Sign Design Silver Award

210-211

グラントウキョウ ノースタワーオフィス棟 サイン計画

所在地：東京・丸の内
完成年月：2007年10月
ディレクション：東京駅八重洲開発設計共同企業体、日建設計 米盛和之、野澤隆秀
デザイン：ハダステュディオ 羽田健一
施工：東京駅八重洲口開発北ビルⅠ期新築工事共同企業体、マウント、フロム トゥ
クライアント：東日本旅客鉄道、三井不動産

Gran Tokyo North Tower Office Sign Project

Place : Marunouchi, Tokyo
Date of Completion : October, 2007
Direction : Tokyo Station Yaesu Development Design Joint Enterprise, Nikken Sekkei - Yonemori Kazuyuki, Nozawa Takahide
Design : Hada Studio - Hada Kenichi
Construction : Tokyo Station Yaesu Development Plan North Tower Phase I Construction Joint Enterprise, Mount, From To
Client : East Japan Railway, Mitsui Fudosan

デザイン意図

東京駅八重洲口北側に建つ超高層タワーのサイン計画である。タワーの17階から42階までの高層部が次世代型高機能オフィスとなっている。シンプルで機能重視のサインだが、木の表情や温もりをアクセントに、空間に調和したデザインを目指した。総合案内サインは、シンプルで美しい受付を目指し、家具のようにカウンターと一体化した。表示の多くは木材の差し換え式やガラスパネルなど、オフィスとしての環境の変化に十分対応できるよう配慮している。オリジナルで開発したピクトグラムも表情のある優しいデザインになっている。

212

213

サインデザイン大倉冨美雄賞

Sign Design Okura Fumio Award

212-213

トラスコ中山 秋田営業所

所在地：秋田
完成年月：2007年11月
ディレクション、デザイン：竹中工務店
エイジェンシー：竹中工務店
施工：竹中工務店
クライアント：トラスコ中山
撮影：エスエス東京

TRUSCO NAKAYAMA Akita Branch

Place : Akita
Date of Completion : November, 2007
Direction and Design : Takenaka
Agency : Takenaka
Construction : Takenaka
Client : Trusco Nakayama
Photograph : SS Tokyo

デザイン意図

秋田港にほど近い国道13号線沿いに立地する配送機能を備えた営業所。この地域の厳しい気候への対処を、古くから風土に対峙してきた民家の雪囲いに学び、風雪を遮るコンクリートの壁を配置した。これを黒・オレンジ・緑のコーポレートカラーで彩り、ロゴマークを白く打ち抜き、力強いゲートウォールとした。シルヴァーボックスの本体とゲートウォールが交差する動きのある建物形態が、ハイスピードで通り過ぎるドライヴァーに対して一つのサインとなるように意図した。

214

215

216

SDA特別賞(財団法人日本産業デザイン振興会会長賞)

Sign Design Special Award

214-216

岡山県真庭市勝山の"のれんによる町づくり"に対して

受賞者:ひのき草木染織工房　加納容子

古い城下町の町並み保存地区で、住民内発の動きとして始まり、行政のフォローも獲得しながらユニークな"のれんの町"のイメージを形成してきた、住民主体の町づくり10年余の成果に対して。

勝山は、県北の山間部に立地する、もと勝山藩二万三千石の城下町。出雲街道きっての宿場町で、県下三大河川の一つといわれる旭川上流の水運の起点でもある要衝として栄えたという。その豊かな自然環境の中に、城下町当時の古い町並みが広がる。県の町並み保存地区指定第一号(1985)で延長約800m。ここで13年前に始まったというのれんの活用は、商家に限らず住宅にも採用され、現在総数110軒中92軒に及んでいるという。そのデザインは、古典的な紋章タイプからモダン感覚の象徴的抽象構成までと多様性に富み、同時にすべて草木染めの落ち着いた風合いで統合性が保たれるなど、一貫するデザインの質の高さで、町全体のアイデンティティーを醸成しているのが独自の特徴である。このすべてが地元在住、東京の女子美術大学で学びUターンした染織作家の加納容子の制作というのも珍しく、またユニークな成果の一源泉ともなっている。Uターンは実家の造り酒屋を継ぐためだったようだが、家業の傍ら作品制作にも励む中で、店頭の日よけ用に自作ののれんを掲げたところ、隣近所の評判を呼んで依頼が続出し始めたのが事の起こりという。つまり端緒はごく自然発生的だが、それが県下初の町並み保存地区指定とも相まって住民自主の町づくり意識を高め、住民組織「町並み保存事業を応援する会」が発足(1996)。その後、行政も補助金政策で支援するなどで今日に至っている。観光人気もとみに高まっているようだが、目的は観光振興の町おこしではなく、あくまでも住民の生活主体。のれんが媒介する住民間コミュニケーションの深まりも認識されているなど、地に足の付いた自然体の町づくりにあるようだ。その一モデルとしても貴重な上に、日本の伝統サインを代表する一つののれんが中心的役割を担い、そのまた新しい可能性も発掘され続けていることも評価された。

For more than a decade of people's initiative to develop the image of "a town of shop curtains" of a townscape preservation district in an old castle town.

winner : Hinoki Dying Atelier / Kano Yoko

Katsuyama, located in a middle of a mountain in the northern part of Okayama prefecture, is the former castle town of the Katsuyama clan. It used to be the most prosperous post town along the Izumo highway, as well as the start point of water transportation using the Asahi river. The old townscape of this castle town remains as it was in the natural environment. The 800-meter long street was designated as the first "townscape preservation district" by the prefectural government in 1985. The use of short curtains hung outside a shop began 13 years ago. Not only shops but also residential houses began to hang a curtain. Now 92 houses out of 110 houses hang them at their entrances. Designs vary from traditional family crests to modern symbolic abstract patterns. They are all dyed with natural dyes of plant origin and their texture is unified. The identity of the whole town is created by the high quality of design. Communication among townspeople has been deepened with these curtains as a medium. It was highly appreciated that the traditional shop sign has played the key role in activating the community and that new potentiality of its use continues to be sought.

受賞コメント

勝山ののれんをつくり始めて13年。のれんが掛かり始めてからの勝山は印象が変わったといわれる。町の通りの印象がやわらかくなり、人の良さも感じられて、豊かでゆっくりと生きているイメージまでも伴ってきたようだ。私はつくり手ながら、のれんが起こす力をただびっくりしながら眺めてきたのだが、この度、サインデザインという新しい観点からの特別賞をいただき、この上なくうれしく思っている。気が付けば、最初のデザインの段階から、その家のもつ商売、心をデザインで表そうとしてきたのだ。こんな小さな町のサインであるにもかかわらず、それを取り上げてくださったことに感謝し、何より、のれんを掛け続けてくれている町の方々に感謝を述べたい。

214　ひのき草木染織工房　円い心でお客様をお迎えしたいとの思い。

215　清友(元)醤油屋　現在は生け花の先生なので、醤油色に牡丹柄。

216　西村(元)豆腐店　木綿の生地で木綿豆腐のイメージ。

SDA特別賞(財団法人日本産業デザイン振興会会長賞)

Sign Design Special Award

217-219

“くいだおれ人形”が築いた商業サインの新たなスタイルと大阪・ミナミの賑わい創出への貢献に対して

受賞者:株式会社くいだおれ　山田昌平

くいだおれ人形は、飲食店“大阪名物くいだおれ”の看板として創業間もなくお目見えし、その後は単に店の看板としてだけでなく、大阪・ミナミのシンボルとして親しまれた。今では、この人形と並んで写真を撮ることが大阪観光の証の一つともなっており、関連グッズも開発されて定番のお土産になっている。

くいだおれ人形のデザインは、ロケーションであるミナミの伝統を汲むもので、その独特の動きはかつて盛んに行われた文楽の人形づくりを応用したものである。また、鳴り物を用いている点は、街頭宣伝で一時代を築いたチンドン屋の流れを受け継いでいる。この“立体”と“動き”は、道頓堀界隈の看板に多大な影響を与え、まさに“エンターテイメントサイン”とも呼ぶべき道頓堀独自の商業サインのスタイルを創出した。くいだおれ人形は、長年にわたってこの種のサインの目標点であり続けた。

考案した創業者山田六郎は、「道頓堀という街は、店に入るお客様だけでなく、道行く人にも楽しんでもらわなあかん」ということをモットーとしたが、この精神はしっかりと受け継がれ、関西空港が開港したときは一番機でフライトを決行し、また世界陸上などでは、たすきがけで応援するなど、時代の話題を取り入れながら常に街の賑わいづくりに貢献してきた。

この度、店舗が閉店するに当たり、くいだおれ人形が築いた商業サインの新たなスタイルと大阪・ミナミの賑わい創出への貢献に対して評価がなされた。

The “Kuidaore Ningyo,” a life size doll, appeared soon after the opening of a restaurant “Osaka Meibutsu Kuidaore” as its sign figure. It soon became not only the sign of the shop but also a popular symbol of the Minami downtown district of Osaka. It is now a popular tourist spot and tourists stop to take a photo with this figure as one of their souvenirs.

winner : Kuidaore /Yamada Shohei

The traditional Bunraku puppet making skill of the area has been applied to the figure. The musical instrument that the figure plays is adopted from the chindonya, a group of musicians in gaudy costumes who parade through streets advertising a shop. This “3-D” and “acting” sign exerted great impact on signs in the Dotonbori area of Osaka. It established the style that can be called the “entertaining sign,” the distinctive feature of commercial sign in the district. The “Kuidaore Ningyo” has been the goal for this kind of signs for many years.
At the occasion of the closure of the restaurant in July 2008, the SDA Special Award is presented to the “Kuidaore Ningyo” for its contribution to the creation of a new commercial sign style as well as liveliness of the Minami district.

受賞コメント

弊社の看板人形“くいだおれ太郎”に対してこのような賞を頂戴したことは、まことに名誉なことと思う。この人形は“大阪名物くいだおれ”を開店してまもない昭和25年初めに店頭に登場した。最近でこそ大阪の象徴のようにかわいがっていただいているが、一時は“時代おくれのダサイもの”とされた不遇の時期もあった。“くいだおれ”閉店の最後に当たって、はからずも、このような評価を与えていただいたことは望外の喜びであるとともに、「人形を大事にせ」と遺言した創業者への何よりの供養になると思われる。

217, 218　くいだおれ太郎

219　開店当時の“くいだおれ”

217

218

219

220

ディスプレイデザイン協会特別賞 地域賞

Display Design Association Special Award Regional Award

220

2007年いとまんピースフル イルミネーション"雪の光"

展示場所：沖縄・糸満
展示期間：2007年12月～2008年1月
ディレクション：沖縄県立芸術大学 北村義典
デザイン：沖縄県立芸術大学 北村義典、仲嵩弥愛
プロダクション：糸満建設業組合、電設組合
クライアント：いとまんピースフルイルミネーション実行委員会

"Snowlight Streem" for the 2007 Itoman Peaceful Illuminations

Place : Itoman, Okinawa
Date : from December, 2007 to January, 2008
Direction : Okinawa Prefectural University of Art - Kitamura Yoshinori
Design : Okinawa Prefectural University of Art - Kitamura Yoshinori, Nakatake Yayori
Production : Itoman Construction Associations
Client : Committee of Itoman Peaceful Illuminations

デザイン意図

沖縄県糸満市では、毎年年末に恒久平和の願いを込め「いとまんピースフルイルミネーション」が開催されている。今年は、冬の天空から舞い降りる光の粒を雪に見立てて"雪の光"をデザインした。この作品は、建物や樹木をイルミネーションで飾るのではなく、夜空を演出しようとする新しいタイプの空間構成によるイルミネーションであり、見学者は光を外から眺めるのではなく、イルミネーションの中で光の空間を体験することになる。

ディスプレイデザイン協会特別賞 地域賞
Display Design Association Special Award Regional Award

221

Bishu Textile Exhibition 2008～2009

展示場所：愛知・一宮
展示期間：2007年11月
企画：一宮地場産業ファッションデザインセンター
ディレクション：ウルム空環意匠　伊東宜典
デザイン：伊東宜典、余語重美
プロダクション：山栄工芸
クライアント：一宮地場産業デザインセンター
撮影：スタジオM

Bishu Textile Exhibition 2008 ~ 2009

Place : Ichinomiya, Aichi
Date : November, 2007
Plan : Ichinomiya Fashion Design Center
Direction : Ulm Design - Ito Yoshinori
Design : Ito Yoshinori, Yogo Shigemi
Production : Sanei Kogei
Client : Ichinomiya Fashion Design Center
Photograph : Studio M

デザイン意図
展示会表現は商材により大きく左右するが、この展示会ではフランスを中心としたヨーロッパの女性用テキスタイル（生地）を、1テキスタイルメーカー、2アパレルデザイナー、3一般顧客に対して、トレンド動向とMD-ZONINGを一目で理解できるよう、色彩と触感、光の角度による見えの変化を意識した。会場内を視点移動すると、規律レイアウトの傾斜展示台により、刻々と変化するテキスタイルの色彩と風合いがわかるよう計画した。

ディスプレイデザイン協会特別賞 地域賞
Display Design Association Special Award Regional Award

222

九州ぐらし展 Vol.5
“味わうよろこび”

展示場所：福岡
展示期間：2007年10月～11月
企画、ディレクション：イムズ
デザイン：パラスタイル　楠田雅史
プロダクション：筑紫工芸
クライアント：イムズ

Kyushu Gurashi Exhibition Vol.5
“Lifestyle in Kyushu Island”

Place : Fukuoka
Date : from October to November, 2007
Plan and Direction : Ims
Design : Parastyle - Kusuda Masashi
Production : Chikushi Kogei
Client : Ims

デザイン意図
福岡・天神に立地し、“情報発信ステーション”をキーコンセプトとするIMSの自主企画展として、九州・沖縄 8県を拠点としたこだわりのモノづくりを紹介する“九州ぐらし展”は、2007年秋で第5回展を迎えた。今回のテーマは“味わうよろこび”。会場構成は、おくどさん（台所）を核に、さ（砂糖）し（塩）す（酢）せ（しょうゆ）そ（みそ）とその“つくりびと”や“技”そして、それらを取り巻く自然環境を紹介していくことで、豊饒の九州再発見を意図した。また暮らしの中の道具を見つめ直し、来場者各自の暮らしを再考するきっかけづくりの場となるように計画した。

デザイン意図
日本の大学は数年前より大きな転換期を迎えており、その一つに社会との連携があげられている。金沢美術工芸大学は美術系大学として、あまり例のない独自のプロデュースによるショップを企画・デザインした。大学名の頭文字を取った“KACOA／カコア”の店名の、アートとデザインの物販ショップである。敷地を郵便局跡地に設定することにより“郵便、交流”をテーマに商品企画を計画、実施すると同時に、学生および卒業生独自の作品も商品とした。広報計画やショップの管理運営にも取り組み、非常に高いスキルの存在と可能性を市民や関係者に提示することができた。

ディスプレイデザイン協会特別賞 学生賞
Display Design Association Special Award Student Award

223
金沢美大アート&デザインショップ“KACOA”

所在地：金沢
完成年月：2008年10月
企画：川本敦久、真鍋淳朗
プロデュース：小松崎拓男
ディレクション：田中寛志、寺井剛敏、工藤俊之、大野 悠、角谷 修
デザイン：伊藤義高、藤沢亮太郎、嶽 真衣子、中尾祐輝、青木祐介、高井 諒、川崎 碧、齋藤智香、太田晴子、加賀更紗、橋爪亜衣子、橋本珠里、渡邉 愛、道端由衣
プロダクション：ナカダ
クライアント：金沢市

Kanazawa College of Art / Art & Design shop “KACOA”

Place : Kanazawa
Date of Completion : October, 2008
Plan : Kawamoto Atsuhisa, Manabe Junro
Producing : Komatsuzaki Takuo
Direction : Tanaka Hiroshi, Terai Taketoshi, Kudo Toshiyuki, Ono Yu, Kadoya Osamu
Design : Ito Yoshitaka, Fujisawa Ryotaro, Dake Maiko, Nakao Yuki, Aoki Yusuke, Takai Akira, Kawasaki Midori, Saito Chika, Ota Haruko, Kaga Sarasa, Hashizume Aiko, Hashimoto Juri, Watanabe Ai, Michibata Yui
Production : Nakada
Client : Kanazawa City

デザイン意図
システムデザインフォーラムは、萌芽的研究と応用研究のブランドイメージを、植物のシーズ（種）と新芽が飛躍するアイコンに集約した。会場構成には（1）新緑のイメージカラー、（2）新芽のシンボルマーク、（3）システムデザインフォーラムというネーミング、（4）組織図、（5）イヴェントのパンフレット制作、（6）研究優秀賞のトロフィー制作、（7）ダンボール箱350個を使用して、一日限りのイヴェントの施工を短時間で実現する工夫をした。

ディスプレイデザイン協会特別賞 学生賞
Display Design Association Special Award Student Award

224
システムデザインフォーラム2007

展示場所：東京・外神田
展示期間：2007年12月
企画：首都大学東京 システムデザイン学部
ディレクション：首都大学東京 鈴木敏彦
デザイン：首都大学東京 鈴木敏彦、相野谷 威雄、末房志野
クライアント：首都大学東京 システムデザイン学部
撮影：斉藤さだむ

System Design Forum 2007

Place : Soto-Kanda, Tokyo
Date : December, 2007
Plan : Faculty of System Design, Tokyo Metropolitan University
Direction : Tokyo Metropolitan University - Suzuki Toshihiko
Design : Tokyo Metropolitan University - Suzuki Toshihiko, Ainoya Takeo, Suefusa Shino
Client : Faculty of System Design, Tokyo Metropolitan University
Photograph : Saito Sadamu

ディスプレイデザイン協会特別賞 学生賞

Display Design Association Special Award Student Award

225

東京デザイナーズウィーク2007 産学コンテナ展“loopool”

展示場所：東京・明治神宮外苑
展示期間：2007年10月〜11月
ディレクション：田淵 諭、熊切真知子
デザイン：古賀崇嗣、金子奈採、可知友貴子、鹿俣枝里子、木村崇亮、呉 勝人、篠原鮎美、谷口由里子、三森 薫、高橋 卓
プロダクション：トニー、丹青社
クライアント：三洋電機

Tokyo Designer's Week 2007 "loopool"

Place : Meijijingugaien, Tokyo
Date : from October to November, 2007
Direction : Tabuchi Satoshi, Kumakiri Machiko
Design : Koga Takashi, Kaneko Natsu, Kachi Yukiko, Kanomata Eriko, Kimura Takaaki, Kure Masato, Shinohara Ayumi, Taniguchi Yuriko, Mimori Kaoru, Takahashi Suguru
Production : Tony, Tanseisha
Client : Sanyo Electric

225

デザイン意図

V字の合わせ鏡によって広がる無限のloop空間と、青い光が満たされた柔らかな膜に包まれたpoolのような空間。こうした二面性をもつ空間から構成されている。“loop=つながる”のコンセプトをもとに、体験する“loop”空間を提案。

ディスプレイデザイン協会特別賞 学生賞

Display Design Association Special Award Student Award

226

みんなのぶらんこ

展示場所：東京・目黒区青葉台
展示期間：2007年11月
企画：代官山インスタレーション実行委員会　槇 文彦、中原佑介、川俣 正 他
デザイン：斉藤 健、高橋 護、石川智行、奥山枝里
プロダクション：斉藤 健、高橋 護、石川智行、奥山枝里、尾崎泰永、真泉洋介
場所提供：目黒区
撮影：野口 浩

minnano-buranco

Place : Aobadai, Meguro-ku, Tokyo
Date : November, 2007
Plan : The Executive of Daikanyama Installation - Maki Fumihiko, Nakahara Yusuke, Kawamata Tadashi etc.
Design : Saito Takeshi, Takahashi Mamoru, Ishikawa Tomoyuki, Okuyama Eri
Production : Saito Takeshi, Takahashi Mamoru, Ishikawa Tomoyuki, Okuyama Eri, Ozaki Yasunaga, Mayuzumi Yosuke
Site Offer : Meguro Ward
Photograph : Noguchi Hiroshi

226

デザイン意図

両脇から8mの棒が立ちあがる、空から吊られたブランコのようなベンチを、居場所の少なかった公園内に七つ設置。先細りの先端が空へと消えること、ベンチ側面を鏡面仕上げとすることで、浮遊感を演出した。ぶらんこにすわって、ひと休み。おじいちゃんも、おばあちゃんも、おとうさんも、おかあさんも、おにいちゃんも、おねえちゃんも、あかちゃんも、わんちゃんも、みんながすわるぶらんこができ上がった。

青都とばミュージアム ―観光に寄与するエコミュージアムの実現―

■企画の意図

三重県鳥羽市は、大型観光施設が立地し、伊勢参りの宿泊拠点として多くの観光客が訪れるまちです。本プロジェクトは、宿泊施設の代表者などが参加する鳥羽商工会議所観光部会を中心に、地域の新たな観光地づくりをめざすものです。マスツーリズムを脱却し、この地にしかない価値を再発見するための手法として、地域全体を博物館ととらえるエコミュージアムの考え方にもとづいた活動を展開しています。

活動の展開にあたっては、事業者や住民による研究会活動を行い、地域の自然・歴史・民俗などを探求し、失われた文化の再現や民家の保存活用、港町としての景観形成などを推進しています。

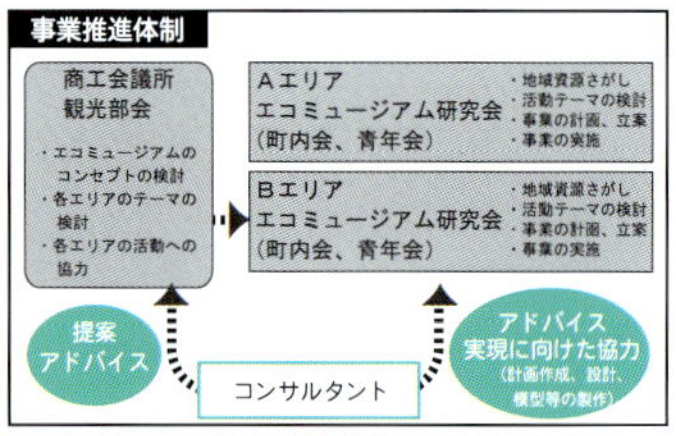

3 つ の ポ イ ン ト

エコミュージアムによる新しい観光の提案

地域独自の文化を見直し地域全体の発展を目指すことにより、新しい観光地づくりを提案。地域に残る地域資源や展示施設などの仕掛けを整備し巡ることで、単なる観光では出会えない体験の機会を提供するためのシステムを構築しました。

既存建築の魅力や特徴を生かした、保存改修による展示施設づくり

全ての施設を保存改修により整備しました。大正～昭和の初めに建設された民家や庁舎などさまざまな機能と魅力を持つ建築空間を、地域独自のテーマを通して地域の歴史を語る展示施設へと再生させました。

地元との協働による、観光振興プロジェクト

商工会議所が主体となり、計画立案から施設整備や運営にいたるまで、地域の事業者や住民と幅広く協力して推進しました。

■事業の全体像

はとにほ 鳥羽みなとまち文学館

これまで観光客がほとんど訪れることのなかった商店街の一角に、大正時代の民家を改修し、地元の文化人「岩田準一」をテーマにした文学館を整備しました。

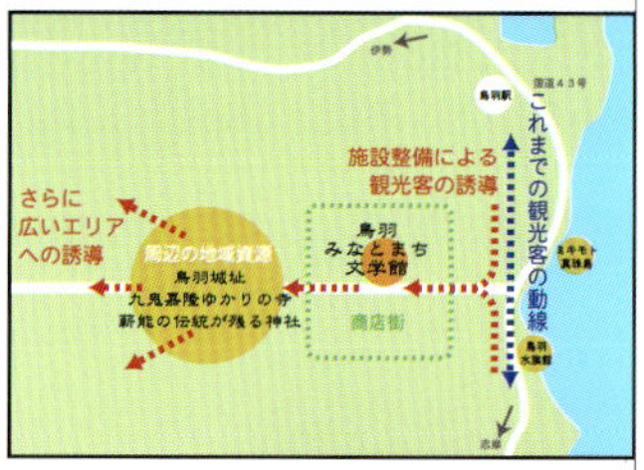

●エコミュージアムにおける施設の役割と波及効果

本施設は、地区への来訪者を誘引し、さらに広いエリアへの誘導を図る拠点としての機能を担っています。

さらに、鳥羽市のガイドボランティア組織と連携し、本施設や周辺の地域資源をめぐるガイドツアーなども実施されています。また、街路の整備も徐々に実施され、修学旅行生や観光客の動きが変わりつつあります。

●保存改修による展示施設づくり

中心市街地に残る大正時代の商家と土蔵、隣接する民家を改修し、展示室として整備しました。商家の建物に、通りから中庭に抜ける通路を新設し、資料を展示しています。

民家では、江戸川乱歩と鳥羽の関わりについて、そして、土蔵では、江戸川乱歩の作品世界を再現する展示を行っています。

●手づくりの施設整備

中庭の植栽や路面整備は、事業主体である観光部会の有志と、商工会議所スタッフの手で行われました。

また、周辺商店の協力により、店舗のファサード改修も行っています。

へ 相差（おうさつ）海女（あま）文化資料館

相差地区は、日本で一番多くの海女が暮らし、「海の幸」が魅力の観光地。地元の漁師や海女との協働により、「海の幸」を得るための技術や歴史を紹介する展示施設を整備しました。

●エコミュージアムにおける施設の役割

①エリアの拠点としての機能

鳥羽を経由し伊勢と志摩を結ぶパールロードを通過する観光客をエリア内に誘引するため、駐車場を整備し、隠れた地域資源を紹介しています。来訪者は、ここで車を降り、散策することにより、海女をはじめとする地域の歴史や文化にふれることができます。

②「海女のくらし」を知るための地域資源

●戦前の洋風建築の改修

展示室内では、主要な展示資料である漁具の質感にあわせて、内装はオフホワイトを基調にニュートラルな空間とし、展示ケースや什器のベースに流木を使用したり、漁具の展示エリアに近くの浜で拾った砂を敷き詰めるなど、素材感の統一に配慮しました。

●地元住民による充実した連携体制

古文書、古海図など町内会で保管されてきた資料に加え、かつて使われていた漁具などを地元の各戸から提供いただきました。また、「海女の模型」や「アワビ採り体験装置」は、現役海女さんの詳細な監修をもとに制作しました。

ディスプレイデザイン企画・研究特別賞

Display Design Special Award for Planning & Research

227

青都とばミュージアム ―観光に寄与するエコミュージアムの実現―

所在地：三重・鳥羽
完成年月：2007年11月
企画：丹青研究所　大木美枝子
ディレクション：丹青研究所　大山由美子
展示デザイン：丹青研究所　松村数正、中澤文三、小美濃 隆、馬場健二
建築改修デザイン：丹青研究所　渡邉尚樹
プロダクション：丹青研究所
クライアント：鳥羽商工会議所

Aonomiyako Toba Museum —The Ecomuseum Contributing to Sightseeing—

Place : Toba, Mie
Date of Completion : November, 2007
Plan : Tansei Institute - Oki Mieko
Direction : Tansei Institute - Oyama Yumiko
Exhibition Design : Tansei Institute - Matsumura Kazumasa, Nakazawa Bunzo, Omino Takashi, Baba Kenji
Renovation Design : Tansei Institute - Watanabe Naoki
Production : Tansei Institute
Client : Toba Chamber of Commerce and Industry

ディスプレイデザイン企画・研究特別賞 学生賞
Display Design Special Award for Planning & Research Student Award

228

ビニールハウスによる地域活性化の提案

所在地：東京・九段南
完成年月：2008年2月
ディレクション、デザイン：佐々木達広

Proposal of Local Revitalization by Green House

Place : Kudan-Minami, Tokyo
Date of Completion : February, 2008
Direction and Design : Sasaki Tatsuhiro

ディスプレイデザイン企画・研究特別賞 学生賞
Display Design Special Award for Planning & Research Student Award

229

畑に暮らす
～生情報がみえる住み方の研究～

所在地：東京・押上
完成年月：2008年2月
企画：三浦彩子
ディレクション：千葉大学柘植研究室
デザイン：三浦彩子

Living in Field ~Study of the way people live and get crude information~

Place : Oshiage, Tokyo
Date of Completion : February, 2008
Plan : Miura Ayako
Direction : Tsuge Lab., Chiba University
Design : Miura Ayako

KU/KAN Award
2008

KU/KAN賞2008

KU/KAN賞2008 廣村正彰

KU/KAN Award 2008 HIROMURA MASAAKI

竹尾湾岸物流センター

TAKEO Tokyo Bay Distribution Center

2006年10月　撮影：ナカサ&パートナーズ

北千住 丸井・食遊館
Kitasenju Marui Shokuyukan
2004年2月　撮影：ナカサ&パートナーズ

横須賀美術館

Yokosuka Museum of Art
2007年4月　撮影：近藤泰夫

日産自動車デザインセンター

NISSAN MOTOR CO.,LTD. Design Center
2006年12月　撮影：高山幸三

ZONE K
Model Recycle Area
IHF Model Room
Office Supply Room
Photo Studio
ZONE E
ZONE A to F
ZONE F to J

Hilton Plaza East［仮サイン］

Hilton Plaza East［Temporary Signs］
2005年10月　撮影：母倉知樹

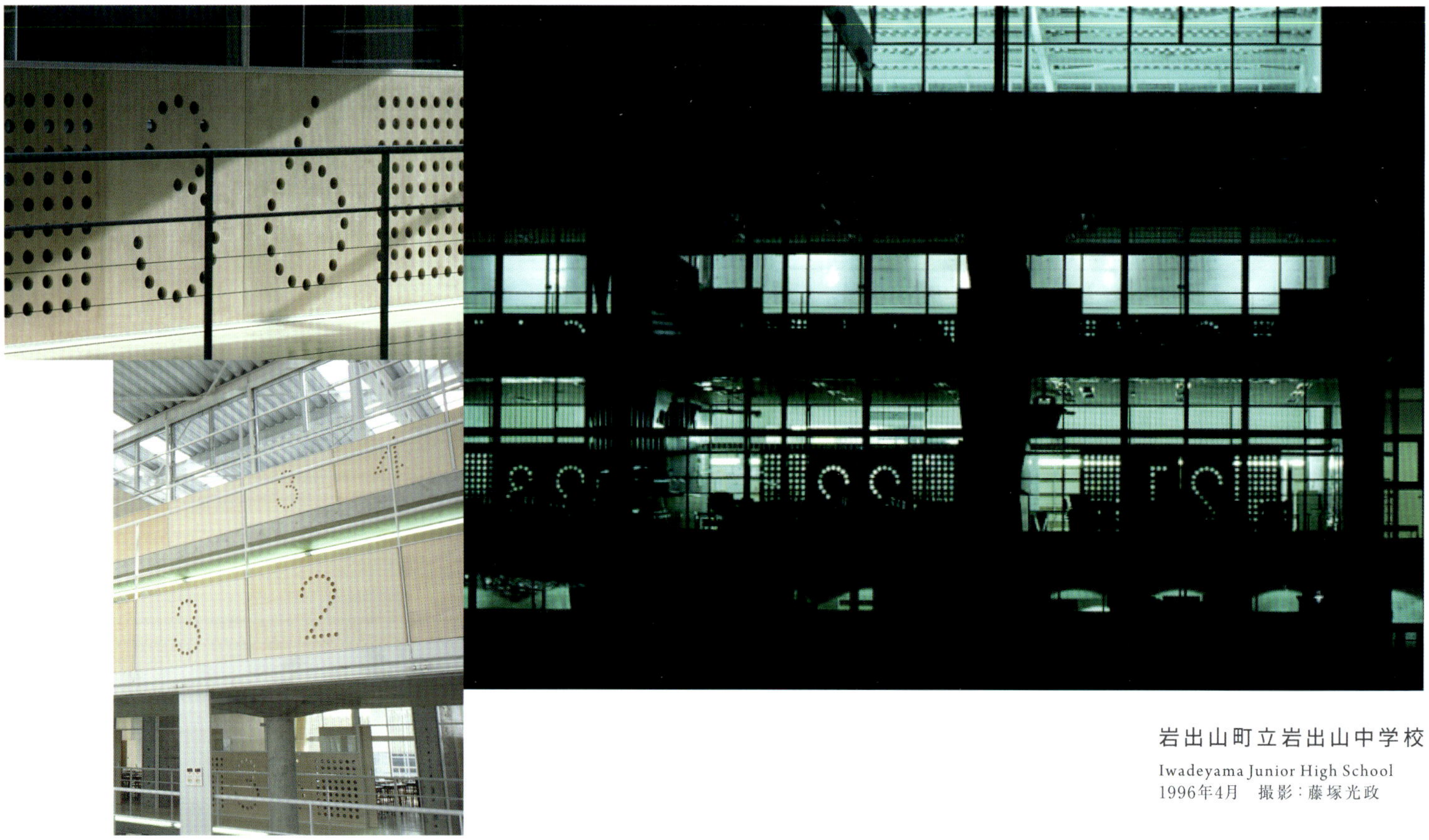

岩出山町立岩出山中学校

Iwadeyama Junior High School
1996年4月　撮影：藤塚光政

対談：スローなデザインはコンテクストを誘う
廣村正彰 × 竹村真一

空間を触発するサインデザイン
――岩出山町立岩出山中学校

廣村　グラフィックデザインを本業とする僕が空間の仕事を受け入れるようになった、その大きなきっかけを与えてくれたのは建築家の山本理顕さんとの岩出山町立岩出山中学校の仕事でした。多様にある条件を解決しなければならない建築設計では、サインのような情報デザインがまだ加味されていない状態のうちに幾多の条件を割り振っていくことになります。ですから、そこに視覚コードがもたらす効果が加われば、建築のアクティヴィティも変わってくるのではないかと考え、「サインで建築が変わってもいいくらいだ」という話になったんです。
それまで建築家と仕事をするときは、そのほとんどが最後の段階でペタッと付け加えるようなサインの仕事でしたから、山本さんの言葉は僕にとって、「一緒につくることができるんだ」と感じさせてくれるものでした。空間に対して、グラフィックデザインの立場からも意識を変えることができるのではないか、という気持ちをもつようになりました。建築は理詰めで考えていきますよね。それが、我々のような感覚的なものに触発されていくということがあるんです。
竹村　具体的にいうと、グラフィックデザインで建築はどのように変わったのですか。
廣村　例えば、サインによって通路の動線を変えたり、境界線となる造作を取ってしまうことも可能になるということです。実際、岩出山中学校ではサインの提案に山本さんが触発され、いろいろなところに変更を加えました。
岩出山中学校の空間設計は、生徒が科目に応じて専用の教室に行って授業を受ける教科教室制を採用していたこともあり、パブリックゾーンと教室ゾーンを分けずに可動可能な建具で仕切った開放的なものでした。東北の寒冷地のプロジェクトでしたから、もとから光を有効利用したいという意識もあったんですね。しかし最初の設計プランでは、光をより奥まで届けたいという部分があまりうまくいっていませんでした。そこにサインという視点から、内部と外部の境界意識をより曖昧にするために、空間全体の仕切りの建具にドットを開けるという提案をし、それがうまくはまったのです。
ドットにはガラスをはめてありますので、部屋と部屋が一応は遮断されていながらも光は届きます。夜間に社会人用の授業が行われているときには、室内の光が逆に外へ届きます。建築では考えられない開放のされ方が、サインによってできた例です。
竹村　木漏れ日のように漏れてくる光や、人が通り過ぎたときにふと光がよぎるような適度な気配感はとても大切です。それがドットを開けたことでできたんですね。人の気配も邪魔にならない程度に、気配も光も伝わるようになったのでしょう。
廣村　実は、どこの学校でも学生が集中できるよう、目線を遮断することが条件として必ず挙げられます。廊下に人がいるとそちらに目が奪われるとか、外から覗かれると授業がやりにくいというんですね。でも現実にはそうでもない。全部が透明なガラスで丸見えになるようだったら困りますが、このくらいだといい感じになる。
竹村　物理的には失われがちになる気配を、木漏れ日や日本の千本格子の障子と同じようにつくり出したのですね。情報デザインと完全に合致しながらドットという形で出てきたというのは、新しい発想だと思います。

サインデザインが伝える場のコンテクスト
――竹尾湾岸物流センター

竹村　竹尾湾岸物流センターでは、サインが物理的な空間に対してしたことは何かあるのでしょうか。
廣村　このプロジェクトは、紙の総合商社竹尾の物流センターで、倉庫のサインシステムです。メインステージが荷捌き場で、荷物と人と配送用トラックが行き交う場所です。サインとしてだけでなく、空間の認識となるように床と柱に数字を配しました。
竹村　柱に数字が三層に並んでいる意味は？

廣村　ここは天高が約7m。通常の生活空間なら2m強ですから、その3倍くらいになりますよね。スケールの基準になるものとして数字を三層に配置するだけで、大きさの意識ができるのではないかと思ったんです。それに機能的にも遠くから見えますし、トラック越しにも確認できるという意味もあります。

竹村　ただ機能的に数値を配するより、三層にすることで高さの感覚を認識させたかったわけですね。つまり、廣村さんにとって、サインデザインはサインとして期待されている情報を的確に伝えるだけのものではない。今どんな場所にいるのか、その人とその場所がどんな関係性をもたなければいけないのか、あるいはもつことを期待されているかなど、ある意味における場所のコンテクスト情報をサインにインプライズしようとしているのですね。

廣村　おっしゃるとおりです。僕はグラフィックデザイナーなので、人を誘導することよりもむしろ空間が何に使われるか、どういう意味のある空間に自分がいるのかを意識させることの方が重要に思えるのです。それがわかった途端に、その人がその場所ですべきことや、その先の行動が自覚できるから誘導は重要だけれど、それほど一生懸命になる必要はない。むしろその空間の意味を視覚化して意識づけることが重要だろうという思いは最初からありました。

竹村　多くの人が知識や情報は与えられるものだと誤解していますが、知識や情報は人間が試行錯誤や経験の中で生み出していくものです。インフォメーションの語源がインフォルムで「フォルムが形成されていく」であるように、最初から形成されたフォルムを与えられることがインフォメーションなのではありません。インフォメーションとは、自分の中、あるいは自分と場所の関係の中に生み出されていくものなのです。

だから僕はカーナビが嫌いなんです。都市は一つのエキサイティングなジャングルのようなものだから目的地に達するという目的以外にもいろいろな発見があるのに、目的地に合理的に到達するだけの低次元なナビゲーションをする。探したり迷ったりする喜びもあれば、場と場がどういう関係で繋がっているのかを発見したり

廣村正彰

という、いろいろな知識が自分の中に生まれてくるような生産的な迷い方をさせてくれないでしょう？　創造的に場や都市を経験していくようなカーナビができないものかと思っているくらいです。つまり、場所を深く経験したり、隠れたメッセージを読み取りながらどんな場所なのかを理解するプロセスこそがインフォルムなんですね。

インフォメーションデザインというのは的確に決まった情報を与えることではなく、人それぞれがそこにインフォルムしていくプロセスをナビゲートすることだと思います。サインのデザインは、もっと豊穣なインフォメーションを人々が引き出す扉を提供し、触媒になることではないでしょうか。廣村さんのデザインを拝見していると、本当のインフォメーションデザインに繋がっているサインだと感じます。

創造性に繋がるスローなサインデザイン
——生命のデザインに知る

廣村　確かに、いくら向こうから与えられても、自分から発火しない限りはなかなか身体の中にまで入ってきませんよね。自分からスイッチが入るような仕組みをつくることがとても重要なんです。

竹村　人間は世界から豊穣な情報を受け止め、自分の中で生み出すことができるのに、多くのデザインは人間本来の情報的な能力をロボット並みのものに貶めてしまっています。例えば安心・安全をつくるために、人間本来の能力を摘み取ってすごく小さなところに閉じ込めてしまったら、それは本当に人間らしい社会とはいえません。本来、デザインとはもっと知的喜びを与えるためにあるものではないでしょうか。

廣村　僕もそう思います。デザインは今、ものすごくスピードの速いものだと思われているところがあるのですが、空間を通りすぎる何秒かを豊かにするような「ゆっくりしたデザイン」もあるべきではないかと感じます。

竹村　スピーディーに情報だけ受け取ればいいのなら、竹尾湾岸物流センターの数字は1個だけでいいんです。効率的には余分なものだし、専門的にいえばリダンダント（redundant＝冗長な）なんです。ところが、もっと大きな効率ということで考えるとどうだろうか。

50年程前にDNAが発見され、生命が本質的に情報システムであること、ATGCという四つの文字からなるデジタルシステムで構成されていることがわかりました。当初はこの遺伝情報を解読さえすれば生命のプログラムは全部わかると思っていたのですが、1980年代に入ったころには、実はもっとずっと複雑だということが判明したのです。機械のように1対1対応の単純なシステムではなかったんですね。その結果、最近では生命を全部コントロールするなんてとんでもない、ということになってきています。この複雑性の最大の要因がリダンダンシー、つまり情報過剰でした。遺伝子というものは同じプログラムが何度もリフレインして構成される場合が多く、その繰り返しや重複が大きな進化を生み出す要因でもある。効率的な情報デザインでないからこそ、生命の柔らかさや強さや創造性が生まれる。生命のデザインにおいては、効率的でスピーディーな情報デザインは必ずしもよいデザインではないわけです。

人間の脳やからだで経験するサインのデザインも同じではないでしょうか。伝えるべき以上の情報を自分の中で生み出していくようなシステムはある意味では無駄かもしれませんが、そのスローな時間こそが実は豊かな経験のデザインに繋がる。僕らが人間的な世界をつくろうとしたときには、いろいろな情報が多様に生み

出されるような遊びの部分をどうデザインするかの方が、むしろデザイナーの仕事としては大きいような気がします。
廣村　そうかもしれませんね。

関係性を誘うサインデザイン
――日産自動車デザインセンター

廣村　この日産自動車デザインセンターのサイン計画は一筆書きになっています。鉛筆から始まり絵文字を交えながら1階から2階、3階へといってまた戻ってくるというものです。実際にこれをたどっていく人は誰もいませんが、繋がっているという意識が生まれることの方が重要だと思い、デザインしました。
竹村　ものすごく大事な発想だと思います。もともと単なるデータに過ぎない情報が、濃縮されて知識や経験になる。それは環境との関わりの中で、テクストとテクストのあいだの関係性をたどるというような意味での「コンテクスト」をつむぎ出す創造的なプロセスです。ところが今のようにスピーディーな世界になると、テクストの処理だけでいっぱいになってしまって、より大きな関係のコンテクストに至れなくなってしまう場合が多い。各部屋を繋ぐ糸という発想は、テキストを時間と空間を超えて繋ぐのと同様に、見えない赤い糸として空間と空間の繋がりを自分の中に知識としてつくり出していくためのとてもいい補助線になりますね。
廣村　繋がりをつくろうと考えたのは、ここで働く人たちとこの場所との繋がりを感じてほしかったからです。この建物だけでも何百人というデザイナーがいますが、全員が全員とも車全体をデザインしているわけではありません。ハンドルをデザインしている人もいれば、ドアだけに取り組む人もいる。その人たちに「自分がデザインしている」という繋がりを場から受け取ってほしい。たとえ自分の存在が巨大なものの中の小さな一部であったとしても、車が完成したときに「自分のデザインだ」と思えるかどうかが一番重要だと思いました。
竹村　アメリカで最初の大量生産車・T型フォードの工場ができたとき、労働者には破格の賃金を出したので、ものすごい人気だったといいます。ところがこの大量生産、ベルトコンベア方式での流れ作業は、いつも同じビスだけを締め続けるといったような単純労働で、自分が機械の一部になってしまうような拷問でもありました。全体の中で自分が置かれているコンテクストが見えなくなってくると、バランス感覚は失われてしまうんですね。
廣村　自分の存在の意味もだんだん薄れてくる。
竹村　会社でも学校でも、現代社会では自分のコンテクストを読み取ることがますます困難になってきています。だからこそ、コンテクストを読むことへと誘うデザインは重要です。廣村さんのデザインは、糸をたどりながら関係性を自分の中で構成していくヒントになっていると思いますし、空間だけでなく、社会全体にとって必要な発想です。
例えばライフサイクルを考えてみましょう。ハイブリッドカーにしてCO_2を削減しても、工場で素材から加工され車になって、ユーザーが利用した後に廃棄されるというサイクル全体ではどうか、あるいは電気自動車の動力となる電気をつくるために発電所でどれだけの化石燃料を使っているのだろうか。実際に僕らが頑張って節電する一方で、日本全国で石炭火力発電が15年間で2.5倍に増えているという現実があります。僕らは自分の目に見える範囲の電気だけではなく、大きなライフサイクルの中で「エコ」を見直さなければならない時期にいます。そういう社会全体の見えないコンテクストを可視化するような補助線のデザインが必要ですね。

竹村真一

サインデザインが創出する発火点
――Hilton Plaza East［仮サイン］

廣村　エコといえば、竹村さんがやられている「100万人のキャンドルナイト」も環境の話ですね。僕は「キャンドルナイト」というワーディングがとても気に入っているんですよ。正面からいえば環境の話になるのを「キャンドルナイト」というネーミングで個人個人が一晩の過ごし方をストーリーとして捉えているところが面白い。ちょっとロマンチックなところがかえってくすぐられますよね。「節電ナイト」だったら誰も参加しないと思いますよ。
竹村　おっしゃるとおり、「キャンドルナイト」という容れ物をつくったところがポイントなんです。家族で集まったり、一緒にお風呂に入ったり、TVを消して夕飯を食べるなど、ふだんなら間がもたなくて気恥ずかしいことが、キャンドルナイトを言い訳にできる。キャンドルナイトという器を用意することで、ふだんは好き勝手に使っている電気についてちょっと立ち止まって考える。自分が暮らしている世界の見えない関係性に思いを馳せるイヴェントなんですね。これもコンテクストデザインの一つです。
廣村　確かに大声を出してなかなか言いにくいものも、受け皿があると入りやすいのかもしれない。
竹村　僕としては、キャンドルナイトは、お天道様から人間の霊魂まで含んだ大きな世界観を含んだ「21世紀の火の祭り」として位置付けているんです。この世は太陽エネルギーを植物が捕らえて光合成で貯金して、それを僕らが食べて循環している。日（ヒ）を捕らえて、いのちの火（ヒ）を燃やし、その魂がヒコ（男）やヒメ（女）としての人生を生きる。そして21世紀には、全家屋の上にソーラーパネルを設置すれば石油不要の世の中をデザインできるところまできているのですから、太陽エネルギー文明に思いを馳せることは21世紀の「ヒ」の文化を創造することでもある。こういう見えない関係を解きほぐすのもデザインの仕事という感じがします。
廣村　ろうそくの光のようなものって、けっこう意識が発火するんですよね。情報が身体に入ってくる発火点がどこなのか、それを僕は知りたくてサインのデザインをしているようなところもあるんです。
2005年に大阪駅前のランドマーク的商業施設・ヒルトンプラザ イーストで改修工事期間中の仮サイン計画をしたとき、ショッピングバッグに電球を入れて誘導サインにしたことがありました。工事区域が日々変わるため、誘導サインも動かさなければならないので固定的なデザインではないものにしたのですが、今の話を聞いていて、なんとなくろうそくの光に近いような気がしてきました。
竹村　仮設的なサインにショッピングバッグは非常に象徴的ですね。ショッピングバッグは商品を持ち帰る仮のプロセスでありながら、大切なものを買ったあとのワクワクする時間を体現する言語でもある。そうした意味のコンテクストを孕んだものをソフトウエアとして建築空間にもっといかしていいはずです。一見意味のないモノに見えていながら、どこかでコンテクストを引きずっているものが発火点となりますから、それを引用すれば効果的なデザイン言語となりますね。
廣村　そうなんです、人間は必ず連動してものを考えるので、連動させるものさえ浮かんでくれば発火点になる。空間も意味化・意識化させるために何を代用させるかと考えてみると、ヒントが見つかりそうな気がします。

情報の扉を開くサインデザイン
──横須賀美術館、北千住 丸井・食遊館

廣村　ところで、僕はグラフィックデザインでは「カッコいい」ということをずっと目指していました。最近わかったんですが、実は「カッコいい」の敵は「かわいい」なんです。しかも「カッコいい」は必ず「かわいい」に負ける。そこでサイン計画に「かわいい」の表現をもぐり込ませてみようと、観音崎にある横須賀美術館のデザインでは、サインをすべてキャラクターのようなものでつくってみました。漫画化しないように、かわいいけれどデザイン的なレヴェルに収まるようにと目も口もつけなかった。行動を擬人化するだけでまとめたんですよ。結果的に美術館の関係者に「かわいい!」と絶賛されまして、「かわいい」と「カッコいい」デザインは同居できると思う反面、「かわいい」に含まれている要素って結構大きいのかなと感じましたね。
竹村　人間の想像力が入り込む余地があるんでしょうね。想像力を働かせる余地のないものはかわいくないですから。何にせよ、廣村さんのデザインはどれも余地をつくって誘っているように思えます。
廣村　まあ、「ゆるい」ということでしょうか。以前、北千住 丸井・食遊館で漢字にピクトを組み込んだことがあります。食にまつわる漢字にピクトを組み込んで店内の通路や壁面を演出しました。
竹村　そもそも漢字はピクトと全く同じものなんです。漢字は人類学の立場からすると文字の中で唯一ヴィジュアルランゲージ性を担保している大変な発明であり、絵文字としての創造性を孕んだ未使用の資源なんですね。実は漢字以外の世界中の文字はすべてエジプトの古代文字ヒエログリフから誕生したギリシャアルファベットの変形で、象形文字性を失って単に音を現す記号に変化したものです。おかげで全世界の言葉を表現できる普遍性を得ましたが、絵文字としての創造性を失ってしまいました。特に視覚や聴覚が時間と距離を越えるマルチメディア時代に入った今、漢字の法則に基づきながらそれに匹敵する新しいヴィジュアルランゲージをつくってもいい時代になりました。廣村さんのこの仕事を見たときに、やっとそういう人が出てきてくれたかと思って嬉しかったんです。
廣村　僕もやっとサインが面白いと思い始めてきたところです。もちろんグラフィックデザインが軸足ではありますが、空間の意味のようなものを視覚化するのが今、とても面白く感じています。
竹村　僕らは世界から潜在的には多くの情報を受け取っているはずなのに、本来備わっている多様な情報処理能力のほんの一部しか使わずに、ほとんどのチャネルを閉じてしまっているところがあります。例えば視覚障害者の方は交差点の場所を音の抜け方や風の当たり方でわかるそうですが、僕らは目が見えるばかりに視覚だけに頼ってしまって気付けない。多様な可能性を切り開いていくようなクリエイティヴワークが実は一番デザインに期待されているように思います。
廣村　確かに多様な情報を受けていても、どこかで遮断しているような気がします。渋谷の街を歩いていても、実はほとんど見ていないし、感じていないかもしれない。でも一つ興味があれば、そこからぐっと入ることができるはずで、そこを見つけ出さなければならない。それをどうやって発掘するのか、それは一番面白いところでもあります。そのために我々が学ばなければならないのは、むしろ人間が面白いのだということを、いろいろな角度から見つけ直すことであって、それが結局はデザインの未来を発掘する作業なのかもしれません。

(2008.08.04 於:廣村デザイン事務所)

ライター:吉原佐也香
撮影:大島哲二
レイアウト:廣村デザイン事務所

廣村正彰

1954年、愛知県生まれ。1977年、田中一光デザイン室入社。1987年、JAGDA新人賞受賞。1988年、廣村デザイン事務所設立。1995年、N.Y.ADC銀賞受賞。2002年、CSデザイン賞金賞受賞。2007年、SDA賞最優秀賞受賞。
主な仕事:岩出山町立岩出山中学校サイン計画。埼玉県立大学サイン計画。竹尾ペーパーショウ企画、構成、AD。公立はこだて未来大学UIサイン計画。東京証券取引所サイン計画。日本科学未来館VI、サイン計画。CODAN Shinonome VI計画。北千住丸井・食遊館サイン計画。丸善CIサイン計画。北京建外SOHOサイン計画。丸ビル宣伝計画。日産自動車デザインセンターサイン計画。平城遷都1300年記念事業マーク。竹尾湾岸物流センターサイン計画。横須賀美術館VIサイン計画。
著作:『空間のグラフィズム』六耀社。『デザインのできることデザインのすべきこと』ADP。『世界のグラフィックデザインシリーズggg Books』ギンザ・グラフィック・ギャラリー。

竹村真一

京都造形芸術大学教授。Earth Literacy Program代表。東京大学大学院文化人類学博士課程修了。Sensorium(1997年アルス・エレクトロニカ・グランプリ受賞)、デジタル地球儀「触れる地球」(2005年グッドデザイン賞・金賞)や「100万人のキャンドルナイト」「aqua scape」など、さまざまなプロジェクトを推進。環境セミナー「地球大学」主宰。2007年「water」展ではコンセプト・スーパーバイザーとして企画制作に携わる。2008年7月の北海道洞爺湖サミットでは、国際メディアセンター(IMC)内の環境ショーケースにおける「地球茶室」の総合企画・プロデュースを担当。近著『water[水:mizu]』ワールドフォトプレス。http://www.elp.or.jp/

第2回 KU/KAN賞

The 2nd KU/KAN Award

2008年のKU/KAN賞は廣村正彰である。この年鑑の掲載に当たり、廣村デザインの背景を探ろうと文化人類学者の竹村真一と対談をしてもらった。どんな話になるのかという興味もあって、私はその対談に同席した。その対談が「スローなデザインはコンテクストを誘う」である。廣村デザインの、とりわけ空間との応答、流入、浸透を試みるサインデザインの魅力を、この対談は繊細に、しかも力強く抽出している。私は二人の話を聞きながら、このKU/KAN賞というアワード推進に際し、私たちが議論したことの芯のようなものが検証されているような気持ちになった。

3年前、空間デザインに関与する四つの団体(DDA、JCD、SDA、NDF)が、空間デザイン機構という領域を横断するデザインの運動体を発足させた。KU/KAN賞はその主要な事業である。推進に当たっては、それぞれの団体の代表も参画し、空間デザイン領域の次のフェーズを見出そうと議論を始めた。四つの団体はそれぞれに固有のアワードを長年推進しており、従って、KU/KAN賞はそれらとは別の新たな視点が求められた。しかし、対象は四つの団体のアワードと同じく空間デザインであり、新たな視点がはっきりとした形で法律のように厳然としているわけではない。私たちは、KU/KAN賞の贈賞を、以下の基準で推進している。

KU/KAN賞の贈賞

空間デザイン機構は、設立趣旨の啓発、推進を目的として「KU/KAN賞」を設定する。「KU/KAN賞」とは、環境を構成するさまざまな要素を空間領域のコミュニケーション媒体として融合し、人々に感動を与え、都市文化を担う新しい空間として創出したものに与えられる。

「KU/KAN賞」は、その空間が

- ・人々にとって新たな感動、体験を呼び起こすものであること
- ・空間構成の諸要素が融合されていること
- ・空間デザインの新しい解釈が見られること
- ・空間デザインの新しい創造性が見られること
- ・空間デザインの新しい手法が見られること
- ・今後の空間デザインの方向を示唆すると思われること

とし、単年または単年度の評価ではなく、継続性を基本とした評価となる。

以上、基準であって、具体的な贈賞は基準に肉付けが不可欠になる。

デザインという事態は、今、ある種、渋滞しているといっていいのかもしれない。解釈も、創造も、手法も、多種に及んで方向を競う。結果、奇妙な渋滞が感じられる。そんな中でKU/KAN賞の選出は今年度も難行した。安易な渋滞の解消は論外である。19点の候補が挙げられ、大きな都市空間の開発、長年にわたる商環境のプロデュース、美しい茶室、持続的なデザイン貢献、中には映画までもが論じられた。論議は、いわば、それら候補作の推選理由にどう肉付けし、デザインのリアリティーを探るかであった。数度にわたる選出経過の後、廣村正彰の「空間構造を解き明かし可視化するデザイン」の業績をKU/KAN賞2008に選出した。

廣村正彰のデザインの仕事は、きらびやかなものではない。サインデザインという限定された部位への働きかけによって、空間の骨格と生成を呼び起こす。建築家の山本理顕とのコラボレーションがサインデザインとの新しい出合いだったという。中学校校舎の建築空間に穴(ドット)をモチーフにしたサインデザインを組み込んだ仕事だ。サインデザインという部分が建築全体のアクチュアリティを生み出す動的なデザインがここから始まった。饒舌な意匠はなく、あらわされているものはインフォメーションの機能である。そっけないといってもいい。しかし、それらが場に即し、サインとしての絶妙な必然を見出すと、隠れた空間の次元を生み出す。空間を物理から解放し、インフォルムの場をつくるのだ。

このように、サイン、あるいはグラフィックデザインという仕事を通じて、空間に豊かなコンテクストをいざなうデザインには、デザインの渋滞を抜け出す希望がある。それは、KU/KAN賞を始めようとしたときに論議した芯のようなものとも重なるように思われた。KU/KAN賞とする理由である。

空間デザイン機構　飯島直樹

KU/KAN賞2008審査員

飯島直樹　井原理安　加島好修
柘植喜治　乃村義博　浜田晋
前田利昭　宮沢功　山田昌之

構成団体

(社)日本ディスプレイデザイン協会
(社)日本ディスプレイ業団体連合会
(社)日本商環境設計家協会
(社)日本サインデザイン協会

The Kukan Design Organization presents the KU/KAN Award. The Award is given to a spatial creation integrating various design elements as a communication medium of a space, and which gives deep impressions to people as a new space contributing to urban culture.

The criteria for awarding the KU/KAN Award are that the space:
- incites fresh excitement and experience among people,
- integrates several elements of spatial composition,
- suggests a new interpretation of spatial design,
- presents new creativity of spatial design,
- shows a new method of spatial design, and
- suggests a future direction in spatial design.

Evaluation will be based on the continuity of design rather than on temporary or single-year design.

The selection of the Award winner was rough going again this year. The 19 candidate works covered a large-scale urban redevelopment project, a long-term production of a commercial environment, a beautiful tea ceremony house, a sustainable design contribution, and even a movie. In the discussion, the members respectively fleshed out reasons for their recommended works. After voting several times, the KU/KAN Award 2008 was awarded to Hiromura Masaaki for his designs "explaining and visualizing the spatial structure."

Through a limited approach from sign design, he succeeded in bringing the architectural structure and formation of a space into a reality. He says that collaboration with architect Yamamoto Riken gave him a chance to step into sign design. He incorporated signs with the motif of dots in the junior high school house designed by Yamamoto. This work marked the beginning of dynamic sign design that gave the sense of actuality to the entire architectural piece. It was a simple functional design to provide information, but when it was placed inside the schoolhouse, it brought forth a hidden dimension of the structure.
Enriching the context of a space through sign or graphic designs provides a hope to break through the current stagnation in design.
His work seemed to coincide with what we desired to see in instituting the KU/KAN Award. Here is the reason to present the Award to Hiromura Masaaki.

Iijima Naoki, Kukan Design Organization

Judges for the KU/KAN Award 2008

Iijima Naoki, Ihara Rian, Kashima Yoshinobu, Tsuge Kiharu, Nomura Yoshihiro, Hamada Susumu, Maeda Toshiaki, Miyazawa Isao, Yamada Masayuki

Member Organizations

Japan Display Design Association, Japan Display Federation, Japanese Society of Commercial Space Designers, Japan Sign Design Association

Selected Entry
Works

入選作品

エキシビション
Exhibitions

コミュニケーションスペース
Showrooms

ミュージアム
Museums

ショーウインドウ
Show Windows

インストアディスプレイ
In-store Displays

ショップ
Shops

レストラン
Restaurants

サービス施設
Service Facilities

複合商業施設
Multi-Commercial
Establishments

サイン
Signs

その他
Others

230

第40回東京モーターショー2007“トヨタブース”

展示場所:千葉・幕張
展示期間:2007年10月~11月
総合プロデュース:電通　内藤 純、菊竹三訓、浦橋信一郎、清藤雅子
デザイン:吉岡徳仁デザイン事務所　吉岡徳仁
展示設計:丹青社　小岩井淳雄、柳川理恵子
プロダクション:丹青社
クライアント:トヨタ自動車
撮影:ナカサ&パートナーズ

The 40th Tokyo Motor Show 2007 "Toyota Booth"

Place : Makuhari, Chiba
Date : from October to November, 2007
Total Producing : Dentsu - Naito Jun, Kikutake Mitsunori, Urahashi Shinichiro, Seito Masako
Design : Tokujin Yoshioka Design - Yoshioka Tokujin
Display Design : Tanseisha - Koiwai Atsuo, Yanagawa Rieko
Production : Tanseisha
Client : Toyota Motor
Photograph : Nacása & Partners

231

第40回東京モーターショー2007“レクサスブース” LEXUS CRYSTAL SITE

展示場所:千葉・幕張
展示期間:2007年10月~11月
プロデュース:電通
ディレクション:電通　内藤 純、神志名 剛、浦橋信一郎
デザイン:乃村工藝社　田村啓宇、秋谷 勉、山下祥平、小口仁子
演出:電通テック　伊藤 環、柴本昌憲
プロモーション:乃村工藝社　脇田 拓、西野正浩、外山亮介、林 建
プロダクション:電通テック、乃村工藝社
クライアント:トヨタ自動車
撮影:鈴木賢一

The 40th Tokyo Motor Show 2007 "Lexus Booth" LEXUS CRYSTAL SITE

Place : Makuhari, Chiba
Date : from October to November, 2007
Producing : Dentsu
Direction : Dentsu - Naito Jun, Kashina Go, Urahashi Shinichiro
Design : Nomura - Tamura Hirotaka, Akiya Tsutomu, Yamashita Shohei, Oguchi Satoko
Stage Direction : Dentsu Tec - Ito Tamaki, Shibamoto Masanori
Promotion : Nomura - Wakita Hajime, Nishino Masahiro, Sotoyama Ryosuke, Hayashi Tateru
Production : Dentsu Tec, Nomura
Client : Toyota Motor
Photograph : Suzuki Kenichi

232

第40回東京モーターショー2007“スバルブース”

展示場所:千葉・幕張
展示期間:2007年10月~11月
企画:電通テック　高橋哲也
ディレクション:電通テック　高橋哲也、アーキコンプレックス　広瀬大輔
デザイン:アーキコンプレックス　広瀬大祐、二瓶尚裕
実施設計:乃村工藝社　木村大太、木下英彦、東 幹子
施工:ノムラ技研
プロダクション:電通テック
クライアント:富士重工
撮影:大東正巳

The 40th Tokyo Motor Show 2007 "Subaru Booth"

Place : Makuhari, Chiba
Date : from October to November, 2007
Plan : Dentsu Tec - Takahashi Tetsuya
Direction : Dentsu Tec - Takahashi Tetsuya, Archicomplex - Hirose Daisuke
Design : Archicomplex - Hirose Daisuke, Nihei Naohiro
Working Design : Nomura - Kimura Daita, Kinoshita Hidehiko, Azuma Mikiko
Construction : Nomura Giken
Production : Dentsu Tec
Client : Fuji Heavy Industries
Photograph : Daito Masami

233

第40回東京モーターショー2007 “光岡自動車ブース”

展示場所：千葉・幕張
展示期間：2007年10月～11月
アートディレクション、デザイン：福山建築事務所　福山博之
テクニカルディレクション：フジヤ　仲屋光廣、大類憲司
エイジェンシー：読売連合広告社
プロダクション：フジヤ
クライアント：光岡自動車
撮影：工藤明敏

The 40th Tokyo Motor Show 2007 “Mitsuoka Motor Booth”

Place : Makuhari, Chiba
Date : from October to November, 2007
Art Direction and Design : Fukuyama Architects - Fukuyama Hiroyuki
Technical Direction : Fujiya - Nakaya Mitsuhiro, Orui Kenji
Agency : Yomiurirengo Advertising Agency
Production : Fujiya
Client : Mitsuoka Motor
Photograph : Kudo Akitoshi

234

第40回東京モーターショー2007 “日産ブース”

展示場所：千葉・幕張
展示期間：2007年10月～11月
監修：日産自動車　袴田浩司、松澤 亨、安原大介
マネジメント：TBWA\HAKUHODO　坂本正樹、大野恭邦、関 武彦
クリエイティヴプロデュース：ソアーズインターナショナル　岩嵜太郎
デザイン：キュリオシティ　グエナエル・ニコラ、吉田英司、川崎敏弘
エイジェンシー：TBWA\HAKUHODO
プロダクション：日経ピーアール
クライアント：日産自動車
撮影：宮下明義

The 40th Tokyo Motor Show 2007 “Nissan Booth”

Place : Makuhari, Chiba
Date : from October to November, 2007
Supervision : Nissan Motor - Hakamata Koji, Matsuzawa Toru, Yasuhara Daisuke
Management : TBWA\Hakuhodo - Sakamoto Masaki, Ono Yasukuni, Seki Takehiko
Creative Producing : Soars International - Iwasaki Taro
Design : Curiosity - Gwenael Nicolas, Yoshida Eiji, Kawasaki Toshihiro
Agency : TBWA\Hakuhodo
Production : Nikkei PR
Client : Nissan Motor
Photograph : Miyashita Akiyoshi

235

第40回東京モーターショー2007 “アイシンブース”

展示場所：千葉・幕張
展示期間：2007年10月～11月
企画：博報堂
ディレクション：博報堂　石毛宏和、野口洋一
デザイン：ポルト　村井康則、野本那々
プロダクション：ムラヤマ
クライアント：アイシン精機
撮影：ジェイライツ　板村光一郎

The 40th Tokyo Motor Show 2007 “Aisin Booth”

Place : Makuhari, Chiba
Date : from October to November, 2007
Plan : Hakuhodo
Direction : Hakuhodo - Ishige Hirokazu, Noguchi Hirokazu
Design : Porto - Murai Yasunori, Nomoto Nana
Production : Murayama
Client : Aisin Seiki
Photograph : J-Lights - Itamura Koichiro

236

第40回東京モーターショー2007 “ダイハツブース”

展示場所：千葉・幕張
展示期間：2007年10月～11月
総合プロデュース：デルフィス　池本 竜
デザインプロデュース：プランニングワークス　黒羽義宏
ディレクション：丹青社　加島好修
プロダクション：丹青社
クライアント：ダイハツ工業
撮影：クドウオリジナルフォト

The 40th Tokyo Motor Show 2007 “Daihatsu Booth”

Place : Makuhari, Chiba
Date : from October to November, 2007
Total Producing : Delphys - Ikemoto Ryu
Design Producing : Planning Works - Kuroha Yoshihiro
Direction : Tanseisha - Kashima Yoshinobu
Production : Tanseisha
Client : Daihatsu Motor
Photograph : Kudo Original Photo

237

第40回東京モーターショー2007 “スズキブース”

展示場所：千葉・幕張
展示期間：2007年10月～11月
企画：博報堂
ディレクション：博報堂　磯野 昇
デザイン：ポルト　村井康則、舩山洋平
プロダクション：ムラヤマ
クライアント：スズキ
撮影：ジェイライツ　板村光一郎

The 40th Tokyo Motor Show 2007 “Suzuki Booth”

Place : Makuhari, Chiba
Date : from October to November, 2007
Plan : Hakuhodo
Direction : Hakuhodo - Isono Noboru
Design : Porto - Murai Yasunori, Funayama Yohei
Production : Murayama
Client : Suzuki Motor
Photograph : J-Lights - Itamura Koichiro

238

第40回東京モーターショー2007 “関東自動車工業ブース”

展示場所：千葉・幕張
展示期間：2007年10月～11月
プロデュース：新東通信
ディレクション：新東通信　榊原宏次、梅田政隆、石山滋之
デザイン：日展　小澤浩利、中山芳之
プロダクション：日展
クライアント：関東自動車工業

The 40th Tokyo Motor Show 2007 “Kanto Auto Works Booth”

Place : Makuhari, Chiba
Date : from October to November, 2007
Producing : Shinto Tsushin
Direction : Shinto Tsushin - Sakakibara Koji, Umeda Masataka, Ishiyama Shigeyuki
Design : Nitten - Ozawa Hirotoshi, Nakayama Yoshiyuki
Production : Nitten
Client : Kanto Auto Works

239

第40回東京モーターショー2007 “ホンダブース”

展示場所：千葉・幕張
展示期間：2007年10月～11月
企画：電通
ディレクション：電通テック
アートディレクション：en-魔　金宇保明
デザインマネジメント：en-魔　加藤恭司
デザイン：ヒロタリュウデザインジムショ　廣田 龍、阿保貴弘
プロダクション：丹青社
クライアント：本田技研工業、ホンダコムテック

The 40th Tokyo Motor Show 2007 “Honda Booth”

Place : Makuhari, Chiba
Date : from October to November, 2007
Plan : Dentsu
Direction : Dentsu Tec
Art Direction : En-Ma - Kanau Yasuaki
Design Management : En-Ma - Kato Kyoji
Design : Hirota Ryu Design Office - Hirota Ryu, Abo Takahiro
Production : Tanseisha
Client : Honda Motor, Honda Commtec

240

第40回東京モーターショー2007 “東京電力ブース”

展示場所：千葉・幕張
展示期間：2007年10月～11月
マネジメント：東京電力　周藤敦史
プロデュース：東電広告　岩瀬信幸、佐藤達実
アートディレクション：ムラヤマ　佐藤宏平
デザイン：ムラヤマ　佐藤史能、中井利明
テクニカルディレクション：ムラヤマ　加藤孝治、下之園 碧
プロダクション：ムラヤマ
クライアント：東京電力
撮影：ジェイライツ　板村光一郎

The 40th Tokyo Motor Show 2007 “Tepco Booth”

Place : Makuhari, Chiba
Date : from October to November, 2007
Management : Tepco - Shuto Atsushi
Producing : Toden Koukoku - Iwase Nobuyuki, Sato Tatsumi
Art Direction : Murayama - Sato Kohei
Design : Murayama - Sato Fumiyoshi, Nakai Toshiaki
Technical Direction : Murayama - Kato Takaharu, Shimonozono Midori
Production : Murayama
Client : Tepco
Photograph : J-Lights - Itamura Koichiro

241

第40回東京モーターショー2007 "日本精工ブース"

展示場所：千葉・幕張
展示期間：2007年10月～11月
プロデュース：電通、電通テック
アートディレクション：電通　神田恭介
デザイン：鷹取事務所　鷹取 努
グラフィックデザイン：A・C・O　金子 隆
コピーライティング：ウッド　浅間良尚
プロダクション：ムラヤマ
クライアント：日本精工
撮影：ナカサ&パートナーズ

The 40th Tokyo Motor Show 2007 "NSK Booth"

Place : Makuhari, Chiba
Date : from October to November 2007
Producing : Dentsu, Dentsu Tec
Art Direction : Dentsu - Kanda Kyosuke
Design : Takatorioffice - Takatori Tsutomu
Graphic Design : A·C·O - Kaneko Takashi
Copy Writing : Wood - Asama Yoshihisa
Production : Murayama
Client : NSK
Photograph : Nacása & Partners

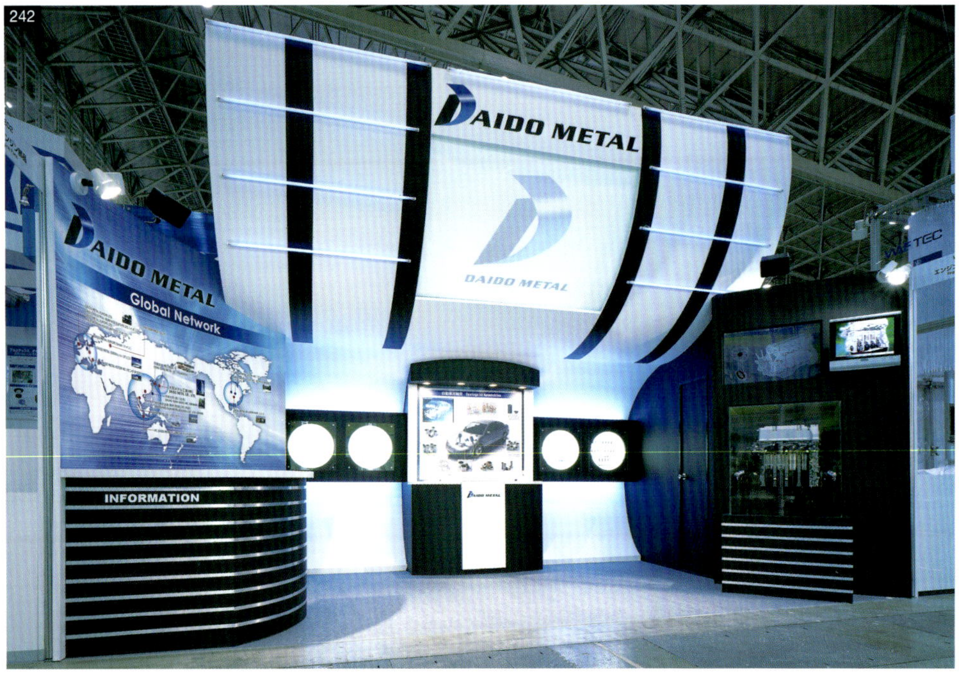

242

第40回東京モーターショー2007 "ダイドーメタルブース"

展示場所：千葉・幕張
展示期間：2007年10月～11月
ディレクション：光田靖弘
デザイン：小林嘉寿也、中野嘉之
プロダクション：アイワン
クライアント：大同メタル工業
撮影：関根義規

The 40th Tokyo Motor Show 2007 "Daido Metal Booth"

Place : Makuhari, Chiba
Date : from October to November, 2007
Direction : Mitsuda Yasuhiro
Design : Kobayashi Kazuya, Nakano Yoshiyuki
Production : I-one
Client : Daido Metal
Photograph : Sekine Yoshinori

243

第40回東京モーターショー2007 "パイオニアブース"

展示場所：千葉・幕張
展示期間：2007年10月～11月
ディレクション：パイオニア　小田充宏、
パイオニアデザイン　長嶋光克、園田万里子、
創美企画　増田廣行
デザイン：中村展設　中村貢一郎、雨宮 力
マネジメント：中村展設　加藤 敦
プロダクション：中村展設
クライアント：パイオニア
撮影：工藤明敏

The 40th Tokyo Motor Show 2007 "Pioneer Booth"

Place : Makuhari, Chiba
Date : from October to November, 2007
Direction : Pioneer Electronic - Oda Mitsuhiro,
Pioneer Design - Nagashima Mitsukatsu,
Sonoda Mariko, Sobi Kikaku - Masuda Hiroyuki
Design : Nakaten - Nakamura Koichiro, Amemiya Chikara
Management : Nakaten - Kato Atsushi
Production : Nakaten
Client : Pioneer Electronic
Photograph : Kudo Akitoshi

244

第40回東京モーターショー2007 “日立金属ブース”

展示場所：千葉・幕張
展示期間：2007年10月～11月
企画：東京映画社　山浦圭二
ディレクション：アートフリーク　長束敦夫
デザイン：アートフリーク　戸邉浩明
プロダクション：アートフリーク
クライアント：日立金属

The 40th Tokyo Motor Show 2007 “Hitachikinzoku Booth”

Place : Makuhari, Chiba
Date : from October to November, 2007
Plan : Tokyoeigasha - Yamaura Keiji
Direction : Artfreak - Nagatsuka Atsuo
Design : Artfreak - Tobe Hiroaki
Production : Artfreak
Client : Hitachi Metals

245

第40回東京モーターショー2007 “澤久工業ブース”

展示場所：千葉・幕張
展示期間：2007年10月～11月
ディレクション：ムラヤマ　山崎和紀
アートディレクション：ムラヤマ　安部 敦
デザイン：ムラヤマ　村上裕美
プロダクション：ムラヤマ
クライアント：澤久工業
撮影：ジェイライツ　板村光一郎

The 40th Tokyo Motor Show 2007 “Sawakyu Industries Booth”

Place : Makuhari, Chiba
Date : from October to November, 2007
Direction : Murayama - Yamazaki Kazunori
Art Direction : Murayama - Abe Atsushi
Design : Murayama - Murakami Hiromi
Production : Murayama
Client : Sawakyu Industries
Photograph : J-Lights - Itamura Koichiro

246

第40回東京モーターショー2007 "横浜ゴムブース"

展示場所:千葉・幕張
展示期間:2007年10月~11月
企画:博報堂
ディレクション:末広英之
デザイン:ポルト　村井康則、西脇夏枝、磯崎裕一
プロダクション:白水社
クライアント:横浜ゴム

The 40th Tokyo Motor Show 2007 "The Yokohama Rubber Booth"

Place : Makuhari, Chiba
Date : from October to November, 2007
Plan : Hakuhodo
Direction : Suehiro Hideyuki
Design : Porto - Murai Yasunori, Nishiwaki Natsue, Isozaki Hirokazu
Production : Hakusuisha
Client : The Yokohama Rubber

247

第40回東京モーターショー2007 "ダンロップブース"

展示場所:千葉・幕張
展示期間:2007年10月~11月
企画:ダンロップファルケンタイヤ
ディレクション:電通名鉄コミュニケーションズ
デザイン:乃村工藝社　高橋文明、開澤あゆ子、松澤 景
プロダクション:乃村工藝社
クライアント:ダンロップファルケンタイヤ
撮影:鈴木賢一

The 40th Tokyo Motor Show 2007 "Dunlop Booth"

Place : Makuhari, Chiba
Date : from October to November, 2007
Plan : Dunlop Falken Tyres
Direction : Dentsu Meitetsu Communications
Design : Nomura - Takahashi Fumitomo, Kaizawa Ayuko, Matsuzawa Kei
Production : Nomura
Client : Dunlop Falken Tyres
Photograph : Suzuki Kenichi

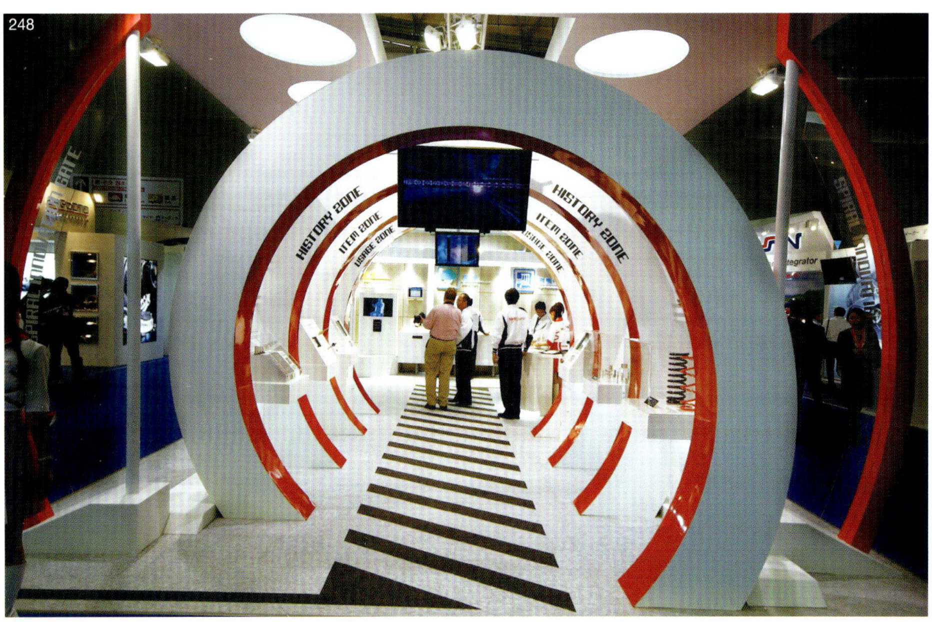

248

第40回東京モーターショー2007 "日本発条ブース"

展示場所:千葉・幕張
展示期間:2007年10月~11月
企画:中外　渋川容史、佐久間大知
ディレクション:中外　松島二郎
デザイン:アートフリーク　河野晋也
プロダクション:アートフリーク
クライアント:日本発条

The 40th Tokyo Motor Show 2007 "NHK Spring Booth"

Place : Makuhari, Chiba
Date : from October to November, 2007
Plan : Chugai - Shibukawa Yoshifumi, Sakuma Daichi
Direction : Chugai - Matsushima Jiro
Design : Artfreak - Kono Shinya
Production : Artfreak
Client : NHK Spring

249

第40回東京モーターショー2007
“東洋電装ブース”

展示場所：千葉・幕張
展示期間：2007年10月〜11月
企画：アートフリーク
プロデュース：アートフリーク　田中 潤
ディレクション、デザイン：アートフリーク　河野晋也
プロダクション：アートフリーク
クライアント：東洋電装

The 40th Tokyo Motor Show 2007
“Toyo Denso Booth”

Place : Makuhari, Chiba
Date : from October to November, 2007
Plan : Artfreak
Producing : Artfreak - Tanaka Megumi
Direction and Design : Artfreak - Kono Shinya
Production : Artfreak
Client : Toyo Denso

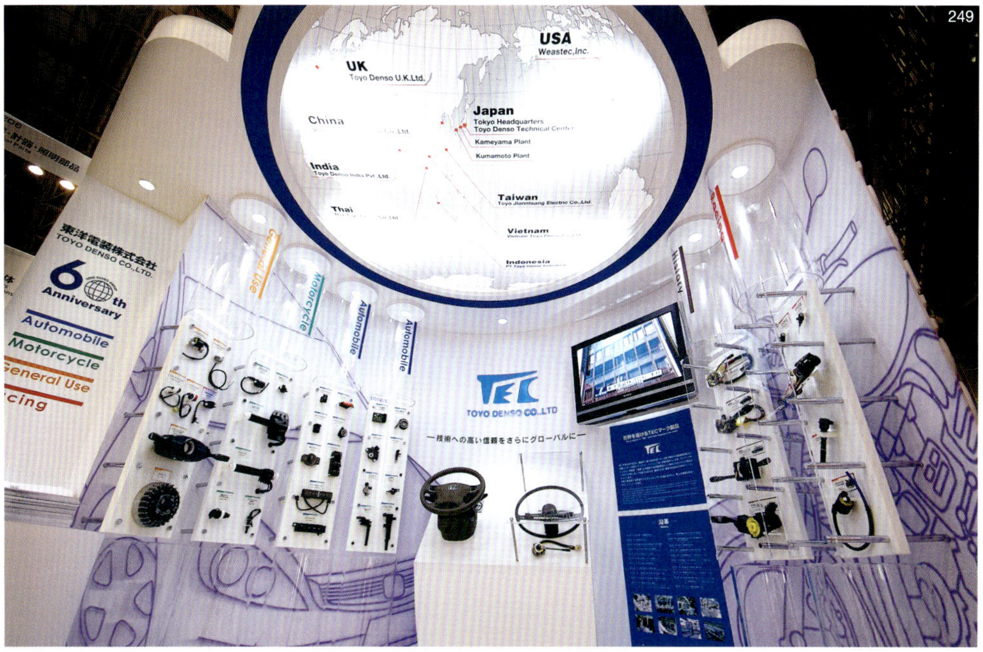

250

第40回東京モーターショー2007
“日産ディーゼルブース”

展示場所：千葉・幕張
展示期間：2007年10月〜11月
企画：E-グラフィックス コミュニケーションズ
ディレクション：テー・オー・ダブリュー
デザイン：ビートニク　山田 旭
グラフィックデザイン：F.A.T　市村勇弥
プロダクション：丹青ディスプレイ
クライアント：日産ディーゼル
撮影：鈴木賢一

The 40th Tokyo Motor Show 2007
“Nissan Diesel Booth”

Place : Makuhari, Chiba
Date : from October to November, 2007
Plan : E-Graphics Communications
Direction : TOW
Design : Beatnik - Yamada Akira
Graphic Design : F.A.T - Ichimura Yuya
Production : Tansei Display
Client : Nissan Diesel
Photograph : Suzuki Kenichi

251

第40回東京モーターショー2007 “ホンダモーターサイクルブース”

展示場所：千葉・幕張
展示期間：2007年10月～11月
企画：電通
ディレクション：電通テック
デザイン：スピン　露木彰彦、犬田祐介
施工：丹青社
プロダクション：TOW、T2クリエイティブ
クライアント：ホンダモーターサイクルジャパン
撮影：ナカサ&パートナーズ

The 40th Tokyo Motor Show 2007 “Honda Motorcycle Japan Booth”

Place : Makuhari, Chiba
Date : from October to November, 2007
Plan : Dentsu
Direction : Dentsu Tec
Design : Spin - Tsuyuki Akihiko, Inuta Yusuke
Construction : Tanseisha
Production : TOW, T2 Creative
Client : Honda Motorcycle Japan
Photograph : Nacása & Partners

252

第40回東京モーターショー2007 “ショーワブース”

展示場所：千葉・幕張
展示期間：2007年10月～11月
企画：アクシス　森川雅仁、皆川雄一
ディレクション：アクシス　吉田栄二
デザイン：アクシス　森川雅仁、アゾイック　菊池克弥
プロデュース：アクシス　田中 一
プロダクション：プランニングワークス
クライアント：ショーワ
撮影：工藤明敏

The 40th Tokyo Motor Show 2007 “Showa Booth”

Place : Makuhari, Chiba
Date : from October to November, 2007
Plan : Axis - Morikawa Masahito, Minagawa Yuichi
Direction : Axis - Yoshida Eiji
Design : Axis - Morikawa Masahito, Azoic - Kikuchi Katsuya
Producing : Axis - Tanaka Hajime
Production : Planning Works
Client : Showa
Photograph : Kudo Akitoshi

253

第40回東京モーターショー2007 “NTNブース”

展示場所：千葉・幕張
展示期間：2007年10月～11月
企画：大和工芸
ディレクション：岡崎きよみ
デザイン：早川正徳、西牟田 誠
プロダクション：大和工芸
クライアント：NTN

The 40th Tokyo Motor Show 2007 “NTN Booth”

Place : Makuhari, Chiba
Date : from October to November, 2007
Plan : Daiwa Kogei
Direction : Okazaki Kiyomi
Design : Hayakawa Masanori, Nishimuta Makoto
Production : Daiwa Kogei
Client : NTN

254

第40回東京モーターショー2007 “ヤマハ発動機ブース”

展示場所：千葉・幕張
展示期間：2007年10月～11月
プロデュース：電通テック　谷本享司
アートディレクション：JTQ　谷川淳司
デザイン：Line　勝田隆夫
照明：アイズ・コンプレックス　伊東保典
エイジェンシー：電通
プロダクション：乃村工藝社
クライアント：ヤマハ発動機
撮影：高山幸三

The 40th Tokyo Motor Show 2007 “Yamaha Motor Booth”

Place : Makuhari, Chiba
Date : from October to November, 2007
Producing : Dentsu Tec - Tanimoto Takashi
Art Direction : JTQ - Tanigawa Junji
Design : Line - Katsuta Takao
Lighting : I's Complex - Ito Yasunori
Agency : Dentsu
Production : Nomura
Client : Yamaha Motor
Photograph : Takayama Kozo

255

第40回東京モーターショー2007 “東海理化ブース”

展示場所：千葉・幕張
展示期間：2007年10月～11月
企画：東海理化　大見恭三
プロデュース：電通名鉄コミュニケーションズ　都築俊彦
アートディレクション：ムラヤマ　鴨下佳和
デザイン：東海理化　地主健一、野村英貴、小木曽友紀
プロダクション：ムラヤマ
クライアント：東海理化
撮影：ジェイライツ　板村光一郎

The 40th Tokyo Motor Show 2007 “Tokai Rika Booth”

Place : Makuhari, Chiba
Date : from October to November, 2007
Plan : Tokai Rika - Omi Kyozo
Producing : Dentsu Meitetsu Communications - Tsuzuki Toshihiko
Art Direction : Murayama - Kamoshita Yoshikazu
Design : Tokai Rika - Jinushi Kenichi, Nomura Hideki, Ogiso Yuki
Production : Murayama
Client : Tokai Rika
Photograph : J-Lights - Itamura Koichiro

256

第40回東京モーターショー2007 “ハーレーダビッドソンブース”

展示場所：千葉・幕張
展示期間：2007年10月～11月
企画：設計機構、脇谷健一デザイン事務所
ディレクション：設計機構
デザイン：脇谷健一デザイン事務所　脇谷健一
施工：昭栄美術
クライアント：ハーレーダビッドソンジャパン
撮影：工藤明敏

The 40th Tokyo Motor Show 2007 “Harley-Davidson Booth”

Place : Makuhari, Chiba
Date : from October to November, 2007
Plan : Design Corporation Japan, Kenichi Wakiya Design
Direction : Design Corporation Japan
Design : Kenichi Wakiya Design - Wakiya Kenichi
Construction : Shoei-Bijutsu
Client : Harley-Davidson Japan
Photograph : Kudo Akitoshi

257

モーターサイクルショー2008 “ハーレーダビッドソンブース”

展示場所：東京・有明／大阪
展示期間：2008年3月
ディレクション：設計機構　深水浩子
デザイン：昭栄美術　森本倍世
プロダクション：設計機構
クライアント：ハーレーダビッドソンジャパン

Motorcycle Show 2008 “Harley-Davidson Booth”

Place : Ariake, Tokyo / Osaka
Date : March, 2008
Direction : Design Corporation / Japan - Fukamizu Hiroko
Design : Shoei-Bijutsu - Morimoto Masuyo
Production : Design Corporation / Japan
Client : Harley-Davidson Japan

258

東京オートサロン2008 with NAPAC “レカロブース”

展示場所：千葉・幕張
展示期間：2008年1月
企画：I&S BBDO
ディレクション：ニクスプロキシミティ
デザイン：シ・ピ・エル、大西陽子
プロダクション：シ・ピ・エル
クライアント：レカロ

Tokyo Auto Salon 2008 with NAPAC “Recaro Booth”

Place : Makuhari, Chiba
Date : January, 2008
Plan : I&S BBDO
Direction : Nyx Proximity
Design : CPL, Onishi Yoko
Production : CPL
Client : Recaro Japan

259

第78回ジュネーブ国際モーターショー “ケン　オクヤマブース”

展示場所：スイス・ジュネーブ
展示期間：2008年3月
企画：KEN OKUYAMA DESIGN　奥山清行
ディレクション：KEN OKUYAMA DESIGN　奥山清行、George P. Johnson　宇賀治郁子
デザイン：KEN OKUYAMA DESIGN　奥山清行、George P. Johnson　竹下隆造
プロダクション：George P. Johnson
クライアント：KEN OKUYAMA DESIGN

The 78th Geneva International Motor Show “Ken Okuyama Booth”

Place : Geneva, Switzerland
Date : March, 2008
Plan : Ken Okuyama Design - Okuyama Kiyoyuki
Direction : Ken Okuyama Design - Okuyama Kiyoyuki, George P. Johnson - Ukaji Ikuko
Design : Ken Okuyama Design - Okuyama Kiyoyuki, George P. Johnson - Takeshita Ryuzo
Production : George P. Johnson
Client : Ken Okuyama Design

260

BMW Group Studio　オープニングインスタレーション

展示場所：東京・八重洲
展示期間：2007年11月
アートディレクション：JTQ　谷川淳司
デザイン：JTQ
映像ディレクション：GLMV　丸野 優
映像クリエイション：TEAM☆LAB
プロダクション：JTQ
クライアント：BMW Japan
撮影：フォワードストローク

BMW Group Studio Opening Installation

Place : Yaesu, Tokyo
Date : November, 2007
Art Direction : JTQ - Tanigawa Junji
Design : JTQ
Visual Direction : GLMV - Maruno Yu
Visual Creation : Team Lab
Production : JTQ
Client : BMW Japan
Photograph : Forward Stroke

261

2007台北インターナショナルオートショー “日産ブース”

展示場所：台湾・台北
展示期間：2007年12月
デザイン：Katayama DESIGN STUDIO　方山裕一
監修：日産自動車　袴田浩司、松澤 亨、細野和美、阿部豪太
プロデュース：TBWA\HAKUHODO　鎌田浩幸、塚田育男、周 麗華
設計協力：SHAPE　余 世偉
プロダクション：SHAPE
クライアント：日産自動車、裕隆日産汽車

2007 Taipei International Auto Show “Nissan Booth”

Place : Taipei, Taiwan
Date : December, 2007
Design : Katayama Design Studio - Katayama Yuichi
Supervision : Nissan Motor - Hakamata Koji, Matsuzawa Toru, Hosono Kazumi, Abe Gota
Producing : TBWA\Hakuhodo - Kamata Hiroyuki, Tsukada Ikuo, Li-Hua Chou
Design Cooperation : Shape - Jack
Production : Shape
Client : Nissan Motor, Yulon Nissan Motor

262

北京モーターショー2008“日産ブース”

展示場所：中国・北京
展示期間：2008年4月
デザイン：Katayama DESIGN STUDIO　方山裕一
監修：日産自動車　袴田浩司、松澤 亨
プロデュース：TBWA\HAKUHODO　坂本正樹、鎌田浩幸
岸 光昭、塚田育男、亀山達也
プロダクション：Kingsmen Beijing
クライアント：日産自動車、日産（中国）投資有限公司

Auto China 2008 “Nissan Booth”

Place : Beijing, China
Date : April, 2008
Design : Katayama Design Studio - Katayama Yuichi
Supervision : Nissan Motor - Hakamata Koji, Matsuzawa Toru
Producing : TBWA\Hakuhodo - Sakamoto Masaki, Kamata Hiroyuki, Kishi Mitsuaki, Tsukada Ikuo, Kameyama Tatsuya
Production : Kingsmen Beijing
Client : Nissan Motor, Nissan (China) Investment

263

2007国際ロボット展“オリエンタルモーターブース”

展示場所：東京・有明
展示期間：2007年11月
企画：オリエンタルモーター、オムニ・アドカンパニー
ディレクション：工芸社　伊東潤一
デザイン：畑中和弘
プロダクション：工芸社
クライアント：オリエンタルモーター
撮影：工藤明敏

2007 International Robot Exhibition “Oriental Motor Booth”

Place : Ariake, Tokyo
Date : November, 2007
Plan : Oriental Motor, Omni. Ad. Company
Direction : Kogeisha - Ito Junichi
Design : Hatanaka Kazuhiro
Production : Kogeisha
Client : Oriental Motor
Photograph : Kudo Akitoshi

264
自動車技術展：人とくるまのテクノロジー展 2007 "トヨタブース"

展示場所：横浜
展示期間：2007年5月
企画、ディレクション、デザイン：イルミナティ　仁木洋子
実施設計：上野鐵也、木村浩之、利光知道、影山 孝
グラフィックデザイン：南 新太郎
プロダクション：イルミナティ、ウェルハート、ジェットデザイン、エクスポテクニク・ジャパン
クライアント：トヨタ自動車

2007 Automotive Engineering Exposition "Toyota Booth"

Place : Yokohama
Date : May, 2007
Plan, Direction and Design : Illuminat - Niki Yoko
Working Design : Ueno Tetsuya, Kimura Hiroyuki, Toshimitsu Tomomichi, Kageyama Takashi
Graphic Design : Minami Shintaro
Production : Illuminat, Well Hart, Jet Design, Expotechnik Japan
Client : Toyota Motor

265
自動車技術展：人とくるまのテクノロジー展 2007 "日産ブース"

展示場所：横浜
展示期間：2007年5月
プロデュース：ソアーズインターナショナル　岩嵜太郎
ディレクション：ソアーズインターナショナル　増田知明
デザイン：ノムラデュオ　山田祐照
プロダクション：ノムラデュオ
クライアント：日産自動車
撮影：宮下明義

2007 Automotive Engineering Exposition "Nissan Booth"

Place : Yokohama
Date : May, 2007
Producing : Soars International - Iwasaki Taro
Direction : Soars International - Masuda Tomoaki
Design : Nomura Duo - Yamada Hiroaki
Production : Nomura Duo
Client : Nissan Motor
Photograph : Miyashita Akiyoshi

266
42nd JAPAN GOLF FAIR 2008 "ミズノブース"

展示場所：東京・有明
展示期間：2008年2月
企画：フジヤ
ディレクション：フジヤ　前田哲伺、中村知浩
デザイン：フジヤ　花岡佑介
プロダクション：フジヤ
クライアント：ミズノ
撮影：工藤明敏

42nd Japan Golf Fair 2008 "Mizuno Booth"

Place : Ariake, Tokyo
Date : February, 2008
Plan : Fujiya
Direction : Fujiya - Maeda Tetsuji, Nakamura Tomohiro
Design : Fujiya - Hanaoka Yusuke
Production : Fujiya
Client : Mizuno
Photograph : Kudo Akitoshi

267

東京ゲームショウ2007 "SCEブース"

展示場所：千葉・幕張
展示期間：2007年9月
企画、ディレクション：ソニー・コンピュータエンタテインメント
デザイン：乃村工藝社　小林賢吾、石原未来、後藤映則
プロダクション：乃村工藝社、SGS
クライアント：ソニー・コンピュータエンタテインメント
撮影：鈴木賢一

Tokyo Game Show 2007 "SCE Booth"

Place : Makuhari, Chiba
Date : September, 2007
Plan and Direction : Sony Computer Entertainment
Design : Nomura - Kobayashi Kengo, Ishihara Miki, Goto Akinori
Production : Nomura, SGS
Client : Sony Computer Entertainment
Photograph : Suzuki Kenichi

268

東京ゲームショウ2007 "Koeiブース"

展示場所：千葉・幕張
展示期間：2007年9月
ディレクション：アサツー・ディ・ケイ　坂口友規
デザイン：en-魔　田中敏一、首藤義宣
プロダクション：バンセイ
クライアント：コーエー
撮影：鈴木賢一

Tokyo Game Show 2007 "Koei Booth"

Place : Makuhari, Chiba
Date : September, 2007
Direction : Asatsu-DK - Sakaguchi Tomonori
Design : En-Ma - Tanaka Toshikazu, Shuto Yoshinobu
Production : Bansei
Client : Koei
Photograph : Suzuki Kenichi

269

東京ゲームショウ2007 "Xbox360ブース"

展示場所：千葉・幕張
展示期間：2007年9月
企画：ナチュラル
アートディレクション：D3Dアトリエ　山本 俊
デザイン：D3Dアトリエ　山本 俊、スタジオふぐ　飯田倫史
グラフィックデザイン：西 順一郎
プロダクション：乃村工藝社
クライアント：マイクロソフト
撮影：鈴木賢一

Tokyo Game Show 2007 "Xbox360 Booth"

Place : Makuhari, Chiba
Date : September, 2007
Plan : Natural
Art Direction : D3D Atelier - Yamamoto Shun
Design : D3D Atelier - Yamamoto Shun, Studio Hug - Iida Tomofumi
Graphic Design : Nishi Junichiro
Production : Nomura
Client : Microsoft
Photograph : Suzuki Kenichi

270

FPD International 2007 "Chunghwa Picture Tubes ブース"

展示場所：横浜
展示期間：2007年10月
プロデュース：アイプラネット　酒井亮介
ディレクション：フジヤ　長谷川卓也
デザイン：フジヤ　重村麻紀
エイジェンシー：アイプラネット
プロダクション：フジヤ
クライアント：Chunghwa Picture Tubes
撮影：工藤明敏

FPD International 2007 "Chunghwa Picture Tubes Booth"

Place : Yokohama
Date : October, 2007
Producing : Iplanet - Sakai Ryosuke
Direction : Fujiya - Hasegawa Takuya
Design : Fujiya - Shigemura Maki
Agency : Iplanet
Production : Fujiya
Client : Chunghwa Picture Tubes
Photograph : Kudo Akitoshi

271

ジャパン アニメーション コンテンツ ミーティング (JAM) 2007

展示場所：東京・秋葉原
展示期間：2007年10月
プロデュース：手塚プロダクション　清水義裕、鈴木美香
ディレクション：ホワイトボックス　森 雅樹、山崎宗貴
テクニカルディレクション：ムラヤマ　水木将人
アートディレクション：ムラヤマ　安部 敦
デザイン：ムラヤマ　野本浩寿、赤澤真美
プロダクション：ホワイトボックス、ムラヤマ
クライアント：日本動画協会、経済産業省
撮影：ジェイライツ　板村光一郎

Japan Animation Contents Meeting 2007

Place : Akihabara, Tokyo
Date : October, 2007
Producing : Tezuka Productions - Shimizu Yoshihiro, Suzuki Mika
Direction : White Box - Mori Masaki, Yamazaki Munetaka
Technical Direction : Murayama - Mizuki Masato
Art Direction : Murayama - Abe Atsushi
Design : Murayama - Nomoto Hirotoshi, Akazawa Mami
Production : White Box, Murayama
Client : The Association of Japanese Animations, Ministry of Economy, Trade and Industry
Photograph : J-Lights - Itamura Koichiro

272

"フィーバー創聖のアクエリオン"新台発表会

展示場所：東京・芝
展示期間：2007年10月
ディレクション：ユナイテッドブルー
デザイン：en-魔　田中敏一、首藤義宣、佐藤陽亮
プロデュース：三共プランニング
舞台演出：UNO　福島俊行
フィギュア制作：みろ造形
プロダクション：シミズ
クライアント：三共

"Fever Aquarion" Debut

Place : Shiba, Tokyo
Date : October, 2007
Direction : United Blue
Design : En-Ma - Tanaka Toshikazu, Shuto Yoshinobu, Sato Yosuke
Producing : Sankyo Planning
Stage Direction : Uno - Fukushima Toshiyuki
Figure Production : Miro
Production : Shimizu
Client : Sankyo

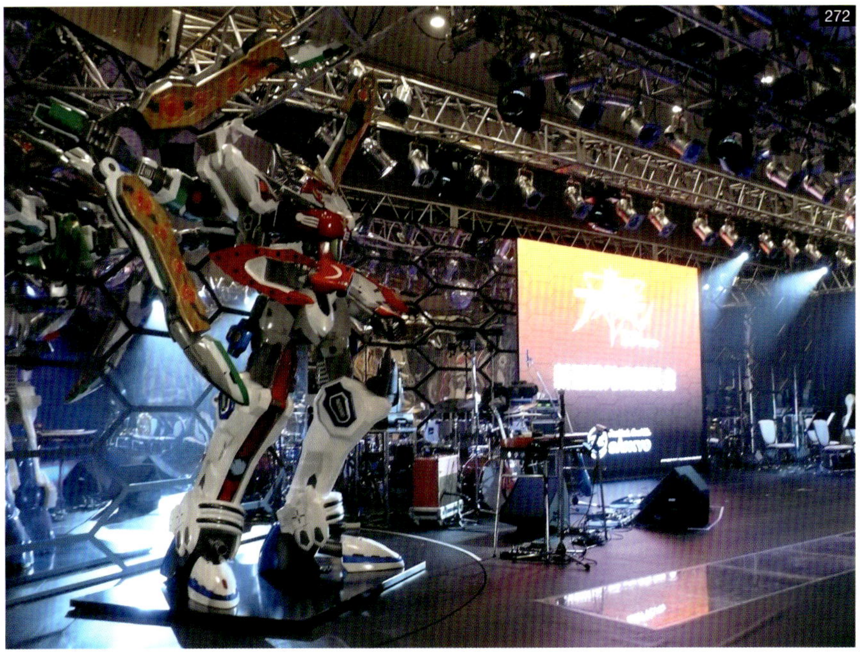

273

273

CEATEC JAPAN 2007"日本モレックスブース"

展示場所:千葉・幕張
展示期間:2007年10月
ディレクション:フジヤ　鈴木一成
デザイン:フジヤ　長崎 檀
プロダクション:フジヤ
クライアント:日本モレックス
撮影:工藤明敏

Ceatec Japan 2007 "Molex Booth"

Place : Makuhari, Chiba
Date : October, 2007
Direction : Fujiya - Suzuki Kazushige
Design : Fujiya - Nagasaki Dan
Production : Fujiya
Client : Molex
Photograph : Kudo Akitoshi

274

274

CEATEC JAPAN 2007"パイオニアブース"

展示場所:千葉・幕張
展示期間:2007年10月
ディレクション:パイオニア　小田充宏、
パイオニアデザイン　長嶋光克、園田万里子、創美企画　増田廣行
デザイン:中村展設　雨宮 力
マネジメント:中村展設　加藤 敦
プロダクション:中村展設
クライアント:パイオニア
撮影:工藤明敏

Ceatec Japan 2007 "Pioneer Booth"

Place : Makuhari, Chiba
Date : October, 2007
Direction : Pioneer Electronic - Oda Mitsuhiro, Pioneer Design - Nagashima Mitsukatsu, Sonoda Mariko, Sobi Kikaku - Masuda Hiroyuki
Design : Nakaten - Amemiya Chikara
Management : Nakaten - Kato Atsushi
Production : Nakaten
Client : Pioneer Electronic
Photograph : Kudo Akitoshi

275

275

CEATEC JAPAN 2007"富士通ブース"

展示場所:千葉・幕張
展示期間:2007年10月
デザイン:ジーク　山中隆寛、松井英二
ステージプロデュース:博報堂　石田康弘、ウイーズ・ブレーン　川上泰弘
プロダクション:ジーク
クライアント:富士通
撮影:工藤明敏

Ceatec Japan 2007 "Fujitsu Booth"

Place : Makuhari, Chiba
Date : October, 2007
Design : Zycc - Yamanaka Takahiro, Matsui Eiji
Stage Producing : Hakuhodo - Ishida Yasuhiro, We's Brain - Kawakami Yasuhiro
Production : Zycc
Client : Fujitsu
Photograph : Kudo Akitoshi

276

CEATEC JAPAN 2007 “日立マクセルブース”

展示場所：千葉・幕張
展示期間：2007年10月
企画：マクセル
ディレクション、デザイン：丹青社　阪田まゆ子
プロダクション：丹青社
クライアント：マクセル
撮影：クドウオリジナルフォト

Ceatec Japan 2007 “Maxell Booth”

Place : Makuhari, Chiba
Date : October, 2007
Plan : Maxell
Direction and Design : Tanseisha - Sakata Mayuko
Production : Tanseisha
Client : Maxell
Photograph : Kudo Original Photo

277

CEATEC JAPAN 2007 “村田製作所ブース”

展示場所：千葉・幕張
展示期間：2007年10月
企画：中外　渋川容史
ディレクション：中外　松島二郎、佐久間大知
デザイン：アートフリーク　戸邉浩明
プロダクション：アートフリーク
クライアント：村田製作所

Ceatec Japan 2007 “Murata Booth”

Place : Makuhari, Chiba
Date : October, 2007
Plan : Chugai - Shibukawa Yoshifumi
Direction : Chugai - Matsushima Jiro, Sakuma Daichi
Design : Artfreak - Tobe Hiroaki
Production : Artfreak
Client : Murata

278

CEATEC JAPAN 2007 “日立ブース”

展示場所：千葉・幕張
展示期間：2007年10月
企画：日立ハイプラン　前田憲男、真島 博
ディレクション：電通テック　辰巳周一
デザイン：en-魔　吉永 健、杉山友美
プロダクション：ムラヤマ
クライアント：日立製作所
撮影：Kujaku　栗原大輔

Ceatec Japan 2007 “Hitachi Booth”

Place : Makuhari, Chiba
Date : October, 2007
Plan : Hitachi High Plan - Maeda Norio, Majima Hiroshi
Direction : Dentsu Tec - Tatsumi Shuichi
Design : En-Ma - Yoshinaga Takeshi, Sugiyama Tomomi
Production : Murayama
Client : Hitachi
Photograph : Kujaku - Kurihara Daisuke

279

280

281

279

CEATEC JAPAN 2007 "シャープブース"

展示場所：千葉・幕張
展示期間：2007年10月
ディレクション：乃村工藝社　藤岡拓哉
アートディレクション：乃村工藝社　高橋建司
デザイン：乃村工藝社　井上茂宏、木村高茂
グラフィックデザイン：乃村工藝社　領木訓子
プロダクションマネジメント：乃村工藝社　池田俊明、佐野和浩
プロダクション：乃村工藝社
クライアント：シャープ
撮影：大東正巳

Ceatec Japan 2007 "Sharp Booth"

Place : Makuhari, Chiba
Date : October, 2007
Direction : Nomura - Fujioka Takuya
Art Direction : Nomura - Takahashi Kenji
Design : Nomura - Inoue Shigehiro, Kimura Takashige
Graphic Design : Nomura - Ryoki Kuniko
Production Management : Nomura - Ikeda Toshiaki, Sano Kazuhiro
Production : Nomura
Client : Sharp
Photograph : Daito Masami

280

CEATEC JAPAN 2007 "ソニーブース"

展示場所：千葉・幕張
展示期間：2007年10月
ディレクション：乃村工藝社
デザイン：en-魔　田中敏一、首藤義宣、佐藤陽亮
プロデュース：ソニーマーケティング
照明：MGS　藤本晴美
プロダクション：乃村工藝社
クライアント：ソニーマーケティング
撮影：鈴木賢一

Ceatec Japan 2007 "Sony Booth"

Place : Makuhari, Chiba
Date : October, 2007
Direction : Nomura
Design : En-Ma - Tanaka Toshikazu, Shuto Yoshinobu, Sato Yosuke
Producing : Sony Marketing (Japan)
Lighting : MGS - Fujimoto Harumi
Production : Nomura
Client : Sony Marketing (Japan)
Photograph : Suzuki Kenichi

281

CEATEC JAPAN 2007 "メモリースティックブース"

展示場所：千葉・幕張
展示期間：2007年10月
企画：ソニーPCL
プロデュース：風間和孝
ディレクション：神山智彦、松本さつき、中尾憲明
デザイン：内藤安朗、宮城れい、小笠原拓哉
プロダクション：デザインアートセンター
クライアント：ソニー

Ceatec Japan 2007 "Memory Stick Booth"

Place : Makuhari, Chiba
Date : October, 2007
Plan : Sony PCL
Producing : Kazama Kazutaka
Direction : Kamiyama Tomohiko, Matsumoto Satsuki, Nakao Noriaki
Design : Naito Yasuo, Miyagi Rei, Ogasawara Takuya
Production : Design Art Center
Client : Sony

282

Panasonic Global C.I.

展示場所：千葉・幕張 他
展示期間：2007年5月～2008年6月
プロデュース：松下電器産業　末吉弘樹
アートディレクション：乃村工藝社　根石一夫、向井一智
デザイン：乃村工藝社　向井一智、八田麻衣
ディレクション：坂本貴史
プロダクション：乃村工藝社
クライアント：松下電器産業

Panasonic Global C.I.

Place : Makuhari, Chiba etc.
Date : from May, 2007 to June, 2008
Producing : Matsushita Electric Industrial - Sueyoshi Hiroki
Art Direction : Nomura - Neishi Kazuo, Mukai Kazutomo
Design : Nomura - Mukai Kazutomo, Hachida Mai
Direction : Sakamoto Takashi
Production : Nomura
Client : Matsushita Electric Industrial

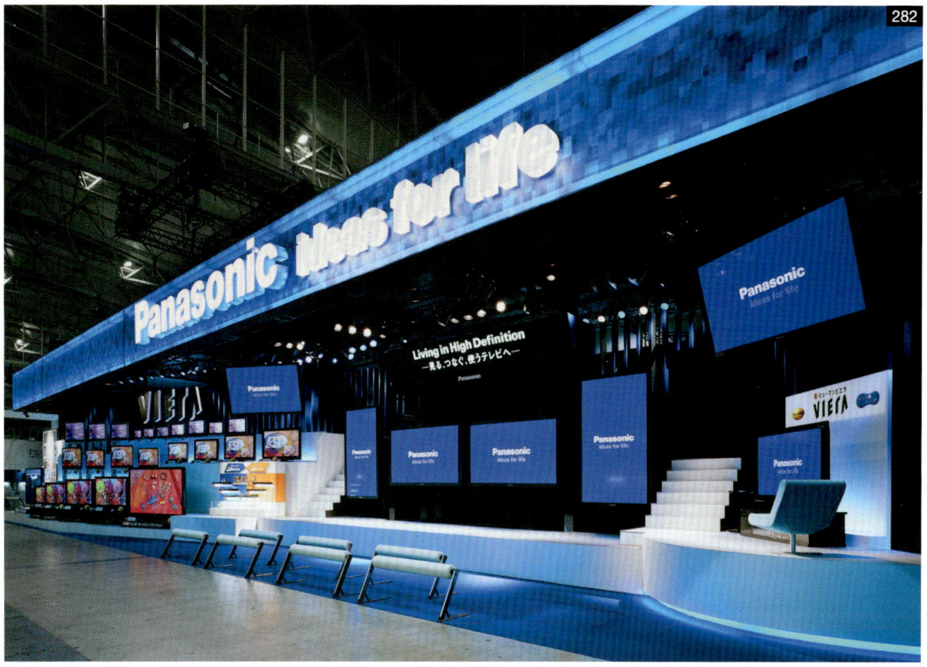

282

283

2008国際ウエルディングショー “パナソニック溶接システムブース”

展示場所：大阪
展示期間：2008年4月
企画：パナソニック溶接システム、第一広房
ディレクション：第一広房　吉野通洋
デザイン：第一広房　中田博徳
プロダクションディレクション：第一広房　寺田和司
プロダクション：第一広房
クライアント：パナソニック溶接システム

Japan International Welding Show 2008 “Panasonic Welding System Booth”

Place : Osaka
Date : April, 2008
Plan : Panasonic Welding Systems, Daiichikobo
Direction : Daiichikobo - Yoshino Michihiro
Design : Daiichikobo - Nakata Hironori
Production Direction : Daiichikobo - Terada Kazushi
Production : Daiichikobo
Client : Panasonic Welding Systems

283

284

第18回設計・製造ソリューション展 “日研総業／アルテクナブース”

展示場所：東京・有明
展示期間：2007年6月
企画：上林誠季
ディレクション：清水真一、横田滝久
デザイン：広伸社
テクニカルディレクション：鈴木達也
プロダクション：広伸社
クライアント：日研総業、アルテクナ
撮影：工藤明敏

The 18th Design Engineering & Manufacturing Solutions Expo / Conference 2007 “Nikken Sogyo / Altekna Booth”

Place : Ariake, Tokyo
Date : June, 2007
Plan : Kambayashi Seiki
Direction : Shimizu Shinichi, Yokota Takihisa
Design : Koshinsha
Technical Direction : Suzuki Tatsuya
Production : Koshinsha
Client : Nikken Sogyo, Altekna
Photograph : Kudo Akitoshi

284

285

システム コントロール フェア2007 “オムロンブース”

展示場所：東京・有明
展示期間：2007年11月
プロデュース：オムロン 原沢 修、トッパンプロスプリント 小澤宏和
テクニカルディレクション：フジヤ 山田宗高
デザイン：フジヤ 長谷川真理
プロダクション：フジヤ
クライアント：オムロン
撮影：工藤明敏

System Control Fair 2007 “Omron Booth”

Place : Ariake, Tokyo
Date : November, 2007
Producing : Omron - Harasawa Osamu, Toppan Prosprint - Ozawa Hirokazu
Technical Direction : Fujiya - Yamada Munetaka
Design : Fujiya - Hasegawa Mari
Production : Fujiya
Client : Omron
Photograph : Kudo Akitoshi

286

ワイヤレスジャパン2007 “ソニーエリクソンブース”

展示場所：東京・有明
展示期間：2007年7月
企画：博報堂
デザイン：ビートニク 山田 旭
プロダクション：昭栄美術
クライアント：ソニーエリクソン
撮影：吉田大介

Expo Comm Wireless Japan 2007 “Sony Ericsson Booth”

Place : Ariake, Tokyo
Date : July, 2007
Plan : Hakuhodo
Design : Beatnik - Yamada Akira
Production : Shoei-Bijutsu
Client : Sony Ericsson
Photograph : Yoshida Daisuke

287

ワイヤレスジャパン2007 “NECブース”

展示場所：東京・有明
展示期間：2007年7月
ディレクション：エスデージー 吉田明宏
デザイン：エスデージー 福澄通浩
プロダクション：山英
クライアント：日本電気

Expo Comm Wireless Japan 2007 “NEC Booth”

Place : Ariake, Tokyo
Date : July, 2007
Direction : SDG - Yoshida Akihiro
Design : SDG - Fukuzumi Michihiro
Production : Sanei
Client : NEC

288

Interop Tokyo 2007 “富士通ブース”

展示場所：千葉・幕張
展示期間：2007年6月
デザイン：ジーク　山中隆寛
プロダクション：ジーク
クライアント：富士通
撮影：工藤明敏

Interop Tokyo 2007 “Fujitsu Booth”

Place : Makuhari, Chiba
Date : June, 2007
Design : Zycc - Yamanaka Takahiro
Production : Zycc
Client : Fujitsu
Photograph : Kudo Akitoshi

289

Interop Tokyo 2007 “NTTコミュニケーションズブース”

展示場所：千葉・幕張
展示期間：2007年6月
企画、ディレクション：博報堂
デザイン：スピン　露木彰彦、犬田祐介
施工：ムラヤマ
プロダクション：インク
クライアント：NTTコミュニケーションズ
撮影：乗重正己

Interop Tokyo 2007 “NTT Communications Booth”

Place : Makuhari, Chiba
Date : June, 2007
Plan and Direction : Hakuhodo
Design : Spin - Tsuyuki Akihiko, Inuta Yusuke
Construction : Murayama
Production : Ink
Client : NTT Communications
Photograph : Norishige Masami

290

ET2007／組込み総合技術展“アクセルブース”

展示場所：横浜
展示期間：2007年11月
企画、デザイン：富田 弦
ディレクション：池内 修
プロダクションマネジメント：白川陽一
プロダクション：博展
クライアント：アクセル
撮影：クドウオリジナルフォト

Embedded Technology 2007 “Axell Booth”

Place : Yokohama
Date : November, 2007
Plan and Design : Tomita Gen
Direction : Ikeuchi Osamu
Production Management : Shirakawa Yoichi
Production : Hakuten
Client : Axell
Photograph : Kudo Original Photo

291

291

Inter BEE 2007“池上通信機ブース”

展示場所：千葉・幕張
展示期間：2007年11月
ディレクション：片山 周、小山雅由、伊林 景
デザイン：大柴直記、斉藤悠太
グラフィックデザイン：三好有美
プロダクションマネジメント：矢作貴広、高橋大輔
プロダクション：博展
クライアント：池上通信機
撮影：クドウオリジナルフォト

Inter BEE 2007 “Ikegami Tsushinki Booth”

Place : Makuhari, Chiba
Date : November, 2007
Direction : Katayama Meguru, Koyama Masayoshi, Ibayashi Kei
Design : Oshiba Naoki, Saito Yuta
Graphic Design : Miyoshi Yumi
Production Management : Yahagi Takahiro, Takahashi Daisuke
Production : Hakuten
Client : Ikegami Tsushinki
Photograph : Kudo Original Photo

292

292

Inter BEE 2007“ヤマハブース”

展示場所：千葉・幕張
展示期間：2007年11月
プロデュース：ワイピービデオ　長谷川孝道
ディレクション：フジヤ　冨川 智
アートディレクション：フジヤ　長谷川真理
デザイン：ゲノム　佐藤 明
プロダクション：フジヤ
クライアント：ヤマハ
撮影：工藤明敏

Inter BEE 2007 “Yamaha Booth”

Place : Makuhari, Chiba
Date : November, 2007
Producing : YP Video - Hasegawa Takamichi
Direction : Fujiya - Fukawa Satoru
Art Direction : Fujiya - Hasegawa Mari
Design : Genom - Sato Akira
Production : Fujiya
Client : Yamaha
Photograph : Kudo Akitoshi

293

293

Inter BEE 2007“朋栄ブース”

展示場所：千葉・幕張
展示期間：2007年11月
ディレクション：ジゴワット　合田久美
デザイン：ジゴワット　小村典子
プロダクション：ジゴワット
クライアント：朋栄
撮影：升田康一

Inter BEE 2007 “For.A Booth”

Place : Makuhari, Chiba
Date : November, 2007
Direction : Jigowatt - Goda Kumi
Design : Jigowatt - Komura Noriko
Production : Jigowatt
Client : For.A
Photograph : Masuda Koichi

294

IP コミュニケーション&モバイル2007 "富士通ブース"

展示場所:東京・有明
展示期間:2007年10月
デザイン:ジーク　徳田将直
プロダクション:ジーク
クライアント:富士通

IP Communication & Mobile 2007 "Fujitsu Booth"

Place : Ariake, Tokyo
Date : October, 2007
Design : Zycc - Tokuda Masanao
Production : Zycc
Client : Fujitsu

295

モバイル・ワールド・コングレス2008 "NTTドコモブース"

展示場所:スペイン・バルセロナ
展示期間:2008年2月
企画:電通
ディレクション:電通テック
デザイン:鷹取事務所　鷹取 努
プロダクション:ピコ インターナショナル
クライアント:NTTドコモ

Mobile World Congress 2008 "NTT DOCOMO Booth"

Place : Barcelona, Spain
Date : February, 2008
Plan : Dentsu
Direction : Dentsu Tec
Design : Takatorioffice - Takatori Tsutomu
Production : Pico International
Client : NTT Docomo

296

TECHNO-FRONTIER 2008 "村田製作所ブース"

展示場所:千葉・幕張
展示期間:2008年4月
プロデュース:エスピードットコム　池口邦彦
デザイン:TSU-TSU Design　筒井健介、フジヤ　仲屋光廣
グラフィックデザイン:WEDGE GRAPHIX　上原祐二
プロダクション:フジヤ
クライアント:村田製作所
撮影:湯浅立志

Techno-Frontier 2008 "Murata Booth"

Place : Makuhari, Chiba
Date : April, 2008
Producing : SP. Com - Ikeguchi Kunihiko
Design : Tsu-Tsu Design - Tsutsui Kensuke, Fujiya - Nakaya Mitsuhiro
Graphic Design : Wedge Graphix - Uehara Yuji
Production : Fujiya
Client : Murata Manufacturing
Photograph : Yuasa Tatsushi

297

IFA2007／GITEX2007 “3LCDブース”

展示場所：ドイツ・ベルリン／アラブ首長国連邦・ドバイ
展示期間：2007年8月～9月
総合プロデュース、ディレクション：ソニーPCL　佐々木和男、松本さつき
デザイン：脇谷健一デザイン事務所　脇谷健一
クライアント：3LCD

IFA 2007 / GITEX 2007 “3LCD Booth”

Place : Berlin, Germany / Dubai, UAE
Date : from August to September, 2007
Total Producing and Direction : Sony PCL - Sasaki Kazuo, Matsumoto Satsuki
Design : Kenichi Wakiya Design - Wakiya Kenichi
Client : 3LCD

298

IFA2007 “日立スタンド”

展示場所：ドイツ・ベルリン
展示期間：2007年9月
企画：電通
ディレクション：電通テック　柴山健太郎
デザイン：en-魔　吉永 健
プロダクション：ユニプラン
クライアント：日立製作所

IFA 2007 “Hitachi Stand”

Place : Berlin, Germany
Date : September, 2007
Plan : Dentsu
Direction : Dentsu Tec - Shibayama Kentaro
Design : En-Ma - Yoshinaga Takeshi
Production : Uniplan
Client : Hitachi

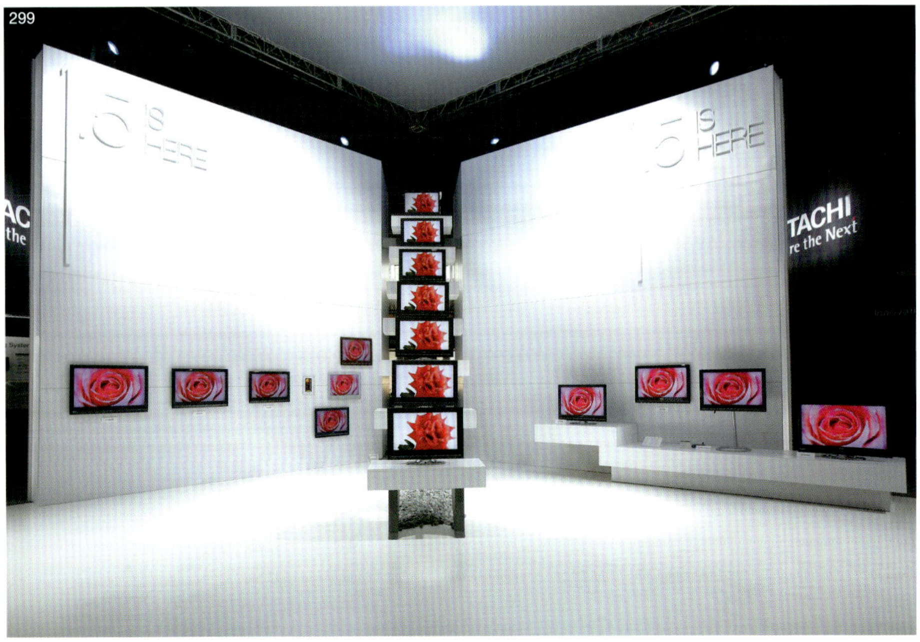

299

2008インターナショナル CES “日立ブース”

展示場所：アメリカ・ラスベガス
展示期間：2008年1月
企画：博報堂
ディレクション：博報堂　北出篤志、藤本真理子
デザイン：ポルト　村井康則
プロダクション：トレードデザイン
クライアント：日立製作所

2008 International CES “Hitachi Booth”

Place : Las Vegas, USA
Date : January, 2008
Plan : Hakuhodo
Direction : Hakuhodo - Kitade Atsushi, Fujimoto Mariko
Design : Porto - Murai Yasunori
Production : Trade Design
Client : Hitachi

300
第72回日本循環器学会総会・学術集会 “アストラゼネカ／塩野義製薬ブース”

展示場所：福岡
展示期間：2008年3月
ディレクション：フジヤ　大塚 真
デザイン：フジヤ　木村優里
プロダクション：フジヤ
クライアント：アストラゼネカ、塩野義製薬

The 72nd Annual Scientific Meeting of the Japanese Circulation Society “AstraZeneca / Shionogi Booth”

Place : Fukuoka
Date : March, 2008
Direction : Fujiya - Otsuka Shin
Design : Fujiya - Kimura Yuri
Production : Fujiya
Client : AstraZeneca, Shionogi

301
ITEM in JRC 2008 国際医用画像総合展 “ザイオソフトブース”

展示場所：横浜
展示期間：2008年4月
企画：笠井隆義
ディレクション：井上泰行
デザイン：富田 弦、井上佳優子
プロダクションマネジメント：矢作貴広、松本和徳
グラフィックデザイン：三好有美
プロダクション：博展
クライアント：ザイオソフト
撮影：クドウオリジナルフォト

The International Technical Exhibition of Medical Imaging 2008 “Ziosoft Booth”

Place : Yokohama
Date : April, 2008
Plan : Kasai Takayoshi
Direction : Inoue Yasuyuki
Design : Tomita Gen, Inoue Kayuko
Production Management : Yahagi Takahiro, Matsumoto Kazunori
Graphic Design : Miyoshi Yumi
Production : Hakuten
Client : Ziosoft
Photograph : Kudo Original Photo

302
ITEM in JRC 2008 国際医用画像総合展 “根本杏林堂ブース”

展示場所：横浜
展示期間：2008年4月
企画：富田 弦
ディレクション：片山 周
デザイン：森 崇、東野唯史
プロダクションマネジメント：網野 隆
グラフィックデザイン：三好有美、斎藤梨佐
プロダクション：博展
クライアント：根本杏林堂
撮影：クドウオリジナルフォト

The International Technical Exhibition of Medical Imaging 2008 “Nemoto Booth”

Place : Yokohama
Date : April, 2008
Plan : Tomita Gen
Direction : Katayama Meguru
Design : Mori Takashi, Azuno Tadafumi
Production Management : Amino Takashi
Graphic Design : Miyoshi Yumi, Saito Risa
Production : Hakuten
Client : Nemoto
Photograph : Kudo Original Photo

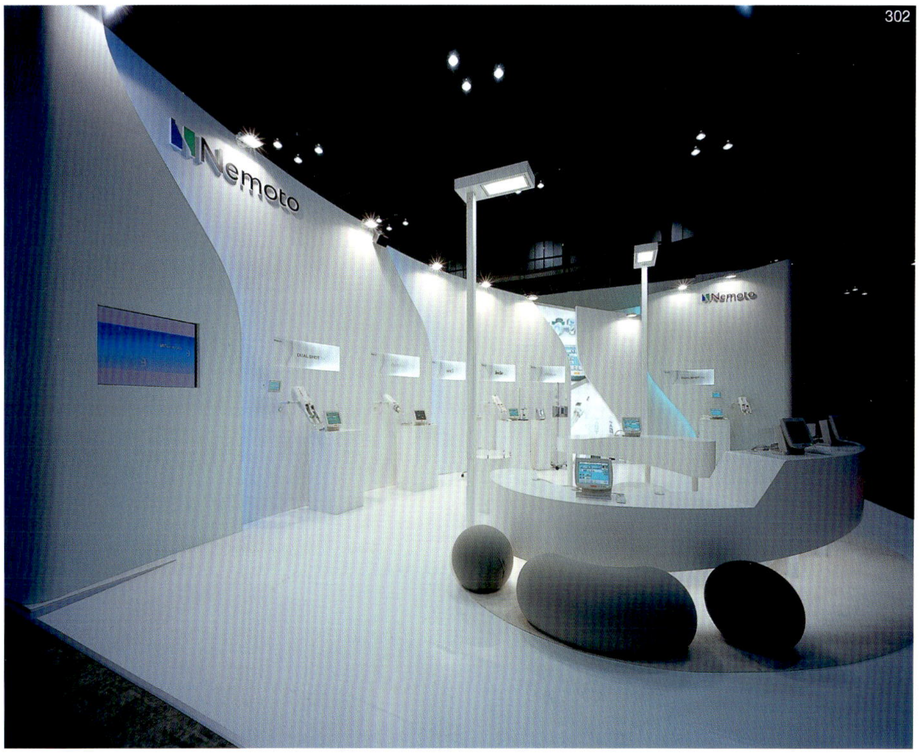

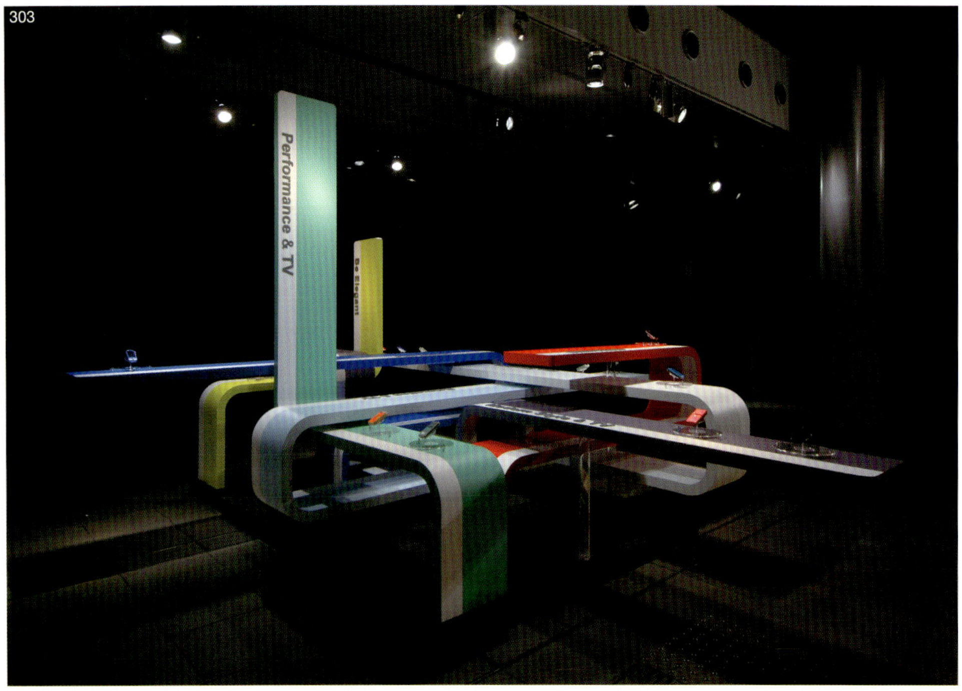

303

New Collection 2007 Summer

所在地：東京・神宮前
完成年月：2007年5月
企画：電通
設計：電通　神原秀夫
ディレクション：電通　宮川 武
詳細設計：ジーク　山中隆寛
設計監理：電通テック　横井拓久
施工：ジーク
クライアント：KDDI
撮影：工藤明敏

New Collection 2007 Summer

Place : Jingumae, Tokyo
Date of Completion : May, 2007
Plan : Dentsu
Design : Dentsu - Kambara Hideo
Direction : Dentsu - Miyakawa Takeshi
Detail Design : Zycc - Yamanaka Takahiro
Design and Supervision : Dentsu Tec - Yokoi Takuhisa
Construction : Zycc
Client : KDDI
Photograph : Kudo Akitoshi

304

NTTグループコレクション2007

展示場所：大阪、福岡、名古屋
展示期間：2007年10月～11月
プロデュース：電通
ディレクション：電通テック　戸田 誠
アートディレクション：小林嘉寿也
デザイン：ジーク　田中保成、つむら工芸
エイジェンシー：NTTアド、電通
プロダクション：電通テック、ジーク、つむら工芸
クライアント：NTT西日本

NTT Group Collection 2007

Place : Osaka, Fukuoka, Nagoya
Date : from October to November, 2007
Producing : Dentsu
Direction : Dentsu Tec - Toda Makoto
Art Direction : Kobayashi Kazuya
Design : Zycc - Tanaka Yasunari, Tsumura Kogei
Agency : NTT-AD, Dentsu
Production : Dentsu Tec, Zycc, Tsumura Kogei
Client : NTT West

305

第8回ファイバーオプティクスEXPO 2008 “NECブース”

展示場所：東京・有明
展示期間：2008年1月
ディレクション：エスデージー　吉田明宏
デザイン：エスデージー　福澄通浩
プロダクション：山英
クライアント：日本電気

The 8th Fiber Optics Expo 2008 “NEC Booth”

Place : Ariake, Tokyo
Date : January, 2008
Direction : SDG - Yoshida Akihiro
Design : SDG - Fukuzumi Michihiro
Production : Sanei
Client : NEC

306

フォト イメージング エキスポ2008 "エプソンブース"

展示場所：東京・有明
展示期間：2008年3月
企画：読売広告社
ディレクション、デザイン：アルボス 斉藤基樹
プロダクション：中央宣伝企画
クライアント：エプソン販売
撮影：馬場祥光

Photo Imaging Expo 2008 "Epson Booth"

Place : Ariake, Tokyo
Date : March, 2008
Plan : Yomiko Advertising
Direction and Design : Arbos - Saito Motoki
Production : Chuo Senden Kikaku
Client : Epson Sales Japan
Photograph : Baba Yoshiteru

307

フォト イメージング エキスポ2008 "オリンパスブース"

展示場所：東京・有明
展示期間：2008年3月
ディレクション：I&S BBDO、エムコミシステムズ
デザイン：スピック、高橋 繁、川瀬亜由美
プロダクション：昭栄美術
クライアント：オリンパスイメージング
撮影：工藤明敏

Photo Imaging Expo 2008 "Olympus Booth"

Place : Ariake, Tokyo
Date : March, 2008
Direction : I&S BBDO, MCS
Design : Spic, Takahashi Shigeru, Kawase Ayumi
Production : Shoei-Bijutsu
Client : Olympus Imaging
Photograph : Kudo Akitoshi

308

ベトナム・テレコンプ2007 "NTTドコモブース"

展示場所：ベトナム・ハノイ
展示期間：2007年9月
企画：電通、アイディ 加藤哲也
ディレクション：電通テック
デザイン：鷹取事務所 鷹取 努
プロダクション：ピコ インターナショナル
クライアント：NTTドコモ

Vietnam Telecomp 2007 "NTT DOCOMO Booth"

Place : Hanoi, Vietnam
Date : September, 2007
Plan : Dentsu, ID - Kato Tetsuya
Direction : Dentsu Tec
Design : Takatorioffice - Takatori Tsutomu
Production : Pico International
Client : NTT Docomo

309

SEMICON Japan 2007 “Formfactorブース”

展示場所：千葉・幕張
展示期間：2007年12月
ディレクション：フジヤ　小倉 淳
デザイン：フジヤ　山下あずさ
プロダクション：フジヤ
クライアント：Formfactor
撮影：工藤明敏

SEMICON Japan 2007 “Formfactor Booth”

Place : Makuhari, Chiba
Date : December, 2007
Direction : Fujiya - Ogura Atsushi
Design : Fujiya - Yamashita Azusa
Production : Fujiya
Client : Formfactor
Photograph : Kudo Akitoshi

310

SEMICON Japan 2007 “リンテックブース”

展示場所：千葉・幕張
展示期間：2007年12月
ディレクション：リンテック　横山京祐
デザイン：TSU-TSU Design　筒井健介
プロダクション：フォルムズ
クライアント：リンテック
撮影：オカダスタジオ　岡田 豊

Semicon Japan 2007 “Lintec Booth”

Place : Makuhari, Chiba
Date : December, 2007
Direction : Lintec - Yokoyama Kyosuke
Design : Tsu-Tsu Design - Tsutsui Kensuke
Production : Forms
Client : Lintec
Photograph : Okada Studio - Okada Yutaka

311

SEMICON Japan 2007 “インターテックブース”

展示場所：千葉・幕張
展示期間：2007年12月
企画：中外　山口和廣
ディレクション：第一広房　中村眞吾
デザイン：オフィス フォー・ユー　木村幸太郎
プロダクション：中外
クライアント：インターテック
撮影：渡邉 格

Semicon Japan 2007 “Intertec Booth”

Place : Makuhari, Chiba
Date : December, 2007
Plan : Chugai - Yamaguchi Kazuhiro
Direction : Daiichikobo - Nakamura Shingo
Design : Office for You - Kimura Kotaro
Production : Chugai
Client : Intertec
Photograph : Watanabe Itaru

312

第10回組込みシステム開発技術展 “フリースケールブース”

展示場所：東京・有明
展示期間：2007年5月
ディレクション：井上泰行、村松加奈江
デザイン：石嶋春子、中北友佳里
プロダクションマネジメント：矢作貴広、神戸 聡
プロダクション：博展
クライアント：フリースケール・セミコンダクタ・ジャパン
撮影：クドウオリジナルフォト

10th Embedded Systems Expo “Freescale Booth”

Place : Ariake, Tokyo
Date : May, 2007
Direction : Inoue Yasuyuki, Muramatsu Kanae
Design : Ishijima Haruko, Nakakita Yukari
Production Management : Yahagi Takahiro, Kanbe Satoshi
Production : Hakuten
Client : Freescale Semiconductor Japan
Photograph : Kudo Original Photo

313

危機管理産業展2007 “尾西食品ブース”

展示場所：東京・有明
展示期間：2007年10月
デザイン：ノムラデュオ　飯田信行
プロダクションマネジメント：ノムラデュオ　遠藤政巳
プロダクション：ノムラデュオ
クライアント：尾西食品
撮影：鈴木賢一

Security & Safety Trade Expo 2007 “Onishi Foods Booth”

Place : Ariake, Tokyo
Date : October, 2007
Design : Nomura Duo - Iida Nobuyuki
Production Management : Nomura Duo - Endo Masami
Production : Nomura Duo
Client : Onishi Foods
Photograph : Suzuki Kenichi

314

危機管理産業展2007 “アーバンコントロールズブース”

展示場所：東京・有明
展示期間：2007年10月
デザイン：吉里謙一、四方謙一
プロダクション：eclipse
クライアント：アーバンコントロールズ
撮影：田中はるひ

Security & Safety Trade Expo 2007 “Urban Controls Booth”

Place : Ariake, Tokyo
Date : October, 2007
Design : Yoshizato Kenichi, Shikata Kenichi
Production : Eclipse
Client : Urban Controls
Photograph : Tanaka Haruhi

315

建築・建材展2008"日本月桃ブース"

展示場所：東京・有明
展示期間：2008年3月
デザイン：小泉 誠
プロダクション：フジヤ
クライアント：日本月桃
撮影：村角創一

ARCHITECTURE + CONSTRUCTION MATERIALS 2008 "Nihon Gettou Booth"

place: Ariake, Tokyo
date: March,2008
Design: Koizumi Makoto
Production: Fujiya
Client: Nihon Gettou
Photograph: Murazumi Soichi

316

第26回 JAPANTEX 2007 インテリアトレンドショー"シンコールブース"

展示場所：東京・有明
展示期間：2007年11月
企画、ディレクション：シンコールインテリア
デザイン：シンコールインテリア、
アーツアンドクラフツギャラリー 萬本哲也
プロダクション：サクラインターナショナル
クライアント：シンコールインテリア
撮影：青島良之

The 26th JAPANTEX 2007 Interior Trend Show "Sincol Booth"

Place : Ariake, Tokyo
Date : November, 2007
Plan and Direction : Sincol
Design : Sincol, Arts & Crafts Gallery - Manmoto Tetsuya
Production : Sakura International
Client : Sincol
Photograph : Aoshima Yoshiyuki

317

第26回 JAPANTEX 2007 インテリアトレンドショー"トーソーブース"

展示場所：東京・有明
展示期間：2007年11月
企画：オフィス フォー・ユー 市川茂雄
ディレクション：第一広房 石野 明、伊藤 勇
アートディレクション：オフィス フォー・ユー 市川茂雄
デザイン：オフィス フォー・ユー 市川茂雄、伊藤純子
プロデュース：第一広房 吉野泰規
プロダクション：第一広房
クライアント：トーソー
撮影：渡邉 格

The 26th JAPANTEX 2007 Interior Trend Show "Toso Booth"

Place : Ariake, Tokyo
Date : November, 2007
Plan : Office for You - Ichikawa Shigeo
Direction : Daiichikobo - Ishino Akira, Ito Isamu
Art Direction : Office for You - Ichikawa Shigeo
Design : Office for You - Ichikawa Shigeo, Ito Junko
Producing : Daiichikobo - Yoshino Taiki
Production : Daiichikobo
Client : Toso
Photograph : Watanabe Itaru

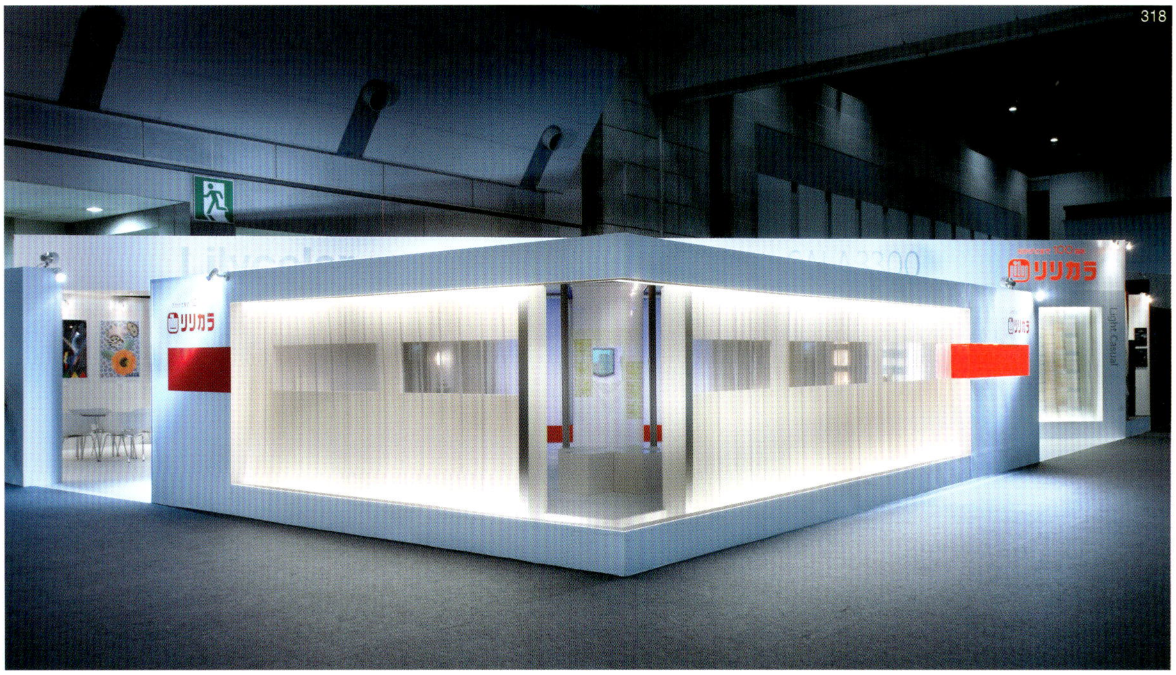

318

第26回 JAPANTEX 2007 インテリアトレンドショー “リリカラブース”

展示場所：東京・有明
展示期間：2007年11月
企画：リリカラ
ディレクション：ムラヤマ　内藤宏昭、植村幸治、安田憲史
デザイン：オフィスフォー・ユー
プロダクション：ムラヤマ
クライアント：リリカラ
撮影：ジェイライツ　板村光一郎

The 26th JAPANTEX 2007 Interior Trend Show “Lilycolor Booth”

Place : Ariake, Tokyo
Date : November, 2007
Plan : Lilycolor
Direction : Murayama - Naito Hiroaki, Uemura Yukiharu, Yasuda Norifumi
Design : Office for You
Production : Murayama
Client : Lilycolor
Photograph : J-Lights - Itamura Koichiro

319

第26回 JAPANTEX 2007 インテリアトレンドショー “ニチベイブース”

展示場所：東京・有明
展示期間：2007年11月
企画：ニチベイ
ディレクション：ムラヤマ　内藤宏昭
アートディレクション：ムラヤマ　安部 敦
デザイン：ムラヤマ　赤澤真美
プロダクション：ムラヤマ
クライアント：ニチベイ
撮影：ジェイライツ　板村光一郎

The 26th JAPANTEX 2007 Interior Trend Show “Nichibei Booth”

Place : Ariake, Tokyo
Date : November, 2007
Plan : Nichibei
Direction : Murayama - Naito Hiroaki
Art Direction : Murayama - Abe Atsushi
Design : Murayama - Akazawa Mami
Production : Murayama
Client : Nichibei
Photograph : J-Lights - Itamura Koichiro

320

第26回 JAPANTEX 2007 インテリアトレンドショー"スミノエブース"

展示場所：東京・有明
展示期間：2007年11月
プロデュース：住江織物　釣部清紀、兵頭陽子
ディレクション：フジヤ　大橋武夫
デザイン：フジヤ　長谷川真理
プロダクション：フジヤ
クライアント：住江織物
撮影：工藤明敏

The 26th JAPANTEX 2007 Interior Trend Show "Suminoe Booth"

Place : Ariake, Tokyo
Date : November, 2007
Producing : Suminoe Textile - Tsurube Kiyotoshi, Hyodo Yoko
Direction : Fujiya - Ohashi Takeo
Design : Fujiya - Hasegawa Mari
Production : Fujiya
Client : Suminoe Textile
Photograph : Kudo Akitoshi

321

第26回 JAPANTEX 2007 インテリアトレンドショー"東リブース"

展示場所：東京・有明
展示期間：2007年11月
ディレクション：白石哲洋
デザイン：川上義孝、塚本佳世
プロデュース：寺西啓一
プロダクション：コンプレックス ラボ
クライアント：東リ

The 26th JAPANTEX 2007 Interior Trend Show "Toli Booth"

Place : Ariake, Tokyo
Date : November, 2007
Direction : Shiraishi Tetsuhiro
Design : Kawakami Yoshitaka, Tsukamoto Kayo
Producing : Teranishi Keiichi
Production : Complex Lab
Client : Toli

322

旭化成ライニング展示会 "LINING IN STYLE"

展示場所：東京・南青山
展示期間：2008年4月
企画：旭化成せんい
ディレクション：岩田万喜子、雲野一鮮
デザイン：雲野一鮮
ステージ演出：石井健太
プロダクション：クモノデザイン
クライアント：旭化成せんい

Asahi Kasei Lining Exhibition "LINING IN STYLE"

Place : Minami-Aoyama, Tokyo
Date : April, 2008
Plan : Asahi Kasei Fibers
Direction : Iwata Makiko, Kumono Kazuki
Design : Kumono Kazuki
Stage Display : Ishii Kenta
Production : Kumono Design
Client : Asahi Kasei Fibers

323

エコプロダクツ2007"ジャパンエナジーブース"

展示場所:東京·有明
展示期間:2007年12月
企画:博展　佐々木亮介
ディレクション:博展　井上泰行、北川玲奈
デザイン:博展　南 正一郎、大和希実子
グラフィックデザイン:博展　福坂 済
プロダクションマネジメント:博展　澤田雅之、田草川 貴
プロダクション:博展
クライアント:ジャパンエナジー
撮影:クドウオリジナルフォト

Eco-products 2007 "Japan Energy Booth"

Place : Ariake, Tokyo
Date : December, 2007
Plan : Hakuten - Sasaki Ryosuke
Direction : Hakuten - Inoue Yasuyuki, Kitagawa Rena
Design : Hakuten - Minami Shoichiro, Yamato Kimiko
Graphic Design : Hakuten - Fukusaka Wataru
Production Management : Hakuten - Sawada Masayuki, Takusagawa Takashi
Production : Hakuten
Client : Japan Energy
Photograph : Kudo Original Photo

324

2007NEW環境展"東京ボード工業ブース"

展示場所:東京·有明
展示期間:2007年5月
アートディレクション:佐藤宏平
デザイン:佐藤史能、中井利明
マネジメント:押田真一、高野洋信、阿部幸恵
プロダクション:ムラヤマ
クライアント:東京ボード工業
撮影:ジェイライツ　板村光一郎

N-Expo2007 "Tokyo Board Industries Booth"

Place : Ariake, Tokyo
Date : May, 2007
Art Direction : Sato Kohei
Design : Sato Fumiyoshi, Nakai Toshiaki
Management : Oshida Shinichi, Takano Hironobu, Abe Yukie
Production : Murayama
Client : Tokyo Board Industries
Photograph : J-Lights - Itamura Koichiro

325

FABEX 2008 ビジュアル・コミュニケーション

展示場所：東京・有明
展示期間：2008年4月
企画：DHM　岩瀬喜貞
ディレクション：mi+kan　柚木ミサト
デザイン：mi+kan　柚木ミサト、style　多田雅美、
Studio Louk　樋渡直子
プロダクション：タックル
クライアント：小淺商事

FABEX 2008 Visual Communication

Place : Ariake, Tokyo
Date : April, 2008
Plan : DHM - Iwase Yoshisada
Direction : mi+kan - Yugi Misato
Design : mi+kan - Yugi Misato, Style - Tada Masami,
Studio Louk - Hiwatashi Naoko
Production : Tackle
Client : Koasa Shoji

326

FOODEX JAPAN 2008 "台湾パビリオンブース"

展示場所：千葉・幕張
展示期間：2008年3月
企画：サクラインターナショナル
ディレクション：サクラインターナショナル　江 苓華
デザイン：サクラインターナショナル　横倉淳子、松本睦美
プロダクション：サクラインターナショナル
クライアント：中華民國對外貿易發展協會
撮影：青島良之

Foodex Japan 2008 "Taiwan Pavilion Booth"

Place : Makuhari, Chiba
Date : March, 2008
Plan : Sakura International
Direction : Sakura International - Jiang, Ling Hua
Design : Sakura International - Yokokura Junko, Matsumoto Mutsumi
Production : Sakura International
Client : Taiwan External Trade Development Council
Photograph : Aoshima Yoshiyuki

327

レジャーホテルフェア2007 "東京マツシマブース"

展示場所：東京・有明
展示期間：2007年6月
プロデュース：東京マツシマ　大槻 務
ディレクション：フジヤ　鈴木一成
デザイン：フジヤ　長谷川真理
プロダクション：フジヤ
クライアント：東京マツシマ
撮影：工藤明敏

Leisure Hotel Fair 2007 "Tokyo Matsushima Booth"

Place : Ariake, Tokyo
Date : June, 2007
Producing : Tokyo Matsushima - Otsuki Tsutomu
Direction : Fujiya - Suzuki Kazushige
Design : Fujiya - Hasegawa Mari
Production : Fujiya
Client : Tokyo Matsushima
Photograph : Kudo Akitoshi

328
第42回2008スーパーマーケット・トレードショー“寺岡精工ブース”

展示場所：東京・有明
展示期間：2008年2月
ディレクション、デザイン：丹青社　野村一樹
プロダクション：丹青社
クライアント：寺岡精工
撮影：クドウオリジナルフォト

The 42nd Super Market Trade Show 2008 “Teraoka Seiko Booth”

Place : Ariake, Tokyo
Date : February, 2008
Direction and Design : Tanseisha - Nomura Kazuki
Production : Tanseisha
Client : Teraoka Seiko
Photograph : Kudo Original Photo

329
第42回2008スーパーマーケット・トレードショー“大光電機ブース”

展示場所：東京・有明
展示期間：2008年2月
プロデュース：大光電機　森川 一
ディレクション：フジヤ　佐藤伸一
デザイン：フジヤ　長谷川真理
照明：大光電機　森川 一
グラフィックデザイン：フジヤ　長谷川真理、ケイアタック　宮坂克己
プロダクション：フジヤ
クライアント：大光電機
撮影：工藤明敏

The 42nd Super Market Trade Show 2008 “Daiko Booth”

Place : Ariake, Tokyo
Date : February, 2008
Producing : Daiko Electric - Morikawa Hajime
Direction : Fujiya - Sato Shinichi
Design : Fujiya - Hasegawa Mari
Lighting : Daiko Electric - Morikawa Hajime
Graphic Design : Fujiya - Hasegawa Mari, K Attack - Miyasaka Katsumi
Production : Fujiya
Client : Daiko Electric
Photograph : Kudo Akitoshi

330
第32回日本ショッピングセンター全国大会ビジネスフェア“三菱地所ブース”

展示場所：横浜
展示期間：2008年1月
ディレクション：三菱地所　中村 瞳
アートディレクション：ノムラデュオ　飯田信行
デザイン：ノムラデュオ　加藤孝太朗
プロダクションマネジメント：ノムラデュオ　菊池大輔
プロダクション：ノムラデュオ
クライアント：三菱地所
撮影：鈴木賢一

The 32nd JCSC National Convention Business Fair “Mitsubishi Estate Booth”

Place : Yokohama
Date : January, 2008
Direction : Mitsubishi Estate - Nakamura Hitomi
Art Direction : Nomura Duo - Iida Nobuyuki
Design : Nomura Duo - Kato Kotaro
Production Management : Nomura Duo - Kikuchi Daisuke
Production : Nomura Duo
Client : Mitsubishi Estate
Photograph : Suzuki Kenichi

331

332

331

JAPAN SHOP 2008“サンゲツブース”

展示場所：東京・有明
展示期間：2008年3月
企画：サンゲツ
ディレクション：船場　新保純一
デザイン：船場　新保純一、成富法仁
プロダクション：船場
クライアント：サンゲツ
撮影：パルベック　福島幸二

Japan Shop 2008 “Sangetsu Booth”

Place : Ariake, Tokyo
Date : March, 2008
Plan : Sangetsu
Direction : Semba - Shimbo Junichi
Design : Semba - Shimbo Junichi, Narutomi Norihito
Production : Semba
Client : Sangetsu
Photograph : Palvec - Fukushima Koji

332

JAPAN SHOP 2008“浮遊する森”

展示場所：東京・有明
展示期間：2008年3月
企画：荒川技研工業
デザイン：橋本夕紀夫デザインスタジオ
プロダクション：タイワ
クライアント：荒川技研工業
撮影：ナカサ&パートナーズ

Japan Shop 2008 “The floating forest”

Place : Ariake, Tokyo
Date : March, 2008
Plan : Arakawa Grip
Design : Hashimoto Yukio Design Studio
Production : Taiwa
Client : Arakawa Grip
Photograph : Nacása & Partners

333

JAPAN SHOP 2008 “マツバラ金網ブース”

展示場所：東京・有明
展示期間：2008年3月
企画：サンケイビルテクノ　松浦孝二、樋口貴行
ディレクション：サンケイビルテクノ　松浦孝二
デザイン：サンケイビルテクノ　樋口貴行
プロダクション：サンケイビルテクノ
クライアント：マツバラ金網

Japan Shop 2008 “Matsubara Booth”

Place : Ariake, Tokyo
Date : March, 2008
Plan : Sankei Bldg. Techno - Matsuura Koji, Higuchi Takayuki
Direction : Sankei Bldg. Techno - Matsuura Koji
Design : Sankei Bldg. Techno - Higuchi Takayuki
Production : Sankei Bldg. Techno
Client : Matsubara Wire-mesh

334

JAPAN SHOP 2008 “ニップブース”

展示場所：東京・有明
展示期間：2008年3月
企画：アートフリーク
プロデュース：アートフリーク　長束敦夫
ディレクション、デザイン：アートフリーク　河野晋也
プロダクション：アートフリーク
クライアント：ニップコーポレーション

Japan Shop 2008 “Nip Booth”

Place : Ariake, Tokyo
Date : March, 2008
Plan : Artfreak
Producing : Artfreak - Nagatsuka Atsuo
Direction and Design : Artfreak - Kono Shinya
Production : Artfreak
Client : Nip Corporation

335

JAPAN SHOP 2008 “川島企画販売ブース”

展示場所：東京・有明
展示期間：2008年3月
ディレクション：西尾一葉
デザイン：中北友佳里
プロダクションマネジメント：郡司 太、松本和徳
プロダクション：博展
クライアント：川島企画販売
撮影：クドウオリジナルフォト

Japan Shop 2008 “KAMISM Booth”

Place : Ariake, Tokyo
Date : March, 2008
Direction : Nishio Kazuyo
Design : Nakakita Yukari
Production Management : Gunji Futoshi, Matsumoto Kazunori
Production : Hakuten
Client : Kawashima Planning
Photograph : Kudo Original Photo

336

Beautyworld Japan 2007 “リツビブース”

展示場所：東京・有明
展示期間：2007年5月
ディレクション：フジヤ　大森千枝
デザイン：フジヤ　菅原由貴子
プロダクション：フジヤ
クライアント：リツビ
撮影：工藤明敏

Beauty World Japan 2007 “Ritsubi Booth”

Place : Ariake, Tokyo
Date : May, 2007
Direction : Fujiya - Omori Chie
Design : Fujiya - Sugawara Yukiko
Production : Fujiya
Client : Ritsubi
Photograph : Kudo Akitoshi

337

インターナショナルネイルエキスポ2007 “滝川ブース”

展示場所：東京・有明
展示期間：2007年11月
企画：サクラインターナショナル
ディレクション：サクラインターナショナル　樋口良子
デザイン：サクラインターナショナル　安部佐知乃
プロダクション：サクラインターナショナル
クライアント：滝川
撮影：青島良之

International Nail Expo 2007 “Takigawa Booth”

Place : Ariake, Tokyo
Date : November, 2007
Plan : Sakura International
Direction : Sakura International - Higuchi Ryoko
Design : Sakura International - Abe Sachino
Production : Sakura International
Client : Takigawa
Photograph : Aoshima Yoshiyuki

338

BEYOND BEAUTY PARIS 2007 “日本色材工業研究所ブース”

展示場所：フランス・パリ
展示期間：2007年10月
ディレクション：フジヤ　田中弘美
デザイン：フジヤ　希代光江
プロダクション：フジヤ
クライアント：日本色材工業研究所

Beyond Beauty Paris 2007 “Nippon Shikizai Booth”

Place : Paris, France
Date : October, 2007
Direction : Fujiya - Tanaka Hiromi
Design : Fujiya - Kitai Mitsue
Production : Fujiya
Client : Nippon Shikizai

339

340

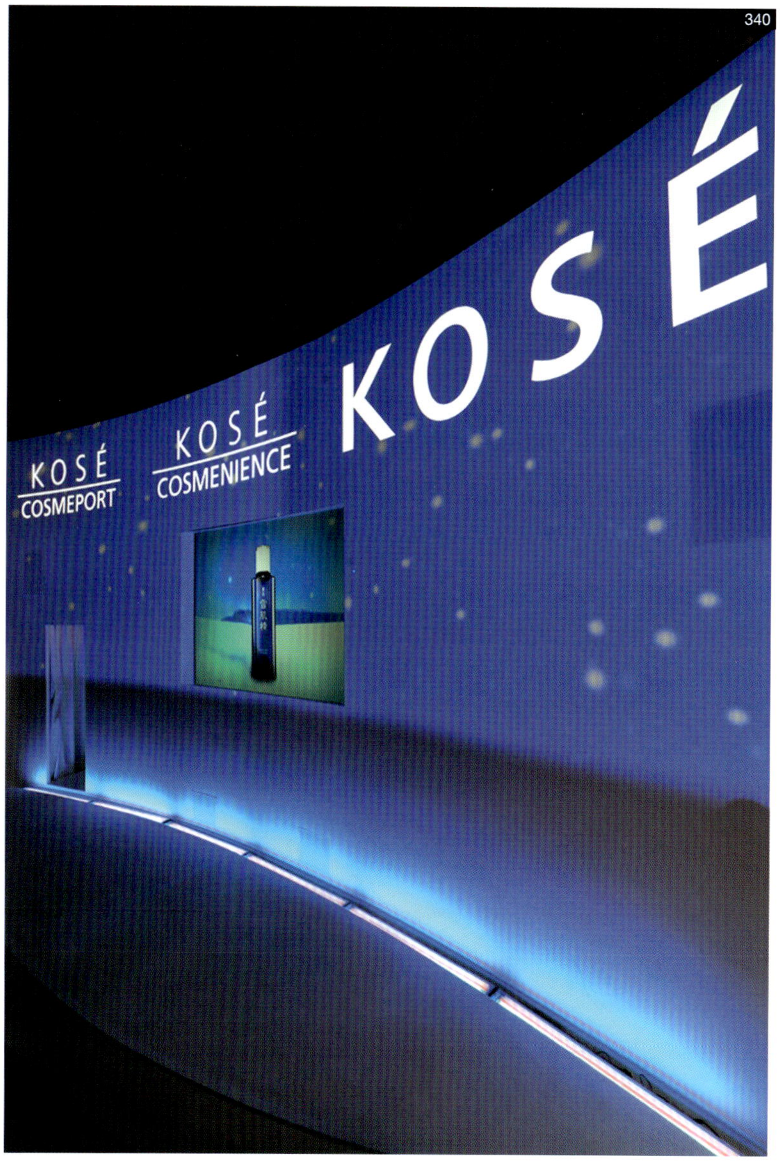

339

第8回JAPAN ドラッグストアショー2008 “エスエス製薬ブース”

展示場所：千葉・幕張
展示期間：2008年2月〜3月
企画：ノムラデュオ　飯田信行、ポマト・プロ　山田 剛、浅野邦昭
デザイン：ノムラデュオ　飯田信行
プロダクションマネジメント：ノムラデュオ　遠藤政巳
プロダクション：ノムラデュオ
クライアント：エスエス製薬
撮影：鈴木賢一

Japan Drugstore Show 2008 “SS Pharmaceutical Booth”

Place : Makuhari, Chiba
Date : from February to March, 2008
Plan : Nomura Duo - Iida Nobuyuki, Pomato Pro. - Yamada Tsuyoshi, Asano Kuniaki
Design : Nomura Duo - Iida Nobuyuki
Production Management : Nomura Duo - Endo Masami
Production : Nomura Duo
Client : SS Pharmaceutical
Photograph : Suzuki Kenichi

340

第8回JAPAN ドラッグストアショー2008 “コーセーブース”

展示場所：千葉・幕張
展示期間：2008年2月〜3月
企画：エムコミ・システムズ
ディレクション：コーセー　河端有紀
デザイン：丹青社　黒崎はる香
映像デザイン、制作：ぱんだgraph　北川 匠
プロダクション：丹青社、東京舞台照明
クライアント：コーセー
撮影：クドウオリジナルフォト

Japan Drugstore Show 2008 “Kosé Booth”

Place : Makuhari, Chiba
Date : from February to March, 2008
Plan : MCS
Direction : Kosé - Kawabata Yuki
Design : Tanseisha - Kurosaki Haruka
Image Design and Producing : Pandagraph - Kitagawa Takumi
Production : Tanseisha, Tokyo Butai Shoumei
Client : Kosé
Photograph : Kudo Original Photo

341

CITE JAPAN 2007 第3回化粧品産業技術展 “浅井硝子ブース”

展示場所：横浜
展示期間：2007年5月
企画：サクラインターナショナル
ディレクション：サクラインターナショナル　出口明宏
デザイン：サクラインターナショナル　西岡健太郎
プロダクション：サクラインターナショナル
クライアント：浅井硝子
撮影：青島良之

Cosmetic Ingredients & Technology Exhibition Japan 2007 “Asai Glass Booth”

Place : Yokohama
Date : May, 2007
Plan : Sakura International
Direction : Sakura International - Deguchi Akihiro
Design : Sakura International - Nishioka Kentaro
Production : Sakura International
Client : Asai Glass
Photograph : Aoshima Yoshiyuki

342

CLINIQUE FY08 Kick Off Meeting

展示場所：東京・台場
展示期間：2007年7月
企画：クリニーク　ラボラトリーズ
ディレクション：昭栄美術　榎本光孝
デザイン：スピック　高橋 繁、川瀬亜由美
コーディネイション：エムコミ　菅家秀明
プロダクション：昭栄美術
クライアント：クリニーク　ラボラトリーズ

CLINIQUE FY08 Kick Off Meeting

Place : Daiba, Tokyo
Date : July, 2007
Plan : Clinique Laboratories
Direction : Shoei-Bijutsu - Enomoto Mitsutaka
Design : Spic - Takahashi Shigeru, Kawase Ayumi
Coordination : MCS - Sugaya Hideaki
Production : Shoei-Bijutsu
Client : Clinique Laboratories

343

第25回全国都市緑化ぐんまフェア“絹と染のアート”

展示場所：群馬・高崎
展示期間：2008年3月～6月
企画：NHKアート　添田俊司、鴻農美帆
ディレクション：水田善久、佐藤雅敏
デザイン：平松 実、八代利江子、田鎖隆之、吉田 聡
染色：山崎和樹
プロダクション：NHKアート
クライアント：第25回全国都市緑化ぐんまフェア実行委員会

National Urban Greenery Fairs in Gumma 2008 “Art of Silk and Dyeing”

Place : Takasaki, Gumma
Date : from March to June, 2008
Plan : NHK-Art - Soeda Shunji, Kono Miho
Direction : Mizuta Yoshihisa, Sato Masatoshi
Design : Hiramatsu Minoru, Yashiro Rieko, Tagusari Takayuki, Yoshida Satoshi
Dyeing : Yamazaki Kazuki
Production : NHK-Art
Client : Gumma Prefecture Office for National Urban Greenery Fairs in Gumma 2008

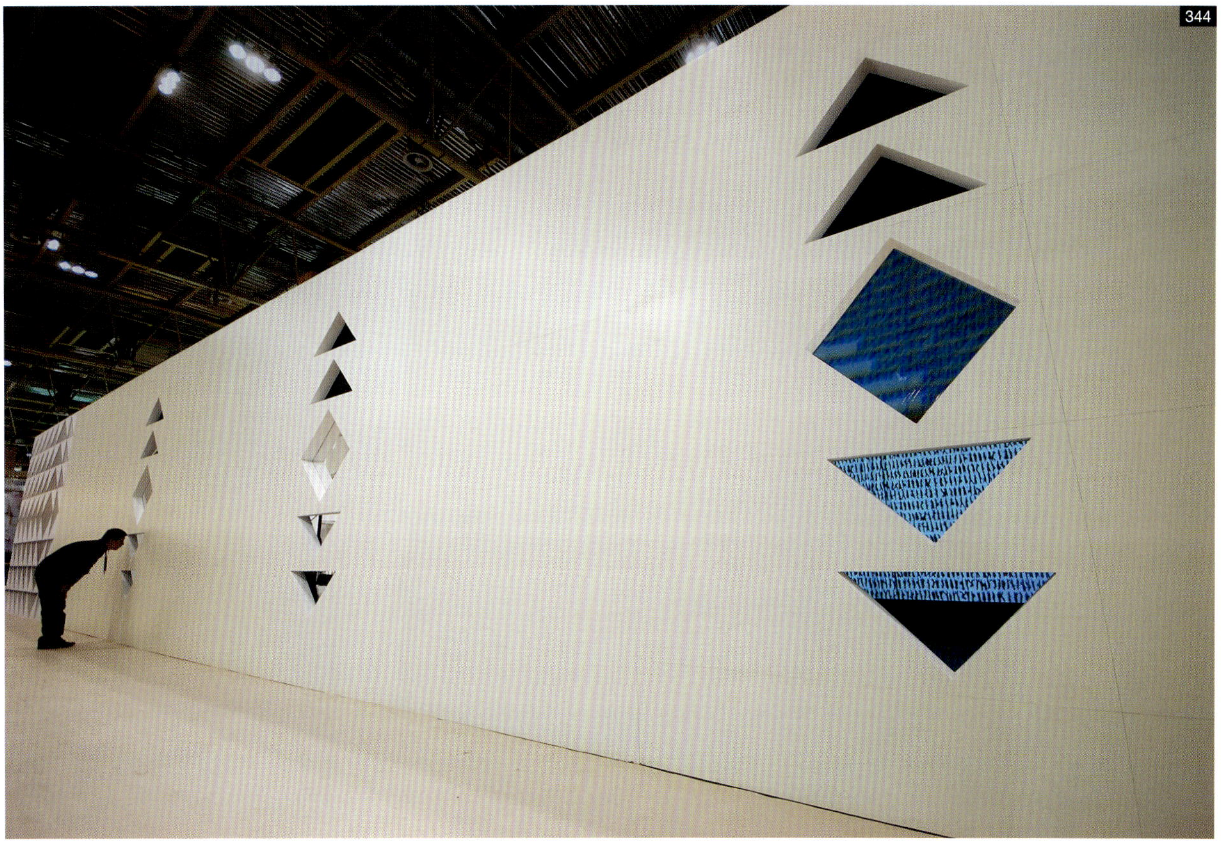

344
ジャパンファッション・フェア・イン北京"日本パビリオン"

展示場所：中国・北京
展示期間：2008年3月
総合プロデュース：日本貿易振興機構
プロデュース：生駒尚美
アートディレクション：丹青社　加島好修
映像ディレクション：高橋啓祐
デザイン：丹青社　小倉 誠、永山理佳
プロダクション：丹青社
クライアント：日本アパレル産業協会
撮影：クドウオリジナルフォト

Japan Fashion Fair in Beijing "Japan Pavilion"

Place : Beijin, China
Date : March, 2008
Total Producing : JETRO
Producing : Ikoma Naomi
Art Direction : Tanseisha - Kashima Yoshinobu
Image Direction : Takahashi Keisuke
Design : Tanseisha - Ogura Makoto, Nagayama Rika
Production : Tanseisha
Client : JAIC
Photograph : Kudo Original Photo

345
ヴィダルサスーン　スペシャル　エキシビション

展示場所：東京・六本木
展示期間：2008年1月
企画：ビーコン　コミュニケーションズ
ディレクション：エンターテイメントボウル　加藤 剛
デザイン：スピック、高橋 繁、川瀬亜由美
プロダクション：デコール
クライアント：プロクター・アンド・ギャンブル・ジャパン

Vidal Sassoon Special Exhibition

Place : Roppongi, Tokyo
Date : January, 2008
Plan : Beacon Communications
Direction : Entertainment Bowl - Kato Tsuyoshi
Design : Spic, Takahashi Shigeru, Kawase Ayumi
Production : Decor
Client : Procter & Gamble Japan

346

スタイルハウジングEXPO 2008 “寺島茂建築設計事務所ブース”

展示場所：東京・有明
展示期間：2008年4月
企画：プラクシス　阿部一美
ディレクション：George P. Johnson　蓮沼 肇、陳 宇鳴
デザイン：George P. Johnson　竹下隆造
プロダクション：泉宣宏社
クライアント：テラジマアーキテクツ
撮影：工藤明敏

Style Housing Expo 2008 “Terajima Architects Booth”

Place : Ariake, Tokyo
Date : April, 2008
Plan : Praxis - Abe Kazuyoshi
Direction : George P. Johnson - Hasunuma Hajime, Yuming Chen
Design : George P. Johnson - Takeshita Ryuzo
Production : Izumi Senkosha
Client : Terajima Architects
Photograph : Kudo Akitoshi

347

エコビルド2007 “積水化学ブース”

展示場所：東京・有明
展示期間：2007年11月
企画：ミクプランニング
プロデュース：ミクプランニング　松田光司
アートディレクション：ミクプランニング　小川邦雄
デザイン：シンクデザイン　小井戸武彦、清水郁翔
プロダクション：ミクプランニング
クライアント：積水化学工業
撮影：栗澤 衛

ecobuild 2007 “Sekisui Booth”

Place : Ariake, Tokyo
Date : November, 2007
Plan : Mik Planning
Producing : Mik Planning - Matsuda Mitsuji
Art Direction : Mik Planning - Ogawa Kunio
Design : Think Design - Koito Takehiko, Shimizu Ikuto
Production : Mik Planning
Client : Sekisui
Photograph : Kurisawa Mamoru

348

2008ナショナル　ディーラーズコンヴェンション “Eco ideas Co2削減キャンペーン”

展示場所：東京・有明
展示期間：2008年4月
企画、ディレクション：ナショナル　小谷忠司
アート・デザインディレクション：乃村工藝社　木村大太
デザイン：乃村工藝社　木下英彦、東 幹子
プロダクションディレクション：乃村工藝社　河端利明
マネジメント：乃村工藝社　中西 径
プロダクション：乃村工藝社
クライアント：松下電器産業
撮影：大東正巳

2008 National Dealers Convention Eco ideas Display

Place : Ariake, Tokyo
Date : April, 2008
Plan and Direction : Matsushita Electric Industrial - Kotani Tadashi
Art and Design Direction : Nomura - Kimura Daita
Design : Nomura - Kinoshita Hidehiko, Azuma Mikiko
Production Direction : Nomura - Kobata Toshiaki
Management : Nomura - Nakanishi Kei
Production : Nomura
Client : Matsushita Electric Industrial
Photograph : Daito Masami

349

スワロフスキー クリスタルテンプテーションTOKYO

展示場所:東京・神宮前
展示期間:2007年11月
プロデュース:電通
ディレクション:電通テック
デザイン:鷹取事務所 鷹取 努、山口雅江
映像制作:グラスプ アット ジ エアー
プロダクション:金井大道具
クライアント:スワロフスキー・ジャパン

Swarovski Crystal Temptation Tokyo

Place : Jingumae, Tokyo
Date : November, 2007
Producing : Dentsu
Direction : Dentsu Tec
Design : Takatorioffice - Takatori Tsutomu, Yamaguchi Masae
Video Art : Grasp at the Air
Production : Kanai Scene Shop
Client : Swarovski Japan

350

JFWインターナショナル・ファッション・フェア "カナザワブース"

展示場所:東京・有明
展示期間:2008年1月
企画:サクラインターナショナル
ディレクション:サクラインターナショナル 宮崎智也
デザイン:サクラインターナショナル 原田有希子
プロダクション:サクラインターナショナル
クライアント:カナザワ
撮影:青島良之

JFW International Fashion Fair "Kanazawa Booth"

Place : Ariake, Tokyo
Date : January, 2008
Plan : Sakura International
Direction : Sakura International - Miyazaki Tomoya
Design : Sakura International - Harada Yukiko
Production : Sakura International
Client : Kanazawa
Photograph : Aoshima Yoshiyuki

349

350

351

LED Next Stage "タキロンブース"

展示場所：東京・有明
展示期間：2008年3月
企画：α LED'S-BU
ディレクション：タキロン　岩崎 勝
デザイン：日建スペースデザイン　片山 賢、小見晃勝
プロダクション：アクティブ
クライアント：タキロン、α LED'S-BU
撮影：リュウ・イツキ

LED Next Stage "Takiron Booth"

Place : Ariake, Tokyo
Date : March, 2008
Plan : αLED's-bu
Direction : Takiron - Iwasaki Masaru
Design : Nikken Space Design - Katayama Ken, Omi Hirokazu
Production : Active
Client : Takiron, αLED's-bu
Photograph : Ryu Itsuki

352

LED Next Stage "大光電機ブース"

展示場所：東京・有明
展示期間：2008年3月
プロデュース：大光電機　花井架津彦、飯塚 啓
ディレクション：フジヤ　佐藤伸一
デザイン：フジヤ　長谷川真理
照明：大光電機　花井架津彦、飯塚 啓
プロダクション：フジヤ
クライアント：大光電機
撮影：工藤明敏

LED Next Stage "Daiko Booth"

Place : Ariake, Tokyo
Date : March, 2008
Producing : Daiko Electric - Hanai Katsuhiko, Iizuka Kei
Direction : Fujiya - Sato Shinichi
Design : Fujiya - Hasegawa Mari
Lighting : Daiko Electric - Hanai Katsuhiko, Iizuka Kei
Production : Fujiya
Client : Daiko Electric
Photograph : Kudo Akitoshi

353

第18回国際文具・紙製品展 ISOT 2007 “デザインフィルブース”

展示場所：東京・有明
展示期間：2007年5月
企画：デザインフィル　高橋知可、斎藤泰陽
ディレクション、デザイン：エイブルビーン　池澤和重
プロダクション：広伸社
クライアント：デザインフィル
撮影：クドウオリジナルフォト

18th International Stationary & Office Products Fair Tokyo ISOT 2007 “Designphil Booth”

Place : Ariake, Tokyo
Date : May, 2007
Plan : Designphil - Takahashi Chika, Saito Taiyo
Direction and Design : Able Bean - Ikezawa Kazushige
Production : Koshinsha
Client : Designphil
Photograph : Kudo Original Photo

354

JFW ジャパン・クリエーション 2009春／夏 トレンド&インデックス

展示場所：東京・有明
展示期間：2008年4月
プロデュース：アイエスプランニング　井上佐知子
ディレクション：ケー・ディー　大月勝弘
デザイン：ケー・ディー　瀬川達也、松原 香
プロダクション：クリプトン
クライアント：JFWジャパン・クリエーション

JFW Japan Creation Spring & Summer 2009 Trend & Index

Place : Ariake, Tokyo
Date : April, 2008
Producing : IS Planning - Inoue Sachiko
Direction : K·D - Otsuki Katsuhiro
Design : K·D - Segawa Tatsuya, Matsubara Kaori
Production : Krypton
Client : JFW Japan Creation

355

JFW ジャパン・クリエーション 2008秋／冬 トレンド&インデックス

展示場所：東京・有明
展示期間：2007年12月
プロデュース：アイエスプランニング　井上佐知子
ディレクション：ケー・ディー　大月勝弘
デザイン：ケー・ディー　瀬川達也、松原 香
プロダクション：クリプトン
クライアント：JFWジャパン・クリエーション

JFW Japan Creation Autumn & Winter 2008 Trend & Index

Place : Ariake, Tokyo
Date : December, 2007
Producing : IS Planning - Inoue Sachiko
Direction : K·D - Otsuki Katsuhiro
Design : K·D - Segawa Tatsuya, Matsubara Kaori
Production : Krypton
Client : JFW Japan Creation

356

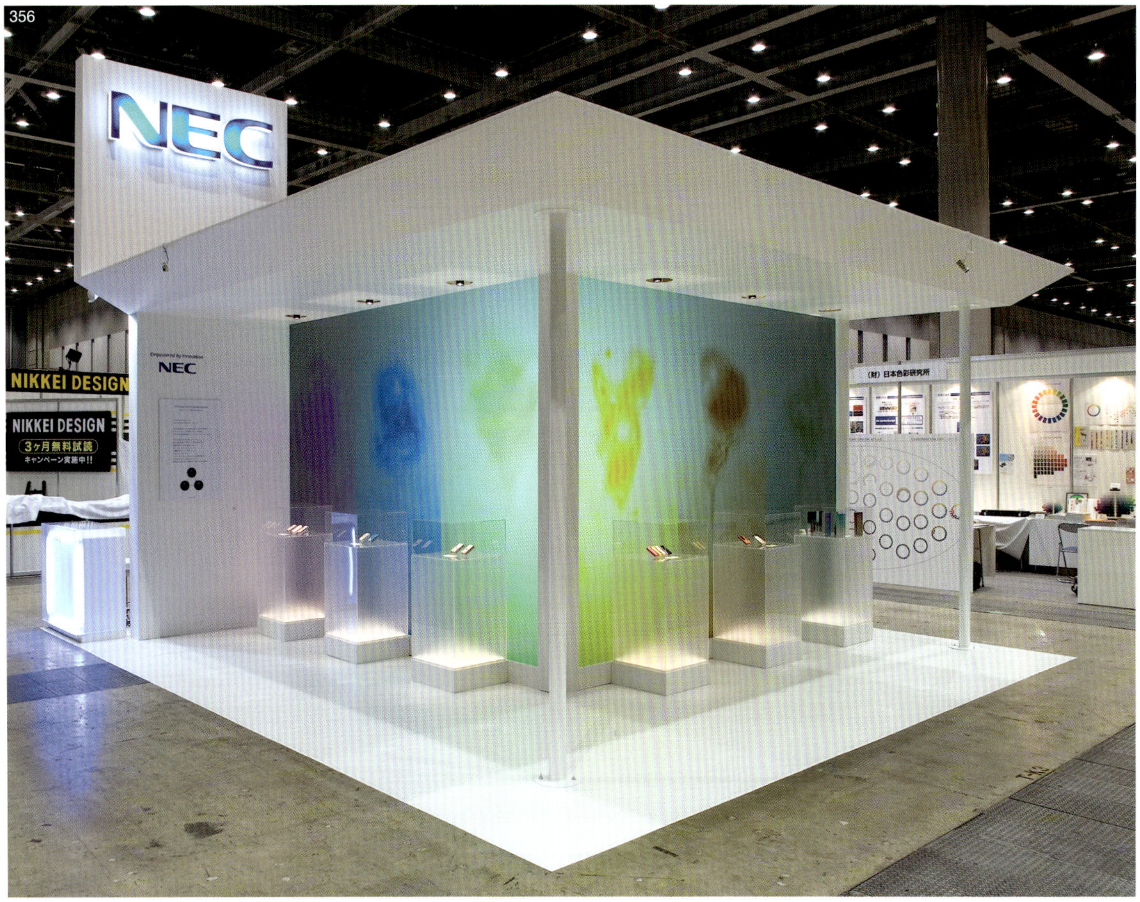

357

356

カラーセッション2008“NECブース”

展示場所：東京・有明
展示期間：2008年4月
アートディレクション：トリニティ　篠崎美絵、村田まゆみ
ディレクション：エスデージー　吉田明宏、高橋直樹
アートワーク：WOW　亀田和彦、大内裕史
デザイン：エスデージー　福澄通浩
プロダクション：山英
クライアント：日本電気

Color Session 2008 “NEC Booth”

Place : Ariake, Tokyo
Date : April, 2008
Art Direction : Trinity - Shinozaki Mie, Murata Mayumi
Direction : SDG - Yoshida Akihiro, Takahashi Naoki
Art Work : WOW - Kameda Kazuhiko, Ouchi Hiroshi
Design : SDG - Fukuzumi Michihiro
Production : Sanei
Client : NEC

357

カラーセッション2008“レクサスブース”

展示場所：東京・有明
展示期間：2008年4月
企画：トヨタ自動車
コーディネイション、実施デザイン：イルミナティ　仁木洋子
実施設計：上野鐵也、木村浩之、影山 孝
プロダクション：イルミナティ
クライアント：トヨタ自動車

Color Session 2008 “Lexus Booth”

Place : Ariake, Tokyo
Date : April, 2008
Plan : Toyota Motor
Coordination and Finish Design : Illuminat - Niki Yoko
Working Design : Ueno Tetsuya, Kimura Hiroyuki, Kageyama Takashi
Production : Illuminat
Client : Toyota Motor

358
平成19年度(第11回)文化庁メディア芸術祭

展示場所:東京・六本木
展示期間:2008年2月
プロデュース:CG-ARTS協会
アートディレクション:JTQ　谷川淳司
デザイン:JTQ
照明:エアー・パワー・サプライ
プロダクション:丹青ディスプレイ
主催:文化庁メディア芸術祭実行委員会
クライアント:文化庁メディア芸術祭実行委員会
撮影:フォワードストローク

11th Japan Media Arts Festival

Place : Roppongi, Tokyo
Date : February, 2008
Producing : CG-Arts Society
Art Direction : JTQ - Tanigawa Junji
Design : JTQ
Lighting : Air Power Supply
Production : Tansei Display
Organization : Japan Media Arts Festival Executive Committee
Client : Japan Media Arts Festival Executive Committee
Photograph : Forward Stroke

359
写真展"Color And Comfort by Chemistry"

展示場所:東京・日本橋
展示期間:2008年4月～6月
企画、ディレクション:ディー・アイ・シー、コモンズ　中濱康充
アートディレクション、デザイン:コモンズ　菊池 卓
グラフィックデザイン:コモンズ　加藤拓也
写真:寺崎誠三
エイジェンシー:コモンズ
プロダクション:フジヤ
クライアント:ディー・アイ・シー
撮影:スタジオ・ゼット　黒田敏之

Photograph Exhibition "Color And Comfort by Chemistry"

Place : Nihombashi, Tokyo
Date : from April to June, 2008
Plan and Direction : DIC, Commons - Nakahama Yasumitsu
Art Direction and Design : Commons - Kikuchi Takashi
Graphic Design : Commons - Kato Takuya
Photo Work : Terasaki Seizo
Agency : Commons
Production : Fujiya
Client : DIC
Photograph : Studio Z - Kurota Toshiyuki

360
東京ガス"暮らしのデザイン展"

展示場所:東京・新宿
展示期間:2007年10月
企画:乃村工藝社　矢野真道、斉藤雄一
アートディレクション:乃村工藝社　林 健太郎
デザイン:乃村工藝社　中澤厚子、浅岡裕恵
グラフィックデザイン:乃村工藝社　鈴木不二絵
プロダクションマネジメント:乃村工藝社　清水保志、伊倉 学、松浦 武
プロダクション:乃村工藝社
クライアント:東京ガス
撮影:鈴木賢一

Tokyo GAS "Life Design Exhibition"

Place : Shinjuku, Tokyo
Date : October, 2007
Plan : Nomura - Yano Masamichi, Saito Yuichi
Art Direction : Nomura - Hayashi Kentaro
Design : Nomura - Nakazawa Atsuko, Asaoka Hiroe
Graphic Design : Nomura - Suzuki Fujie
Production Management : Nomura - Shimizu Yasushi, Ikura Manabu, Matsuura Takeshi
Production : Nomura
Client : Tokyo Gas
Photograph : Suzuki Kenichi

358

359

360

361

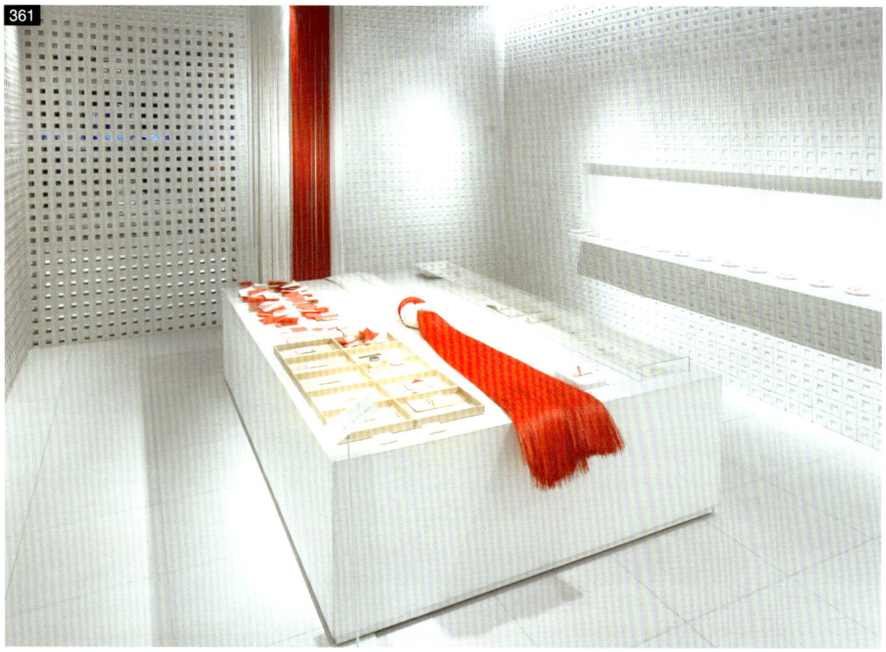

362

361-362

寿ぎのかたち展

展示場所：東京・六本木
展示期間：2007年11月～2008年1月
企画：虎屋、折形デザイン研究所
ディレクション：葛西 薫
デザイン：木下勝弘
プロダクション：折形デザイン研究所、田中七郎商店、息吹工藝社
クライアント：虎屋
撮影：轟 近夫

"Traditional Shapes for Auspicious Occasions" Exhibition

Place : Roppongi, Tokyo
Date : from November, 2007 to January, 2008
Plan : Toraya Confectionery, Origata Design Institute
Direction : Kasai Kaoru
Design : Kinoshita Katsuhiro
Production : Origata Design Institute, Tanaka Shichiro Shoten, Ibuki Kogeisha
Client : Toraya Confectionery
Photograph : Todoroki Chikao

363

363

とらやのさくら展

展示場所：東京・六本木
展示期間：2008年2月～3月
企画：虎屋
ディレクション：葛西 薫
デザイン：木下勝弘
プロダクション：息吹工藝社
クライアント：虎屋
撮影：轟 近夫

Cherry Blossom Exhibition by Toraya

Place : Roppongi, Tokyo
Date : from February to March, 2008
Plan : Toraya Confectionery
Direction : Kasai Kaoru
Design : Kinoshita Katsuhiro
Production : Ibuki Kogeisha
Client : Toraya Confectionery
Photograph : Todoroki Chikao

364

Dual City Sessions 2007

所在地：東京・南青山
完成年月：2007年10月
企画：artless　川上 俊、silent　Felix Ng
設計：upsetters architects　岡部修三
施工：Fundamental
クライアント：artless, silent
撮影：若林雄介

Dual City Sessions 2007

Place : Minami-Aoyama, Tokyo
Date of Completion : October, 2007
Plan : Artless - Kawakami Shun, Silent - Felix Ng
Design : Upsetters Architects - Okabe Shuzo
Construction : Fundamental
Client : Artless, Silent
Photograph : Wakabayashi Yusuke

365

NOSIGN EXHIBITION

展示場所：東京・西新宿
展示期間：2008年4月
企画：リビング・デザインセンター
ディレクション、デザイン：nosigner
施工：nosigndesign、中川ケミカル
クライアント：リビング・デザインセンター
撮影：八田政玄

NOSIGN EXHIBITION

Place : Nishi-Shinjuku, Tokyo
Date : April, 2008
Plan : Living Design Center
Direction and Design : Nosigner
Construction : Nosigndesign, Nakagawa Chemical
Client : Living Design Center
Photograph : Hatta Masaharu

366

366

2007年度グッドデザイン賞 トータルデザイン計画

展示場所：東京・有明、赤坂
展示期間：2007年6月〜11月
ディレクション：平野湟太郎
デザイン：平野湟太郎、西岡真弓
企画：酒井良治、川口真沙美
クライアント：日本産業デザイン振興会
撮影：平野湟太郎

Good Design Award 2007 Total Design Planning

Place : Ariake and Akasaka, Tokyo
Date : from June to November, 2007
Direction : Hirano Kotaro
Design : Hirano Kotaro, Nishioka Mayumi
Plan : Sakai Yoshiharu, Kawaguchi Masami
Client : Japan Industrial Design Promotion Organization
Photograph : Hirano Kotaro

367

367

グッドデザインプレゼンテーション2007 “HOYAブース”

展示場所：東京・有明
展示期間：2007年8月
企画、ディレクション、デザイン：丹青社　伏見友衣
プロダクション：丹青社
クライアント：HOYAビジョンケアカンパニー
撮影：クドウオリジナルフォト

Good Design Presentation 2007 “Hoya Booth”

Place : Ariake, Tokyo
Date : August, 2007
Plan, Direction and Design : Tanseisha - Fushimi Yui
Production : Tanseisha
Client : Hoya Vision Care Company
Photograph : Kudo Original Photo

368

368

グッドデザインプレゼンテーション2007 “つなぐ〜TSUNAGU〜”

展示場所：東京・有明
展示期間：2007年8月
プロデュース：読売広告社
ディレクション：読広クロスコム
デザイン：丹青社　松崎貴志
プロダクション：丹青社
クライアント：三井不動産レジデンシャル
撮影：クドウオリジナルフォト

Good Design Presentation 2007 “TSUNAGU”

Place : Ariake, Tokyo
Date : August, 2007
Producing : Yomiko Advertising
Direction : Yomiko Cross Com
Design : Tanseisha - Matsuzaki Takashi
Production : Tanseisha
Client : Mitsui Fudosan Residential
Photograph : Kudo Original Photo

369

グッドデザインプレゼンテーション2007“Brilliaブース”

展示場所:東京·有明
展示期間:2007年8月
プロデュース:朝日広告社、図考館
ディレクション:矢倉俊彦
アートディレクション:佐藤宏平
デザイン:中井利明
マネジメント:鈴木潤一
プロダクション:ムラヤマ
クライアント:東京建物
撮影:ジェイライツ　板村光一郎

Good Design Presentation 2007 "Brillia Booth"

Place : Ariake, Tokyo
Date : August, 2007
Producing : Asahi Advertising, Zuco-can
Direction : Yagura Toshihiko
Art Direction : Sato Kohei
Design : Nakai Toshiaki
Management : Suzuki Junichi
Production : Murayama
Client : Tokyo Tatemono
Photograph : J-Lights - Itamura Koichiro

370

グッドデザインプレゼンテーション2007

展示場所:東京·有明
展示期間:2007年8月
アートディレクション:JTQ　谷川淳司
デザイン:JTQ
プロダクション:丹青社
照明:エアー·パワー·サプライ
クライアント:日本産業デザイン振興会
撮影:フォワードストローク

Good Design Presentation 2007

Place : Ariake, Tokyo
Date : August, 2007
Art Direction : JTQ - Tanigawa Junji
Design : JTQ
Production : Tanseisha
Lighting : Air Power Supply
Client : Japan Industrial Design Promotion Organization
Photograph : Forward Stroke

371

Canvas@Sony Project

展示場所：東京・銀座
展示期間：2007年10月～11月
プロデュース：フロンテッジ　宮島和寛
デザイン：乃村工藝社　津山竜治、音部宏治
プロダクション：乃村工藝社
クライアント：ソニー
撮影：鈴木賢一

Canvas@Sony Project

Place : Ginza, Tokyo
Date : from October to November, 2007
Producing : Frontage - Miyajima Kazuhiro
Design : Nomura - Tsuyama Ryuji, Otobe Koji
Production : Nomura
Client : Sony
Photograph : Suzuki Kenichi

372

動き出す色の世界
"DANCE WITH COLORS!"展

展示場所：埼玉・川口
展示期間：2008年4月～8月
プロデュース：スキップシティ　高橋裕行
マネジメントディレクション：ダイケン　松茂信吾
アートディレクション：ミュゼグラム　中原崇志
デザイン：ミュゼグラム　谷尾剛史
グラフィックデザイン：Mori Bros.　森垣 賢
プロダクション：ミュゼグラム
クライアント：スキップシティ
撮影：城戸晃一

"DANCE WITH COLORS! -Chromatic World on the Move-" Exhibition

Place : Kawaguchi, Saitama
Date : from April to August, 2008
Producing : Skip City - Takahashi Hiroyuki
Management Direction : Daiken - Matsumo Shingo
Art Direction : Musegram - Nakahara Takashi
Design : Musegram - Tanio Takeshi
Graphic Design : Mori Bros. - Morigaki Ken
Production : Musegram
Client : Skip City
Photograph : Kido Koichi

373

かごしま水族館"錦江湾の姫君たち"展

展示場所：鹿児島
展示期間：2007年10月～12月
企画：かごしま水族館
ディレクション：伊地知親衛
プランニングディレクション：浜地克徳
テクニカルディレクション：峯元信明
デザイン：前田健次、岩下桂子
プロダクション：ブンカ巧芸社
クライアント：かごしま水族館
撮影：西川玄一

Kagoshima Aquarium "Princess of Kinko-wan" Exhibition

Place : Kagoshima
Date : from October to December, 2007
Plan : Kagoshima Aquarium
Direction : Ijichi Chikae
Planning Direction : Hamachi Katsunori
Technical Direction : Minemoto Nobuaki
Design : Maeda Kenji, Iwashita Keiko
Production : Bunkakogeisha
Client : Kagoshima Aquarium
Photograph : Nishikawa Genichi

374

"∞のこどもたち"展

展示場所：東京・青海
展示期間：2008年2月〜3月
プロデュース：東京大学　原島 博
企画：日本科学未来館　内田まほろ、森田菜絵
アートディレクション：ミュゼグラム　中原崇志
デザイン：ミュゼグラム　谷尾剛史、椙木寛和
グラフィックデザイン：中村至男
プロダクション：ミュゼグラム
クライアント：科学技術振興機構

"Children of Infinity" Exhibition

Place : Aomi, Tokyo
Date : from February to March, 2008
Producing : The University of Tokyo - Harashima Hiroshi
Plan : The National Museum of Emerging Science and Innovation - Uchida Mahoro, Morita Nae
Art Direction : Musegram - Nakahara Takashi
Design : Musegram - Tanio Takeshi, Abeki Hirokazu
Graphic Design : Nakamura Norio
Production : Musegram
Client : Japan Science and Technology Agency

375

IPEC-2007"サンゲツブース"

展示場所：東京・有明
展示期間：2007年11月
企画：サンゲツ　岩田光津政
ディレクション：フジヤ　大島嘉明
デザイン：フジヤ　吹越 亮
グラフィックデザイン：マッキー・コーチン　松崎優子
プロダクション：フジヤ
クライアント：サンゲツ
撮影：工藤明敏

IPEC-2007 "Sangetsu Booth"

Place : Ariake, Tokyo
Date : November, 2007
Plan : Sangetsu - Iwata Mitsumasa
Direction : Fujiya - Oshima Yoshiaki
Design : Fujiya - Fukikoshi Akira
Graphic Design : Mackee Cochin - Matsuzaki Yuko
Production : Fujiya
Client : Sangetsu
Photograph : Kudo Akitoshi

376

デザインハブ企画展
“POST切手～郵便局が変わり始めた 切手のデザインはどう変わる”

展示場所：東京・六本木
展示期間：2007年5月～6月
企画：日本グラフィックデザイナー協会、宮崎光弘
デザイン：廣村正彰、福田秀之
グラフィックデザイン：中西サビ
クライアント：日本グラフィックデザイナー協会
撮影：淺川 敏

Design Hub Exhibition
“POST Stamps–the Japanese postal service has begun to change. But how will postage stamps evolve?”

Place : Roppongi, Tokyo
Date : from May to June, 2007
Plan : Japan Graphic Designers Association, Miyazaki Mitsuhiro
Design : Hiromura Masaaki, Fukuda Hideyuki
Graphic Design : Nakanishi Sabi
Client : Japan Graphic Designers Association
Photograph : Asakawa Satoshi

377

PAPER FANTASY

展示場所：東京・神宮前
展示期間：2007年9月～10月
企画：文化出版局
設計：丸田絢子建築設計事務所　丸田絢子
サインデザイン：ブルーマーク
施工：青
クライアント：文化出版局
撮影：阿野太一

PAPER FANTASY

Place : Jingumae, Tokyo
Date : from September to October, 2007
Plan : Bunka Publishing Bureau
Design : Office Ayako Maruta - Maruta Ayako
Sign Design : Blue Mark
Construction : Creators Ao
Client : Bunka Publishing Bureau
Photograph : Ano Daici

378

トリノデザイン 2007-2008

展示場所：名古屋
展示期間：2007年10月
企画：トリノ2008ワールドデザインキャピタル
ディレクション：国際デザインセンター
デザイン：トリノ2008ワールドデザインキャピタル主催組織
グラフィックデザイン：服部デザイン事務所
グラフィック製作：セントラル画材
施工：オフィス21
クライアント：デザイン事業推進委員会

Torino Design 2007-2008

Place : Nagoya
Date : October, 2007
Plan : Torino 2008 World Design Capital
Direction : International Design Center
Design : Torino 2008 World Design Capital
Graphic Design : Hattori Design Office
Graphic Construction : Central Painting Materials
Construction : Office 21
Client : Design Business Promotion Committee

379

森美術館“ル・コルビュジエ展：建築とアート、その創造の軌跡”体験型展示

展示場所：東京・六本木
展示期間：2007年5月～9月
企画：森美術館
ディレクション：森ビル、森美術館　前田尚武
デザイン：森ビル、森美術館　佐々木 瞳、中島美々
プロダクション：丹青社、上田工舎
クライアント：森美術館
撮影：渡邉 修

Mori Art Museum “Le Corbusier : Art and Architecture – A Life of Creativity”: Experimental Installation Design

Place : Roppongi, Tokyo
Date : from May to September, 2007
Plan : Mori Art Museum
Direction : Mori Building, Mori Art Museum - Maeda Naotake
Design : Mori Building, Mori Art Museum - Sasaki Hitomi, Nakajima Mimi
Production : Tanseisha, Ueda Kosha
Client : Mori Art Museum
Photograph : Watanabe Osamu

380

NEED

所在地：東京・神宮前
完成年月：2007年10月
企画：玉俊工業所
設計：TONERICO　米谷ひろし、君塚 賢
照明：Y2 Lighting Design　山下裕子
施工：CBK
クライアント：玉俊工業所
撮影：ナカサ&パートナーズ

NEED

Place : Jingumae, Tokyo
Date of Completion : October, 2007
Plan : Tamatoshi
Design : Tonerico - Yoneya Hiroshi, Kimizuka Ken
Lighting : Y2 Lighting Design - Yamashita Yuko
Construction : CBK
Client : Tamatoshi
Photograph : Nacása & Partners

381

東京デザイナーズウィーク2007“めくるめく”

展示場所：東京・明治神宮外苑
展示期間：2007年10月～11月
企画、ディレクション：国士舘大学理工学部
デザイン：国士舘大学国広研究室
プロダクション：国士舘大学理工学部
クライアント：デザインアソシエーション

Tokyo Designer’s Week 2007 “mekurumeku”

Place : Meijijingugaien, Tokyo
Date : from October to November, 2007
Plan and Direction : The Faculty of Science and Engineering in Kokushikan University
Design : Kunihiro Laboratory, Kokushikan University
Production : The Faculty of Science and Engineering in Kokushikan University
Client : Design Association

382

382

21_21 DESIGN SIGHT+パートナー企業 “200∞年目玉商品”展

展示場所：東京・赤坂
展示期間：2008年1月～3月
主催：21_21 DESIGN SIGHT、三宅一生デザイン文化財団
ディレクション：北村みどり、日比野克彦、小黒一三
デザイン：日比野克彦
プロダクション：ジールアソシエイツ
クライアント：21_21 DESIGN SIGHT
撮影：吉永恭章

21_21 Design Sight + Corporate Partners “Bulls Eye Special 2008” Exhibition

Place : Akasaka, Tokyo
Date : from January to March, 2008
Organization : 21_21 Design Sight, The Miyake Issey Foundation
Direction : Kitamura Midori, Hibino Katsuhiko, Oguro Kazumi
Design : Hibino Katsuhiko
Production : Zeal Associate
Client : 21_21 Design Sight
Photograph : Yoshinaga Yasuaki

383

383

教科書にのっていないアフリカ

展示場所：東京・大久保
展示期間：2007年11月
ディレクション：昭栄美術　市川博樹
デザイン：昭栄美術　鑓田孝行
クライアント：ワールド・ビジョン・ジャパン
撮影：吉田大介

REAL AFRICA “The Time to Know”

Place : Okubo, Tokyo
Date : November, 2007
Direction : Shoei-Bijutsu - Ichikawa Hiroki
Design : Shoei-Bijutsu - Yarita Takayuki
Client : World Vision Japan
Photograph : Yoshida Daisuke

384
宇宙工学展

展示場所：東京・新橋
展示期間：2007年5月～6月
企画：ユーロフィエレ
ディレクション：フジヤ　小池秋良、田中弘美
デザイン：ミグリオレ＆セルベット
テクニカルデザイン：フジヤ　岩崎邦彦
テクニカルディレクション：スカイ企画　加藤通朗
プロダクション：フジヤ
クライアント：ユーロフィエレ
撮影：工藤明敏

"Dalla Terra Ai Confini Dell' Universo" Exhibition

Place : Shimbashi, Tokyo
Date : from May to June, 2007
Plan : Eurofiere
Direction : Fujiya - Koike Akiyoshi, Tanaka Hiromi
Design : Migliore + Servetto
Technical Design : Fujiya - Iwazaki Kunihiko
Technical Direction : Sky Planning - Kato Michio
Production : Fujiya
Client : Eurofiere
Photograph : Kudo Akitoshi

385
恐竜大陸

展示場所：千葉・幕張
展示期間：2008年3月～5月
企画、ディレクション：東京新聞、中日新聞社
デザイン：atelier108　遠矢明彦
プロダクション：中央宣伝企画
クライアント：東京新聞、TBS、bayfm78、チバテレビ

Dinosaur Continent

Place : Makuhari, Chiba
Date : from March to May, 2008
Plan and Direction : The Tokyo Shimbun, The Chunichi Shimbun
Design : Atelier108 - Toya Akihiko
Production : Chuo Senden Kikaku
Client : The Tokyo Shimbun, Tokyo Broadcasting System Television, BayFM, Chiba Television Broadcasting

386
"躍動する生命の芸術 ～シルク・ドゥ・ソレイユの世界"展

展示場所：東京・神宮前
展示期間：2008年4月～5月
プロデュース：電通　松井美樹、深田欧介、加藤節子
ディレクション：電通テック　船津邦恵
デザイン：スペースマーケット　大久保 均
プロダクション：電通テック、ユー・シー・エル、金井大道具
クライアント：シルク・ドゥ・ソレイユ、オリエンタルランド
撮影：石川 純

"The World of CIRQUE DU SOLEIL …Artisans de l'imaginaire" Exhibition

Place : Jingumae, Tokyo
Date : from April to May, 2008
Producing : Dentsu - Matsui Miki, Fukada Osuke, Kato Setsuko
Direction : Dentsu Tec - Funatsu Kunie
Design : Space Market - Okubo Hitoshi
Production : Dentsu Tec, UCL, Kanai Scene Shop
Client : Cirque du Soleil, Oriental Land
Photograph : Ishikawa Jun

387

Sony Lombardia展

展示場所：東京・銀座
展示期間：2007年6月
企画：ソニーピーシーエル
ディレクション：丹青社　高村裕之
デザイン：丹青社　高村裕之、堀 伸平
プロダクション：丹青社
クライアント：ソニー
撮影：築地耕一

Sony Lombardia Exhibition

Place : Ginza, Tokyo
Date : June, 2007
Plan : Sony PCL
Direction : Tanseisha - Takamura Hiroyuki
Design : Tanseisha - Takamura Hiroyuki, Hori Shimpei
Production : Tanseisha
Client : Sony
Photograph : Tsukiji Koichi

388

RESONANCE 共鳴

展示場所：東京・麻布十番
展示期間：2008年3月
企画、ディレクション、デザイン：山田幸泉
クライアント：Azabujūban Gallery
撮影：関谷幸三

RESONANCE

Place : Azabujuban, Tokyo
Date : March, 2008
Plan, Direction and Design : Yamada Kosen
Client : Azabujuban Gallery
Photograph : Sekiya Kozo

389

小泉誠展"匣&函"

展示場所：東京・西麻布
展示期間：2007年7月～8月
企画：ギャラリー ル ベイン
デザイン：小泉 誠
グラフィックデザイン：山口信博
プロダクション：コイズミスタジオ
クライアント：ギャラリー ル ベイン
撮影：ナカサ&パートナーズ

Koizumi Makoto Exhibition

Place : Nishi-Azabu, Tokyo
Date : from July to August, 2007
Plan : Gallery le bain
Design : Koizumi Makoto
Graphic Design : Yamaguchi Nobuhiro
Production : Koizumi Studio
Client : Gallery le bain
Photograph : Nacása & Partners

390

interiorlifestyle "Design Click" Disney + WA-Qu展

展示場所：東京・有明
展示期間：2007年6月
企画：和空インターナショナル
ディレクション：ムラヤマ　内藤宏昭
デザイン：和空インターナショナル　杉木源三、辻村久信
プロデュース：和空インターナショナル　中塚重樹
プロダクション：ムラヤマ
クライアント：和空インターナショナル
撮影：ジェイライツ　板村光一郎

interiorlifestyle "Design Click" Disney+WA-Qu

Place : Ariake, Tokyo
Date : June, 2007
Plan : WA-Qu International
Direction : Murayama - Naito Hiroaki
Design : WA-Qu International - Sugiki Genzo, Tsujimura Hisanobu
Producing : WA-Qu International - Nakatsuka Shigeki
Production : Murayama
Client : WA-Qu International
Photograph : J-Lights - Itamura Koichiro

391

“Pure Graphic”出版記念企画展

展示場所：東京・南青山
展示期間：2008年4月
アートディレクション：JTQ　谷川淳司
デザイン：JTQ
グラフィックデザイン：岡本一宣デザイン事務所
映像クリエイション：GLMV　丸野 優
プロダクション：JTQ
クライアント：岡本一宣デザイン事務所
撮影：フォワードストローク

“Pure Graphic” Commemorative Exhibition

Place : Minami-Aoyama, Tokyo
Date : April, 2008
Art Direction : JTQ - Tanigawa Junji
Design : JTQ
Graphic Design : Okamoto Issen Graphic Design Company
Visual Creation : GLMV - Maruno Yu
Production : JTQ
Client : Okamoto Issen Graphic Design Company
Photograph : Forward Stroke

392

Honda Collection Hall 企画展 “CONTACT～Honda F1がインディを走った日～”

展示場所：栃木・茂木町
展示期間：2008年2月～6月
プロデュース：丹青社　藤井明文
企画、ディレクション：丹青社　小杉重信
基本プラン：丹青社　高橋 誠、丸子しずえ
デザイン：丹青社　本間 桂、河野花子
グラフィックデザイン：丹青社　木下周一、石井一弘
プロダクション：丹青社
クライアント：モビリティランド、ツインリンクもてぎ Honda Collection Hall
撮影：ヴィスタジャパン　廣崎節雄

Honda Collection Hall Special Exhibition “CONTACT–Honda was there in Indianapolis–”

Place : Motegimachi, Tochigi
Date : from February to June, 2008
Producing : Tanseisha - Fujii Akifumi
Plan and Direction : Tanseisha - Kosugi Shigenobu
Basic Plan : Tanseisha - Takahashi Makoto, Maruko Shizue
Design : Tanseisha - Homma Katsura, Kono Hanako
Graphic Design : Tanseisha - Kinoshita Shuichi, Ishii Kazuhiro
Production : Tanseisha
Client : Mobilityland, Twin Ring Motegi Honda Collection Hall
Photograph : Vista Japan - Hirosaki Setsuo

393
ハウス オブ シセイドウ“香りと恋心 バルビエのイラストレーションと香水瓶”展

展示場所：東京・銀座
展示期間：2007年12月～2008年3月
クリエイティヴディレクション：山形季央
アートディレクション：信藤洋二
デザイン：岸野桃子
プロダクション：乃村工藝社
クライアント：資生堂
撮影：古屋 徹

HOUSE OF SHISEIDO “ROMANCE & PERFUME Art Deco Illustrations and Perfume Bottles”

Place : Ginza, Tokyo
Date : from December, 2007 to March, 2008
Creative Direction : Yamagata Toshio
Art Direction : Nobuto Yoji
Design : Kishino Momoko
Production : Nomura
Client : Shiseido
Photograph : Furuya Toru

394
ハウス オブ シセイドウ“美のかたち こころの器 資生堂ギャラリー〈現代工藝1975-1995〉より”展

展示場所：東京・銀座
展示期間：2007年6月～9月
クリエイティヴディレクション：山形季央
アートディレクション：信藤洋二
デザイン：山田明宏
プロダクション：乃村工藝社
クライアント：資生堂
撮影：古屋 徹

HOUSE OF SHISEIDO “Shape of Beauty, Container of Mind Shiseido Gallery-Modern Craft from 1975 to 1995”

Place : Ginza, Tokyo
Date : from June to September, 2007
Creative Direction : Yamagata Toshio
Art Direction : Nobuto Yoji
Design : Yamada Akihiro
Production : Nomura
Client : Shiseido
Photograph : Furuya Toru

395
網代のギャラリー・アトリエ・ハウス

所在地：奈良
完成年月：2008年2月
企画：小西健陽
設計：吉村理建築設計事務所 吉村 理
施工：仲山工務店設計事務所
クライアント：小西健陽
撮影：川元 斉

Ajiro gallery atelier house

Place : Nara
Date of Completion : February, 2008
Plan : Konishi Takeharu
Design : Tadashi Yoshimura Architects - Yoshimura Tadashi
Construction : Nakayama
Client : Konishi Takeharu
Photograph : Kawamoto Hitoshi

396

島田市こども発達支援センター"ふわり"

所在地：静岡・島田
完成年月：2008年3月
企画：島田市
設計：エーアンドエー総合設計＋八木敦司建築設計事務所　八木敦司
施工：釘ヶ浦建設、大河原建設
クライアント：島田市

Child Development Support Center "Fuwari"

Place : Shimada, Shizuoka
Date of Completion : March, 2008
Plan : Shimada City
Design : AA Total Architecture Design Engineer's + Atsushi Yagi Architects & Associates - Yagi Atsushi
Construction : Kugigaura, Okawara Construction
Client : Shimada City

397

金蘭会高等学校・中学校 サイン計画

所在地：大阪
完成年月：2008年2月
ディレクション：安井建築設計事務所　佐野吉彦
建築設計、サインデザイン、照明：安井建築設計事務所　川原村勝幸、影林督諭
サイン、グラフィックデザイン：エイト　西澤明洋
クライアント：金蘭会学園
撮影：エスエス大阪　津田裕之

KINRANKAI Girl's Junior & Senior High School Sign Project

Place : Osaka
Date of Completion : February, 2008
Direction : Yasui Architects & Engineers - Sano Yoshihiko
Architectural Design, Sign Design and Lighting : Yasui Architects & Engineers - Kawaharamura Katsuyuki, Kagebayashi Masatsugu
Sign and Graphic Design : Eight - Nishizawa Akihiro
Client : Kinrankai Educational Foundation
Photograph : SS-Osaka - Tsuda Hiroyuki

398

富山市大庄地区コミュニティセンター

所在地：富山
完成年月：2007年9月
企画：VEGA　貫場幸英
設計：アーキヴィジョン広谷スタジオ　広谷純弘
家具デザイン：小泉 誠
サイン、グラフィックデザイン：山口信博、大野あかり
ガラスアート：渋谷良治
施工：スター総合建築・寺林建設 JV
クライアント：富山市
撮影：エスエス北陸　成伯淳一

Ohsho-chiku Community Center

Place : Toyama
Date of Completion : September, 2007
Plan : Vega - Nukiba Yukihide
Design : Archivision Hirotani Studio - Hirotani Yoshihiro
Furniture Design : Koizumi Makoto
Sign and Graphic Design : Yamaguchi Nobuhiro, Ono Akari
Grass Art : Shibuya Ryoji
Construction : Star Sogo Kenchiku, Terabayashi Kensetsu JV
Client : Toyama City
Photograph : SS Hokuriku - Nariki Junichi

399
慈光福祉会 田上保育園

所在地：金沢
完成年月：2008年3月
ディレクション、デザイン：竹中健次
施工：豊蔵組
クライアント：慈光福祉会 田上保育園
撮影：黒川博司

Tagami Nursery School

Place : Kanazawa
Date of Completion : March, 2008
Direction and Design : Takenaka Kenji
Construction : Toyokura Construction
Client : Tagami Nursery School
Photograph : Kurokawa Hiroshi

400
東京都事業所内保育施設支援事業第1号 “タバサルーム”

所在地：東京・北青山
完成年月：2007年7月
企画：サマンサタバサジャパンリミテッド
ディレクション：大江和範
デザイン：エッジ
プロダクション：秀建
クライアント：サマンサタバサジャパンリミテッド
撮影：村山博則

Child Care Facilities Support Business No.1 in Tokyo Office “Thavasa Room”

Place : Kita-Aoyama, Tokyo
Date of Completion : July, 2007
Plan : Samantha Thavasa Japan
Direction : Oe Kazunori
Design : Edge
Production : Shuken
Client : Samantha Thavasa Japan
Photograph : Murayama Hironori

401
DNAマテリアル

所在地：東京・杉並区和田
完成年月：2007年9月
企画：フィールドフォー・デザインオフィス
ディレクション：フィールドフォー・デザインオフィス　志村美治
デザイン：フィールドフォー・デザインオフィス　井筒英理子
クライアント：女子美術大学
撮影：ナカサ&パートナーズ

DNA Material

Place : Wada, Suginami-ku, Tokyo
Date of Completion : September, 2007
Plan : Field Four Design Office
Direction : Field Four Design Office - Shimura Yoshiharu
Design : Field Four Design Office - Izutsu Eriko
Client : Joshibi University of Art and Design
Photograph : Nacása & Partners

402

bわたしの英会話 新宿／渋谷

所在地：東京・西新宿、渋谷区円山町
完成年月：2008年2月（新宿）、2008年3月（渋谷）
ディレクション：A.C.O.
デザイン：安藤僚子デザイン室　安藤僚子、MS4D　山口千乃
プロダクション：フォルム
クライアント：by ZOO

b English School Shinjuku / Shibuya

Place : Nishi-Shinjuku / Maruyamacho, Shibuya-ku, Tokyo
Date of Completion : February, 2008 (Shinjuku), March, 2008 (Shibuya)
Direction : A.C.O.
Design : Ryoko Ando Design - Ando Ryoko, MS4D - Yamaguchi Chino
Production : Forme
Client : by Zoo

403

YKK守衛所

所在地：富山・黒部
完成年月：2007年5月
企画：YKK
設計：東京大学　大野秀敏、
アプルデザインワークショップ　吉田明弘
施工：第一建設
クライアント：YKK

YKK Gate House

Place : Kurobe, Toyama
Date of Completion : May, 2007
Plan : YKK
Design : The University of Tokyo - Ono Hidetoshi,
Apl Design Workshop - Yoshida Akihiro
Construction : Daiichi
Client : YKK

404

パナソニックセンター東京2F Eco&UD ideas

所在地：東京・有明／完成年月：2008年3月
企画、ディレクション：松下電器産業　山田昌子、喜納厚介、
福田菜津子、松田剛英、村上 幸
デザイン：乃村工藝社　鈴木恵千代、西田 敦、山口 茜、
山田竜太、深野友規、縣 美穂、橋場藍子
プロダクションディレクション：乃村工藝社　富林健二、伊藤英樹、
河端利明、三浦洋一、河合伴治
植栽：白楽花園、プランツスケープ
プロジェクトマネジメント：乃村工藝社　岡本賢二、原山麻子、大河延年
プロダクション：乃村工藝社
クライアント：松下電器産業
撮影：鳥巣智行

Panasonic Center Tokyo 2F Eco & UD ideas

Place : Ariake, Tokyo / Date of Completion : March, 2008
Plan and Direction : Matsushita Electric Industrial - Yamada Masako,
Kino Kosuke, Fukuda Natsuko, Matsuda Takehide, Murakami Sachi
Design : Nomura - Suzuki Shigechiyo, Nishida Atsushi, Yamaguchi Akane,
Yamada Ryuta, Fukano Tomoki, Agata Miho, Hashiba Ranko
Production Direction : Nomura - Tomibayashi Kenji, Ito Hideki,
Kobata Toshiaki, Miura Yoichi, Kawai Tomoharu
Landscape Gardening : Hakuraku Kaen, Plants Scape
Project Management : Nomura - Okamoto Kenji, Harayama Asako, Okawa Nobutoshi
Production : Nomura
Client : Matsushita Electric Industrial
Photograph : Torisu Tomoyuki

405
Chapel AILEREVE

所在地：高知
完成年月：2007年10月
企画、設計：安井秀夫アトリエ　安井秀夫
照明：DAIKO　小林由幸
協力：レンジ　高松 純
施工：岸之上工務店
クライアント：旭食品
撮影：ナカサ&パートナーズ

Chapel AILEREVE

Place : Kochi
Date of Completion : October, 2007
Plan and Design : Yasui Hideo Atelier - Yasui Hideo
Lighting : Daiko - Kobayashi Yoshiyuki
Cooperation : Range - Takamatsu Jun
Construction : Kishinoue Construction
Client : Asahi Shokuhin
Photograph : Nacása & Partners

405

406
浄土宗 妙定院“歴史が導く空間”

所在地：東京・芝公園
完成年月：2007年12月
デザイン：フィールドフォー・デザインオフィス　志村美治、滝田智美
建築設計：清水建設　青木裕一、柿澤英之、池内 匠
ランドスケープデザイン：フィールドフォー・デザインオフィス　田口文昭、中村織絵
監修：伊坂デザイン工房　伊坂道子
施工：清水建設
クライアント：浄土宗 妙定院
撮影：ナカサ&パートナーズ

Jodo-Shu Myojoin “Space that history leads”

Place : Shibakoen, Tokyo
Date of Completion : December, 2007
Design : Field Four Design Office - Shimura Yoshiharu, Takita Tomomi
Architectural Design : Shimizu - Aoki Yuichi, Kakizawa Hideyuki, Ikeuchi Takumi
Landscape Design : Field Four Design Office - Taguchi Fumiaki, Nakamura Orie
Supervision : Isaka Design Studio - Isaka Michiko
Construction : Shimizu
Client : Jodo-Shu Myojoin
Photograph : Nacása & Partners

406

407

407
日本バプテスト仙台基督教会

所在地：仙台
完成年月：2007年4月
企画：日本バプテスト仙台基督教会
設計：SOY source建築設計事務所　櫻井一弥、太田秀俊、安田直民
設計協力：北川寛之
施工：大林組
クライアント：日本バプテスト仙台基督教会
撮影：横山博志

Sendai Baptist Church

Place : Sendai
Date of Completion : April, 2007
Plan : Sendai Baptist Church
Design : Soy Source Architectural Design Office - Sakurai Kazuya, Ota Hidetoshi, Yasuda Naotami
Design Cooperation : Kitakawa Hiroyuki
Construction : Obayashi
Client : Sendai Baptist Church
Photograph : Yokoyama Hiroshi

408

Shelf-Pod 君府亭

所在地：大阪・守口
完成年月：2007年8月
設計：森田一弥建築設計事務所　森田一弥、川島一誠
施工：中野工務店
クライアント：澤井義男
撮影：杉岡一郎

Shelf-Pod

Place : Moriguchi, Osaka
Date of Completion : August, 2007
Design : Kazuya Morita Architecture Studio - Morita Kazuya, Kawashima Issei
Construction : Nakano Construction
Client : Sawai Yoshio
Photograph : Sugioka Ichiro

409

階段の家

所在地：島根・大田
完成年月：2007年9月
企画、設計：y+M design office　三宅正浩
プロジェクトマネジメント：吉本英正
施工：あおき
クライアント：岩谷宏一

Stairs-House

Place : Oda, Shimane
Date of Completion : September, 2007
Plan and Design : Y+M Design Office - Miyake Masahiro
Project Managemet : Yoshimoto Hidemasa
Construction : Aoki
Client : Iwatani Koichi

410

とぅーよんじゅーきゅー

所在地：東京・大田区萩中
完成年月：2008年3月
ディレクション、デザイン：16アーキテクツ　小川達也
プロダクション：長谷工ライブネット
クライアント：長谷工ライブネット
撮影：淺川 敏

TOO49

Place : Haginaka, Ota-ku, Tokyo
Date of Completion : March, 2008
Direction and Design : 16A - Ogawa Tatsuya
Production : Haseko Livenet
Client : Heseko Livenet
Photgraph : Asakawa Satoshi

411

MPS

所在地：栃木・宇都宮
完成年月：2008年2月
企画：齋藤良一
設計：e-house・archi・collaboration　佐々木 勝敏
施工：e-house・archi・collaboration
クライアント：守谷和高

MPS

Place : Utsunomiya, Tochigi
Date of Completion : February, 2008
Plan : Saito Ryoichi
Design : E-house · Archi · Collaboration - Sasaki Katsutoshi
Construction : E-house · Archi · Collaboration
Client : Moriya Kazutaka

411

412

3Dan Box

所在地：広島
完成年月：2007年10月
企画、設計：C.A.P DESIGN　門内一生、高橋洋一
施工：豊昇
クライアント：HACO
撮影：CACTUS　元 圭一

3Dan Box

Place : Hiroshima
Date of Completion : October, 2007
Plan and Design : C.A.P Design - Monnai Kazuo, Takahashi Yoichi
Construction : Hosyo
Client : Haco
Photograph : Cactus - Moto Keiichi

412

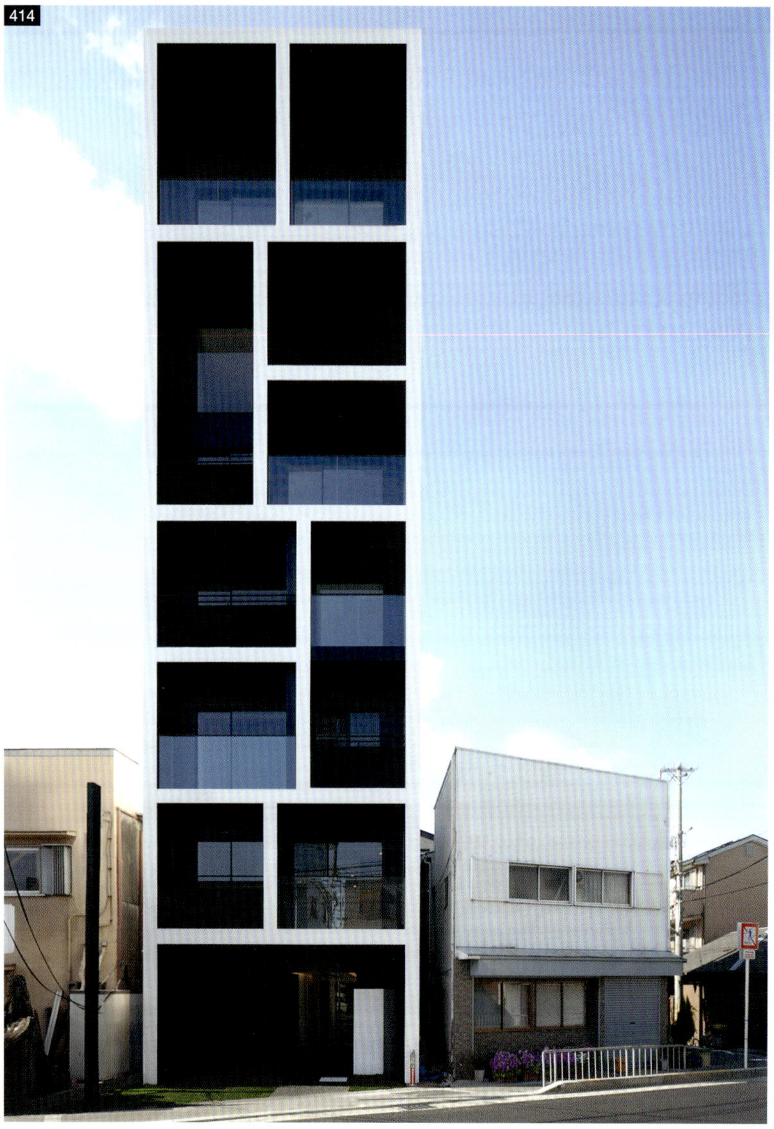

413

東宝スタジオ アクターズセンター／プロダクションセンター／オフィスセンター

所在地：東京・世田谷区成城
完成年月：2007年8月
ディレクション：竹中工務店
デザイン：竹中工務店 堀口譲司、大内靖志
モニュメントデザイン、製作：東宝映像美術
壁画制作：塙 雅夫
プロダクション：竹中工務店 他
クライアント：東宝
撮影：小川泰祐

TOHO STUDIOS Actors' center / Production center / Office center

Place : Seijo, Setagaya-ku, Tokyo
Date of Completion : August, 2007
Direction : Takenaka
Design : Takenaka - Horiguchi Joji, Ouchi Yasushi
Monument Design and Production : Toho Eizo Bijutsu
Mural Painting : Hanawa Masao
Production : Takenaka etc.
Client : Toho
Photograph : Ogawa Taisuke

414

片山集合住宅

所在地：大阪・吹田
完成年月：2007年4月
企画、設計：一級建築士事務所松浪光倫建築計画室 松浪光倫
構造設計：エスアンドエフ一級建築士事務所
施工：真柄建設
クライアント：丸真産業

Apartment of Katayama

Place : Suita, Osaka
Date of Completion : April, 2007
Plan and Design : Matsunami Mitsutomo & Associates - Matsunami Mitsutomo
Structure : S+F
Construction : Magara Construction
Client : Marushin Industrial

415
GMK本社ビル

所在地：群馬・伊勢崎
完成年月：2007年7月
企画：ジー・エム・ケー
建築設計：studio acca　石井勇人
ディレクション、デザイン：studio acca　石井勇人
施工：醇匠建設
クライアント：ジー・エム・ケー
撮影：牛尾幹太

GMK Head Office

Place : Isesaki, Gumma
Date of Completion : July, 2007
Plan : GMK
Architectural Design : Studio Acca - Ishii Hayato
Direction and Design : Studio Acca - Ishii Hayato
Construction : Jun Sho
Client : GMK
Photograph : Ushio Kanta

416
GRANDRIVE

所在地：神奈川・横須賀
完成年月：2007年9月
企画：追浜試験場再整備プロジェクト
ディレクション：日産自動車　中村史郎、袴田浩司、松澤 亨
デザイン：文田昭仁デザインオフィス
エイジェンシー：TBWA\HAKUHODO 芝 真之、井手 薫
実施設計：大林組　猪飼富雄、角谷正志、荒川公典
施工：大林組
クライアント：日産自動車
撮影：ナカサ&パートナーズ

GRANDRIVE

Place : Yokosuka, Kanagawa
Date of Completion : September, 2007
Plan : Oppama Proving Ground Renewal Project
Direction : Nissan Motor - Nakamura Shiro, Hakamata Koji, Matsuzawa Toru
Design : Fumita Design Office
Agency : TBWA\Hakuhodo - Shiba Masayuki, Ide Kaoru
Working Design : Obayashi - Ikai Tomio, Kakutani Masashi, Arakawa Kiminori
Construction : Obayashi
Client : Nissan Motor
Photograph : Nacása & Partners

417
シンコービル

所在地：大阪
完成年月：2007年8月
企画：豊原伸行、豊原正嗣、豊原千明
設計：竹中工務店　森田昌宏
照明：吉野弘恵
サウンドデザイン：井出裕昭
施工：竹中工務店
クライアント：豊原伸行、豊原正嗣、豊原千明
撮影：古川泰造

Shinko Building

Place : Osaka
Date of Completion : August, 2007
Plan : Toyohara Nobuyuki, Toyohara Masatsugu, Toyohara Chiaki
Design : Takenaka - Morita Masahiro
Lighting : Yoshino Hiroyasu
Sound Design : Ide Hiroaki
Construction : Takenaka
Client : Toyohara Nobuyuki, Toyohara Masatsugu, Toyohara Chiaki
Photograph : Furukawa Taizo

418

419

418

八重洲住友ビルB1F環境

所在地：東京・八重洲
完成年月：2007年11月
ディレクション：乃村工藝社　根本正夫
デザイン：乃村工藝社　木村裕見子
クライアント：三井住友海上火災保険
撮影：鈴木賢一

Yaesu Sumitomo Building B1F Environmental Design

Place : Yaesu, Tokyo
Date of Completion : November, 2007
Direction : Nomura - Nemoto Masao
Design : Nomura - Kimura Yumiko
Client : Mitsui Sumitomo Insurance
Photograph : Suzuki Kenichi

419

たけびし本社増築

所在地：京都
完成年月：2007年4月
企画、設計：竹中工務店　垣田博之
施工：竹中工務店
クライアント：たけびし
撮影：母倉知樹

Takebishi Headquarters

Place : Kyoto
Date of Completion : April, 2007
Plan and Design : Takenaka - Kakita Hiroyuki
Construction : Takenaka
Client : Takebishi
Photograph : Hahakura Tomoki

420

日立システムアンドサービス中部オフィス

所在地：名古屋
完成年月：2007年5月
企画：日立システムアンドサービス
ディレクション：インターブランドジャパン　松尾任人
空間デザイン：インターブランドジャパン　常見正樹
ヴィジュアルアイデンティティ：インターブランドジャパン
プロダクション：コクヨオフィスシステム
クライアント：日立システムアンドサービス

Hitachi Systems & Services Chubu Office

Place : Nagoya
Date of Completion : May, 2007
Plan : Hitachi Systems &Services
Direction : Interbrand Japan - Matsuo Hideto
Space Design : Interbrand Japan - Tsunemi Masaki
Visual Identity : Interbrand Japan
Production : Kokuyo Office System
Client : Hitachi Systems & Services

421

NSK本社エントランスリニューアル

所在地：東京・大崎
完成年月：2008年3月
企画：日本精工、クオラス
ディレクション：クオラス
デザイン監修：日本精工
プロダクション：小林工芸社
クライアント：日本精工

NSK Office Entrance Renewal

Place : Osaki, Tokyo
Date of Completion : March, 2008
Plan : NSK, Quaras
Direction : Quaras
Design Surpervision : NSK
Production : Kobayashi Kogeisha
Client : NSK

422

NTTクレド基町ビル パセーラ2階 レストルーム

所在地：広島
完成年月：2007年9月
ディレクション：NTTファシリティーズ
デザイン：乃村工藝社　土居一美
マネジメント：乃村工藝社　河野靖志
プロダクション：乃村工藝社
クライアント：NTT都市開発
撮影：井尻靖士

NTT Cred Motomachi Pacela 2F Rest Room

Place : Hiroshima
Date of Completion : September, 2007
Direction : NTT Facilities
Design : Nomura - Doi Kazumi
Management : Nomura - Kono Yasushi
Production : Nomura
Client : NTT Urban Development
Photograph : Ijiri Yasushi

423

424

423

トラスコ中山プラネット北関東

所在地：群馬・伊勢崎
完成年月：2007年5月
ディレクション：竹中工務店
デザイン：竹中工務店　山口広嗣、宮下信顕、薬師寺 浩
プロダクション：竹中工務店
クライアント：トラスコ中山
撮影：吉村行雄

Trusco Nakayama Planet Kitakanto

Place : Isesaki, Gumma
Date of Completion : May, 2007
Direction : Takenaka
Design : Takenaka - Yamaguchi Hirotsugu, Miyashita Nobuaki, Yakushiji Hiroshi
Production : Takenaka
Client : Trusco Nakayama
Photograph : Yoshimura Yukio

424

乃村工藝社 本社ビル

所在地：東京・台場
完成年月：2007年12月
企画：栗原 稔、片山英治、大榮正俊、上野廣司、中島勝則、高瀬和彦、桐岡 栄、宮里貴司、池田幸次、堀部眞雄
設計：日建設計　山梨知彦、芦田智之、勝矢武之、笹山恭代、岡本暁介、尾身友梨子、乃村工藝社　栗原 稔、片山英治、大榮正俊、上野廣司、中島勝則、高瀬和彦、桐岡 栄、宮里貴司、池田幸次、堀部眞雄
施工：大林組
クライアント：乃村工藝社
撮影：雁光舎　野田東徳

NOMURA Headquarters

Place : Daiba, Tokyo
Date of Completion : December, 2007
Plan : Kurihara Minoru, Katayama Eiji, Oe Masatoshi, Ueno Hiroshi, Nakajima Katsunori, Takase Kazuhiko, Kirioka Sakae, Miyazato Takashi, Ikeda Koji, Horibe Masao
Design : Nikken Sekkei - Yamanashi Tomohiko, Ashida Tomoyuki, Katsuya Takeyuki, Sasayama Yasuyo, Okamoto Akiyuki, Omi Yuriko
Nomura - Kurihara Minoru, Katayama Eiji, Oe Masatoshi, Ueno Hiroshi, Nakajima Katsunori, Takase Kazuhiko, Kirioka Sakae, Miyazato Takashi, Ikeda Koji, Horibe Masao
Construction : Obayashi
Client : Nomura
Photograph : Gankohsha - Noda Harunori

425
ネットコミュニティ

所在地：東京・内幸町
完成年月：2007年5月
企画：富士通
設計：富士通デザイン　平野 隆、坂口和敏、夏目英行
丹青社　松崎貴志、柴立悠希、小松一格
施工：丹青社
クライアント：富士通
撮影：平井広行

net Community

Place : Uchisaiwaicho, Tokyo
Date of Completion : May, 2007
Plan : Fujitsu
Design : Fujitsu Design - Hirano Takashi, Sakaguchi Kazutoshi, Natsume Hideyuki
Tanseisha - Matsuzaki Takashi, Shibatate Yuki, Komatsu Ikkaku
Construction : Tanseisha
Client : Fujitsu
Photograph : Hirai Hiroyuki

426
NOKIA NM705i発表会

展示場所：東京・六本木
展示期間：2008年2月
企画：電通
ディレクション：モードツー　嵩原安朗
デザイン：モードツー　横山義史
エイジェンシー：電通
施工：博展
プロダクション：モードツー
クライアント：ノキア・ジャパン

NOKIA NM705i Showing

Place : Roppongi, Tokyo
Date : February, 2008
Plan : Dentsu
Direction : Mode2 - Takehara Yasuaki
Design : Mode2 - Yokoyama Yoshifumi
Agency : Dentsu
Construction : Hakuten
Production : Mode2
Client : Nokia Japan

427
北濱ジョー

所在地：大阪
完成年月：2007年8月
企画、設計：OOPS Design Plus　江南力一
施工：佐々木工務店
クライアント：eg-bar.
撮影：下和佐英雄

Kitahama Joe

Place : Osaka
Date of Completion : August, 2007
Plan and Design : Oops Design Plus - Enami Rikikazu
Construction : Sasaki Komuten
Client : Eg-Bar.
Photograph : Shimowasa Hideo

428

jerry

所在地：札幌
完成年月：2008年3月
企画、設計：tsumac design factory　妻倉慎司
施工：工房真山
クライアント：arica design
撮影：古瀬 圭

jerry

Place : Sapporo
Date of Completion : March, 2008
Plan and Design : Tsumac Design Factory - Tsumakura Shinji
Construction : Kobo Mayama
Client : Arica Design
Photograph : Furuse Kei

429

YURAS

所在地：東京・恵比寿南
完成年月：2007年7月
設計：sinato　大野 力
施工：遊夢
クライアント：ユラス
撮影：上田 宏

YURAS

Place : Ebisu-Minami, Tokyo
Date of Completion : July, 2007
Design : Sinato - Ono Chikara
Construction : Yumu
Client : Yuras
Photograph : Ueda Hiroshi

430

TWC SHOWROOM RE-BRANDING

所在地：東京・大崎
完成年月：2007年8月
企画：太陽金網
ディレクション、デザイン：16アーキテクツ　小川達也
プロダクション：16アーキテクツ
クライアント：太陽金網
撮影：森山 越

TWC SHOWROOM RE-BRANDING

Place : Osaki, Tokyo
Date of Completion : August, 2007
Plan : Taiyo Wire Cloth
Direction and Design : 16A - Ogawa Tatsuya
Production : 16A
Client : Taiyo Wire Cloth
Photograph : Moriyama Etsu

431
NISSANデザインセンター カンファレンスルーム

所在地：神奈川・厚木
完成年月：2007年5月
企画：日産自動車
デザイン：辻村久信デザイン事務所＋ムーンバランス
プロデュース：日産自動車 袴田浩司、松澤 亨
エイジェンシー：博報堂 田島利亮
プロダクション：丹青社
クライアント：日産自動車
撮影：ナカサ＆パートナーズ

NISSAN Design Center Conference Room

Place : Atsugi, Kanagawa
Date of Completion : May, 2007
Plan : Nissan Motor
Design : Tsujimura Hisanobu Design Office + Moonbalance
Producing : Nissan Motor - Hakamata Koji, Matsuzawa Toru
Agency : Hakuhodo - Tajima Toshiaki
Production : Tanseisha
Client : Nissan Motor
Photograph : Nacása & Partners

431

432
シンプレクス・インベストメント・アドバイザーズ

所在地：東京・丸の内
完成年月：2007年7月
インテリアデザイン：日建スペースデザイン 片山 賢、永合貴之、橋口幸平
プロダクション：竹中工務店
クライアント：シンプレクス・インベストメント・アドバイザーズ
撮影：馬場祥光

Simplex Investment Advisors

Place : Marunouchi, Tokyo
Date of Completion : July, 2007
Interior Design : Nikken Space Design - Katayama Ken, Nago Takayuki, Hashiguchi Kohei
Production : Takenaka
Client : Simplex Investment Advisors
Photograph : Baba Yoshiteru

432

433
若葉会 高重記念クリニック

所在地：富山
完成年月：2008年3月
ディレクション、デザイン：竹中健次
施工：砺波工業
クライアント：若葉会
撮影：黒川博司

Takashige Memorial Clinic

Place : Toyama
Date of Completion : March, 2008
Direction and Design : Takenaka Kenji
Construction : Tonami Industrial
Client : Medical and Healthcare Association Wakaba-kai
Photograph : Kurokawa Hiroshi

433

434

Yahoo! JAPAN Executive Floor

所在地：東京・赤坂
完成年月：2007年4月
企画：赤尾嘉一、中川誠一
設計：フィールドフォー・デザインオフィス　志村美治、代田哲也
プロデュース：イオタ、ネクスト・エム
ファニチュアデザイン：MIKIYA KOBAYASHI DESIGN
施工：竹中・大成 JV
クライアント：ヤフー
撮影：ナカサ&パートナーズ

Yahoo! JAPAN Executive Floor

Place : Akasaka, Tokyo
Date of Completion : April, 2007
Plan : Akao Yoshikazu, Nakagawa Seiichi
Design : Field Four Design Office - Shimura Yoshiharu, Shirota Tetsuya
Producing : Iota, Next/m
Furniture Design : Mikiya Kobayashi Design
Construction : Takenaka, Taisei JV
Client : Yahoo Japan
Photograph : Nacása & Partners

435

原宿事務所

所在地：東京・千駄ヶ谷
完成年月：2007年6月
デザイン：吉里謙一、伊藤智幸
クライアント：タケヤ
撮影：平賀 哲

Harajuku Office

Place : Sendagaya, Tokyo
Date of Completion : June, 2007
Design : Yoshizato Kenichi, Ito Tomoyuki
Client : Takeya
Photograph : Hiraga Tetsu

436
オムロン コントロールソリューションプラザ草津

所在地:滋賀·草津
完成年月:2007年5月
企画、ディレクション:丹青社 津田 真
デザイン:丹青社 高辻純哉
プロダクション:丹青社
クライアント:オムロン
撮影:下村康典

OMRON Control Solution Plaza Kusatsu

Place : Kusatsu, Shiga
Date of Completion : May, 2007
Plan and Direction : Tanseisha - Tsuda Makoto
Design : Tanseisha - Takatsuji Junya
Production : Tanseisha
Client : Omron
Photograph : Shimomura Yasunori

437
"IDEA" ATMJ SOLUTION CENTER

所在地:東京·墨田区太平
完成年月:2007年12月
企画ディレクション、インテリアデザイン:インターブランドジャパン 松尾任人
インタラクティブデザイン:インターブランドジャパン 藤村紘一
設計協力、施工:エムエスティ
クライアント:日本ATM
撮影:馬場祥光

"IDEA" ATMJ SOLUTION CENTER

Place : Taihei, Sumida-ku, Tokyo
Date of Completion : December, 2007
Planning Direction and Interior Design : Interbrand Japan - Matsuo Hideto
Interactive Design : Interbrand Japan - Fujimura Koichi
Design Cooperation and Construction : MST
Client : ATM Japan
Photograph : Baba Yoshiteru

438
KDDIデザインニングスタジオ 2Fリニューアル

所在地:東京·原宿
完成年月:2007年7月
企画:博報堂
ディレクション:TOW 白藤寛隆、FCI 岩合正仁
デザイン:ポルト 西脇夏枝
プロダクション:ムラヤマ
クライアント:KDDI
撮影:ジェイライツ 板村光一郎

KDDI DESIGNING STUDIO the Second Floor Renewal

Place : Harajuku, Tokyo
Date of Completion : July, 2007
Plan : Hakuhodo
Direction : TOW - Shirafuji Hirotaka, FCI - Iwago Masahito
Design : Porto - Nishiwaki Natsue
Production : Murayama
Client : KDDI
Photograph : J-Lights - Itamura Koichiro

439

440

439

ヤマギワ　ライティングラボ

所在地：東京・外神田
完成年月：2007年9月
ディレクション：丹青社　万井 純
デザイン：丹青社　万井 純、村上智盛
照明：ヤマギワ　遠藤充彦
プロダクション：丹青社
クライアント：ヤマギワ
撮影：金子俊男

Yamagiwa Lighting Lab.

Place : Sotokanda, Tokyo
Date of Completion : September, 2007
Direction : Tanseisha - Mani Jun
Design : Tanseisha - Mani Jun, Murakami Tomoshige
Lighting : Yamagiwa - Endo Mitsuhiko
Production : Tanseisha
Client : Yamagiwa
Photograph : Kaneko Toshio

440

パナソニックセンター北京

所在地：中国・北京
完成年月：2007年7月
プロデュース：松下電器産業　藤岡美和、大和義明、
森本 隆、蝉丸明子、島田尚依
ディレクション：電通　桜井敬三、電通テック　黒木伸彦、佐々木暁人
アートディレクション：乃村工藝社　栗原孝弘、根石一夫
デザイン：乃村工藝社　石川雅朗、須賀成人、橋本麻子、深野友規
プロダクションディレクション：乃村工藝社　富林健二、木村芳和
プロダクション：乃村工藝社、乃村工藝建築装飾
クライアント：松下電器産業
撮影：鈴木賢一

Panasonic Center Beijing

Place : Beijing, China
Date of Completion : July, 2007
Producing : Matsushita Electric Industrial - Fujioka Yoshikazu,
Yamato Yoshiaki, Morimoto Takashi, Semimaru Akiko, Shimada Naoe
Direction : Dentsu - Sakurai Keizo, Dentsu Tec - Kuroki Nobuhiko, Sasaki Akihito
Art Direction : Nomura - Kurihara Takahiro, Neishi Kazuo
Design : Nomura - Ishikawa Masaaki, Suga Naruto, Hashimoto Asako, Fukano Tomoki
Production Direction : Nomura - Tomibayashi Kenji, Kimura Yoshikazu
Production : Nomura, Nomura (Beijing)
Client : Matsushita Electric Industrial
Photograph : Suzuki Kenichi

441

Brother Communication Space Theme Zone

所在地：名古屋
完成年月：2008年3月
企画：乃村工藝社　藤井徳久、早川直宏／井上 直
ディレクション：乃村工藝社　深堀習太
デザイン：乃村工藝社　深堀習太、鈴木倫江、塚本 薫／東 基良、井上茂樹、神谷明洋、吉田 宏
コンテンツデザイン：津田規明
マネジメント：乃村工藝社　饗庭健介
プロダクションマネジメント：乃村工藝社　平山暁生／中嶋幸二
プロダクション：乃村工藝社、龍木工芸、トーアフォート
クライアント：ブラザー工業
撮影：滝田フォト

Brother Communication Space Theme Zone

Place : Nagoya
Date of Completion : March, 2008
Plan : Nomura - Fujii Tokuhisa, Hayakawa Naohiro / Inoue Sunao
Direction : Nomura - Fukahori Shuta
Design : Nomura - Fukahori Shuta, Suzuki Tomoe, Tsukamoto Kaoru / Azuma Motoyoshi, Inoue Shigeki, Kamiya Akihiro, Yoshida Hiroshi
Contents Design : Tsuda Noriaki
Managememant : Nomura - Aiba Kensuke
Production Management : Nomura - Hirayama Akio / Nakashima Koji
Production : Nomura, Tatsuki, Toa Photo
Client : Brother Industries
Photograph : Takita Photo

441

442

サッポロビール那須工場"森のビールづくり見学館"

所在地：栃木・那須町
完成年月：2008年4月
ディレクション：乃村工藝社　高橋珠恵
デザイン：乃村工藝社　高橋珠恵、岩野早希子、福本 央
グラフィックデザイン：乃村工藝社　佐々木敏恵、森 佳子、浅妻健司
造形デザイン：乃村工藝社　川原正毅、河西純子
テクニカルディレクション：乃村工藝社　小林敬治
プロダクション：乃村工藝社
クライアント：サッポロビール
撮影：白松清之

Sapporo Beer Nasu Brewery "mori no beer-zukuri kengakukan"

Place : Nasumachi, Tochigi
Date of Completion : April, 2008
Direction : Nomura - Takahashi Tamae
Design : Nomura - Takahashi Tamae, Iwano Sakiko, Fukumoto Teru
Graphic Design : Nomura - Sasaki Toshie, Mori Yoshiko, Asazuma Kenji
Modeling : Nomura - Kawahara Masaki, Kawanishi Junko
Technical Direction : Nomura - Kobayashi Keiji
Production : Nomura
Client : Sapporo Breweries
Photograph : Shiramatsu Kiyoyuki

442

443

moderno torre sho-to

所在地：東京・渋谷区松濤
完成年月：2008年1月
ディレクション：竹中工務店
デザイン：竹中工務店　澤田 勝、井上博明
プロダクション：竹中工務店
クライアント：Quality & Incubation
撮影：ミヤガワ

moderno torre sho-to

Place : Shoto, Shibuya-ku, Tokyo
Date of Completion : January, 2008
Direction : Takenaka
Design : Takenaka - Sawada Masaru, Inoue Hiroaki
Production : Takenaka
Client : Quality & Incubation
Photograph : Miyagawa

443

444

TOTO SEOUL SHOWROOM

所在地：韓国・ソウル
完成年月：2007年11月
企画：TOTO
ディレクション：ジーク　吉原 学
デザイン：ジーク　吉原 学、平等隆志
プロダクション：ミン
クライアント：TOTO

TOTO SEOUL SHOWROOM

Place : Seoul, Korea
Date of Completion : November, 2007
Plan : Toto
Direction : Zycc - Yoshihara Manabu
Design : Zycc - Yoshihara Manabu, Hirato Takashi
Production : Min
Client : Toto

445

サンウェルミューズ北参道

所在地：東京・千駄ヶ谷
完成年月：2008年2月
企画：サンウェルグループ
設計：タカトタマガミデザイン　玉上貴人、ビーフンデザイン　長谷川 勉
施工：守谷商会
クライアント：サンウェルグループ
撮影：ナカサ&パートナーズ

Sunwell Muse Kitasando

Place : Sendagaya, Tokyo
Date of Completion : February, 2008
Plan : Sunwell Group
Design : Takato Tamagami Architectural Design - Tamagami Takato,
Be-Fun Design - Hasegawa Tsutomu
Construction : Moriya
Client : Sunwell Group
Photograph : Nacása & Partners

446
ナガセアプリケーションワークショップ

所在地：兵庫・尼崎
完成年月：2007年7月
デザイン：ジーク　松井英二
ディレクション：ジーク　安藤嘉朗
プロダクション：ジーク
クライアント：長瀬産業
撮影：宮本真治

NAGASE APPLICATION WORKSHOP

Place : Amagasaki, Hyogo
Date of Completion : July, 2007
Design : Zycc - Matsui Eiji
Direction : Zycc - Ando Yoshiro
Production : Zycc
Client : Nagase
Photograph : Miyamoto Shinji

446

447
トヨタホームショールーム

所在地：名古屋
完成年月：2007年10月
デザイン：Kono design llc　河野能美
展示デザイン：乃村工藝社　森藤 崇、小関伸吾、岡本政利
制作ディレクション：乃村工藝社　加藤慎治、原 英雄
マネジメント：乃村工藝社　松村丈夫、藤井徳久
プロダクション：乃村工藝社
クライアント：トヨタホーム
撮影：トーアフォート

TOYOTA HOME Showroom

Place : Nagoya
Date of Completion : October, 2007
Design : Kono Designs - Kono Yoshimi
Display Design : Nomura - Morito Takashi, Ozeki Shingo, Okamoto Masatoshi
Production Management : Nomura - Kato Shinji, Hara Hideo
Management : Nomura - Matsumura Takeo, Fujii Tokuhisa
Production : Nomura
Client : Toyota Home
Photograph : Toa Photo

447

448
LOUVRE-DNP MUSEUM LAB vol.3

展示場所：東京・西五反田
展示期間：2007年10月～2008年3月
企画：大日本印刷
ディレクション：大日本印刷　久永一郎、DNPスペースデザイン　古山智一
デザイン：乃村工藝社　相賀 彰、西野 晃、鈴木 敦、平田和佳子、芳賀あき、稲葉亜希
映像企画・制作：DNPデジタルコム、DNPアーカイブ・コム、DNP映像センター
マネジメント：乃村工藝社　濱田奉久
プロダクション：乃村工藝社
クライアント：大日本印刷
撮影：小石澤晴男

LOUVRE-DNP MUSEUM LAB vol.3

Place : Nishi-Gotanda, Tokyo
Date : from October, 2007 to March, 2008
Plan : Dai Nippon Printing
Direction : Dai Nippon Printing - Hisanaga Ichiro, DNP Space Design - Furuyama Tomokazu
Design : Nomura - Oga Akira, Nishino Akira, Suzuki Atsushi, Hirata Wakako, Haga Aki, Inaba Aki
Film Planning and Making : DNP Digitalcom, DNP Archives. com, DNP AV Center
Management : Nomura - Hamada Tomohisa
Production : Nomura
Client : Dai Nippon Printing
Photograph : Koishizawa Haruo

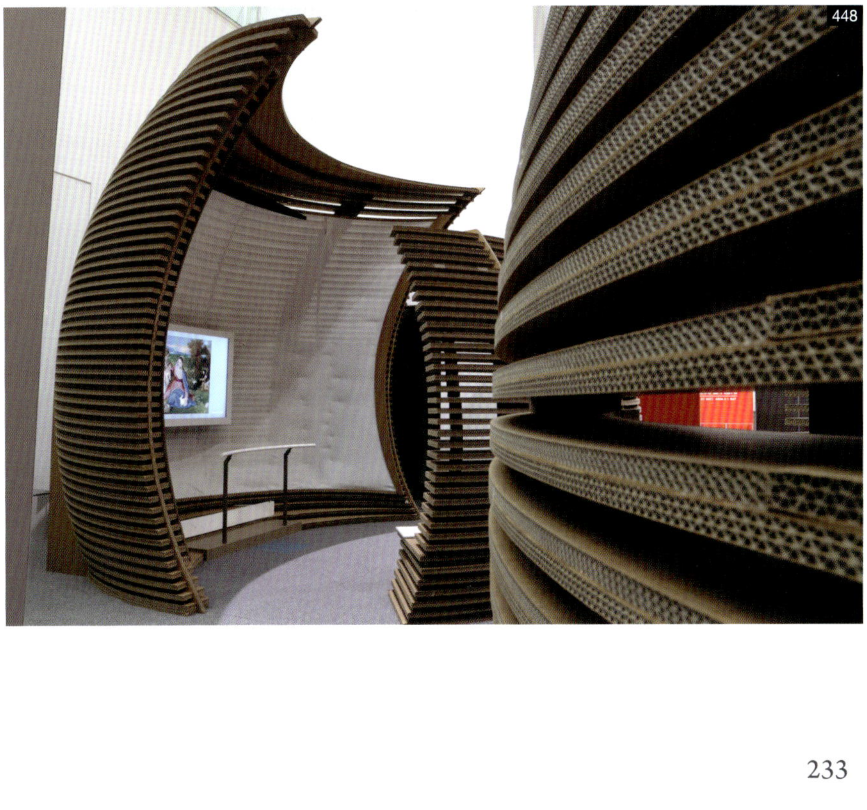
448

449

星野哲郎記念館

所在地：山口・周防大島町
完成年月：2007年7月
企画：周防大島町、紙の舟（星野哲郎音楽事務所）、哲の会
建築設計：佐藤総合計画　井下仁史、牧 圭亮
展示設計：乃村工藝社　藤本 強、曽根 馨、鮫島泰平、川崎淑明
構造設計：梅沢建築構造研究所　梅沢良三
ランドスケープデザイン：鳳コンサルタント環境デザイン研究所　佐々木葉二
照明：スタイルマテック　松本浩作
映像、グラフィックデザイン、造形：馬止理行、青木健太、竹中忠史
クライアント：周防大島町
撮影：鈴木研一

Hoshino Tetsuro Museum

Place : Suo-Oshimacho, Yamaguchi
Date of Completion : July, 2007
Plan : Suo-Oshimacho, Kaminofune, Tetsunokai
Architectural Design : Axs Satow - Inoshita Hitoshi, Maki Keisuke
Display Design : Nomura - Fujimoto Tsuyoshi, Sone Kaoru, Samejima Taihei, Kawasaki Toshiaki
Structural Design : Umezawa Structural Engineers - Umezawa Ryozo
Landscape Design : Ohtori Consultants Environmental Design Institute - Sasaki Yoji
Lighting : Style Ma'tec - Matsumoto Kosaku
Video Contents, Graphic Design, Formative Design :
Umadome Masayuki, Aoki Kenta, Takenaka Tadafumi
Client : Suo-Oshimacho Township
Photograph : Suzuki Kenichi

450

薩摩伝承館

所在地：鹿児島・指宿
完成年月：2007年11月
設計：竹中工務店　高須芳史、原 弘、平沢 勇、片岡照雄
施工：竹中工務店
クライアント：指宿白水館
撮影：伊東 浩

Satsuma Densho-kan

Place : Ibusuki, Kagoshima
Date of Completion : November, 2007
Design : Takenaka - Takasu Yoshifumi, Hara Hiro, Hirasawa Isamu, Kataoka Teruo
Construction : Takenaka
Client : Ibusuki Hakusuikan
Photograph : Ito Hiroshi

451

薩摩伝承館

所在地：鹿児島・指宿
完成年月：2008年2月
企画：薩摩伝承館　深港恭子
建築設計：竹中工務店　原 弘
ディレクション：丹青研究所　中澤文三
デザイン：丹青研究所　小林宜文、塩田達郎、井上大輔
グラフィックデザイン：ノイエデザイン　熊谷淳一
プロダクション：丹青研究所
クライアント：指宿白水館

Satsuma Densho-kan

Place : Ibusuki, Kagoshima
Date of Completion : February, 2008
Plan : Satsuma Densho-kan - Fukaminato Kyoko
Architectural Design : Takenaka - Hara Hiro
Direction : Tansei Institute - Nakazawa Bunzo
Design : Tansei Institute - Kobayashi Yoshifumi, Shioda Tatsuro, Inoue Daisuke
Graphic Design : Noie Design - Kumagai Junichi
Production : Tansei Institute
Client : Ibusuki Hakusuikan

452
越谷市リサイクルプラザ

所在地：埼玉・越谷
完成年月：2007年11月
ディレクション：丹青社　土井啓郁
デザイン：丹青社　石河孝浩、吉田紀代美
プロダクション：丹青社
クライアント：越谷市
撮影：フォワードストローク

Koshigaya-shi Recycle Plaza

Place : Koshigaya, Saitama
Date of Completion : November, 2007
Direction : Tanseisha - Doi Hirofumi
Design : Tanseisha - Ishikawa Takahiro, Yoshida Kiyomi
Production : Tanseisha
Client : Koshigaya City
Photograph : Forward Stroke

453
世界のタイル博物館

所在地：愛知・常滑
完成年月：2007年11月
企画：INAX
ディレクション：ygs　吉谷博光
デザイン：乃村工藝社　小関伸吾、後藤恭志
制作ディレクション：乃村工藝社　永里 浩、藤井聖登
マネジメント：乃村工藝社　西川絢子
プロダクション：乃村工藝社
クライアント：INAX

World Tile Museum

Place : Tokoname, Aichi
Date of Completion : November, 2007
Plan : Inax
Direction : Ygs - Yoshiya Hiromitsu
Design : Nomura - Ozeki Shingo, Goto Yasushi
Production Management : Nomura - Nagasato Hiroshi, Fujii Masanori
Management : Nomura - Nishikawa Ayako
Production : Nomura
Client : Inax

452

453

454

鉄道博物館

所在地：さいたま
完成年月：2007年10月
プロダクション：トータルメディア開発研究所
総合プロデュース：板里義之
プロデュース、ディレクション：岩田紳也、酒向智子、橋本仁輔、北澤宏朗、久光重夫
企画、デザイン：矢野たか子、渡辺真吾、松本知子、川井広光、阿部昌徳
特殊装置製作：音楽館　向谷 実、ジェイアール九州商事、桝井喜孝
施工管理：増渕 充、石塚彰悟、上原英克、横田國臣
クライアント：東日本鉄道文化財団
写真提供：交通新聞社
撮影：真島満秀写真事務所

The Railway Museum

Place : Saitama
Date of Completion : October, 2007
Production : Totalmedia Development Institute
Total Producing : Itasato Yoshiyuki
Producing and Direction : Iwata Shinya, Sako Tomoko, Hashimoto Jinsuke, Kitazawa Hiroo, Hisamitsu Shigeo
Plan and Design : Yano Takako, Watanabe Shingo, Matsumoto Tomoko, Kawai Hiromitsu, Abe Masanori
Special Experiential Exhibit : Ongakukan - Mukaiya Minoru, Kyushu Japan Railway Trading, Masui Yoshitaka
Construction Management : Masubuchi Mitsuru, Ishizuka Shogo, Uehara Hidekatsu, Yokota Kuniomi
Client : East Japan Railway Culture Foundation
Photo Credit : Transportation News
Photograph : M. Mashima Photo Office

455

兵庫県立考古博物館

所在地：兵庫・播磨町
完成年月：2007年10月
展示監修：染川香澄
企画：乃村工藝社　神 剛司、塚原秀敏、鮫島泰平
ディレクション：乃村工藝社　辻本弘司
デザイン：乃村工藝社　川上洋一、赤嶺剛央、西 尹彦、東 基良、門間時彦、野上幸佑
プロモーション：乃村工藝社　関 國男、竹川健二、長岡伸二、一万田 隼人
テクニカルディレクション：乃村工藝社　鈴木俊幸、井上禎人、東原由季
プロダクション：乃村工藝社
クライアント：兵庫県
撮影：フォートイルカ

Hyogo Prefectural Museum of Archaeology

Place : Harimacho, Hyogo
Date of Completion : October, 2007
Supervision : Somekawa Kasumi
Plan : Nomura - Kami Koji, Tsukahara Hidetoshi, Samejima Taihei
Direction : Nomura - Tsujimoto Hiroshi
Design : Nomura - Kawakami Yoichi, Akamine Takeaki, Nishi Takahiko, Azuma Motoyoshi, Kadoma Tokihiko, Nogami Kosuke
Promotion : Nomura - Seki Kunio, Takegawa Kenji, Nagaoka Shinji, Ichimanda Hayato
Technical Direction : Nomura - Suzuki Toshiyuki, Inoue Yoshito, Higashihara Yuki
Production : Nomura
Client : Hyogo Prefecture
Photograph : Photo Iruka

456
Honda Collection Hall 企画展“スクーター立体大図鑑”

展示場所：栃木・茂木町
展示期間：2007年6月～2008年1月
プロデュース：丹青社　藤井明文
企画：丹青社　小杉重信
ディレクション：丹青社　斎藤克己
基本プラン：丹青社　高橋 誠、丸子しずえ
デザイン：丹青社　本間 桂
グラフィックデザイン：丹青社　南雲美恵、芦川美帆
プロダクション：丹青社
クライアント：モビリティランド、ツインリンクもてぎ Honda Collection Hall
撮影：ヴィスタジャパン　廣崎節雄

Honda Collection Hall Special Exhibition “SCOOTER RITTAI DAIZUKAN”

Place : Motegimachi, Tochigi
Date : from June, 2007 to January, 2008
Producing : Tanseisha - Fujii Akifumi
Plan : Tanseisha - Kosugi Shigenobu
Direction : Tanseisha - Saito Katsumi
Basic Plan : Tanseisha - Takahashi Makoto, Maruko Shizue
Design : Tanseisha - Homma Katsura
Graphic Design : Tanseisha - Nagumo Mie, Ashikawa Miho
Production : Tanseisha
Client : Mobilityland, Twin Ring Motegi Honda Collection Hall
Photograph : Vista Japan - Hirosaki Setsuo

456

457
府中郷土の森博物館“くらやみ祭”

展示場所：東京・府中
完成年月：2008年4月
総合ディレクション：丹青社　和田明彦
企画：丹青社　鬼澤優子
デザイン：丹青社　大田智之
映像：岩波映像
施工：丹青社
クライアント：府中市
撮影：フォワードストローク

Fuchu Kyodo no Mori Museum “KURAYAMI MATSURI”

Place : Fuchu, Tokyo
Date of Completion : April, 2008
Total Direction : Tanseisha - Wada Akihiko
Plan : Tanseisha - Onizawa Yuko
Design : Tanseisha - Ota Tomoyuki
Audio Visual : Iwanami Audio-Visual Media
Construction : Tanseisha
Client : Fuchu City
Photograph : Forward Stroke

457

458
豊橋市自然史博物館 中生代展示室

所在地：愛知・豊橋
完成年月：2008年4月
プロデュース：丹青社　和田明彦
アートディレクション：丹青社　西山健一
デザイン：丹青社　田中利岳
メディアデザイン：丹青社　後藤洋一
造形デザイン：丹青社　中井弘志、杉山優子
グラフィックデザイン：丹青社　杉谷 進、飯田光子
プロダクション：丹青社
クライアント：豊橋市

Toyohashi Museum of Natural History Mesozoic Hall

Place : Toyohashi, Aichi
Date of Completion : April, 2008
Producing : Tanseisha - Wada Akihiko
Art Direction : Tanseisha - Nishiyama Kenichi
Design : Tanseisha - Tanaka Toshitake
Media Design : Tanseisha - Goto Yoichi
Model Design : Tanseisha - Nakai Hiroshi, Sugiyama Yuko
Graphic Design : Tanseisha - Sugitani Susumu, Iida Mitsuko
Production : Tanseisha
Client : Toyohashi City

458

459

異星の踏査—"アポロ"から"はやぶさ"へ

展示場所:東京·本郷
展示期間:2007年10月～2008年2月
企画:東京大学総合研究博物館　宮本英昭、洪 恒夫、東京大学　橘 省吾
デザイン:洪 恒夫
展示コーディネイション:石田裕美
グラフィックデザイン:関岡裕之
プロダクション:セキオカヒロユキデザイン、商華堂
クライアント:東京大学総合研究博物館
撮影:フォワードストローク

PLANETARY GEOLOGY FROM APOLLO TO HAYABUSA

Place : Hongo, Tokyo
Date : from October, 2007 to February, 2008
Plan : The University Museum, The University of Tokyo - Miyamoto Hideaki, Ko Tsuneo, The University of Tokyo - Tachibana Shogo
Design : Ko Tsuneo
Exhibition Coordination : Ishida Hiromi
Graphic Design : Sekioka Hiroyuki
Production : Hiroyuki Sekioka Design, Shokado
Client : The University Museum, The University of Tokyo
Photograph : Forward Stroke

460

富山市科学博物館

所在地:富山
完成年月:2007年7月
ディレクション:乃村工藝社　成田英樹
企画:乃村工藝社　斉藤恵理、渡辺 創、森 誠一郎、柳原朋子、榎本 俊、鈴木健二
デザイン:乃村工藝社　鈴木 敦、田村憲明、今井 昭、桐岡 栄、石田治子
マネジメント:乃村工藝社　菅沼昭彦
プロダクションマネジメント:乃村工藝社　藤森 功、片山典久、植村 裕、白石康展、安藤慶行、池田 真、松本美知、湯本 晃、山下優子
プロダクション:乃村工藝社
クライアント:富山市
撮影:宮本真治

Toyama Science Museum

Place : Toyama
Date of Completion : July, 2007
Direction : Nomura - Narita Hideki
Plan : Nomura - Saito Eri, Watanabe So, Mori Seiichiro, Yanagihara Tomoko, Enomoto Shun, Suzuki Kenji
Design : Nomura - Suzuki Atsushi, Tamura Noriaki, Imai Akira, Kirioka Sakae, Ishida Haruko
Management : Nomura - Suganuma Akihiko
Production Management : Nomura - Fujimori Isao, Katayama Norihisa, Uemura Yutaka, Shiraishi Yasunobu, Ando Takayuki, Ikeda Makoto, Matsumoto Yoshitomo, Yumoto Akira, Yamashita Yuko
Production : Nomura
Client : Toyama City
Photograph : Miyamoto Shinji

461

洞爺湖町 火山科学館

所在地:北海道·洞爺湖町
完成年月:2007年5月
総合設計:岩見田設計
展示デザイン:丹青社　岡村敬之、高辻純哉、大野ひろし
プロダクション:丹青社
クライアント:洞爺湖町
撮影:芦田和義

Volcano Science Museum

Place : Toyakocho, Hokkaido
Date of Completion : May, 2007
Total Planning : Iwamida Sekkei
Display : Tanseisha - Okamura Takayuki, Takatsuji Junya, Ono Hiroshi
Production : Tanseisha
Client : Toyakocho Township
Photograph : Ashida Kazuyoshi

462

松本市 山と自然博物館

所在地：長野・松本／完成年月：2007年5月
デザイン：乃村工藝社　芦田光代、堀越さやか、空間工房　三好恵介、御園生昌敏デザイン事務所　御園生 昌敏
企画：乃村工藝社　亀山裕市、森 誠一朗、郷 康典
造形デザイン：ノムラテクノ　安藤慶行、岸川研一
制作ディレクション：乃村工藝社　佐久間 慶、湯本 晃
マネジメント：乃村工藝社　伴野 保、横山昌昇
プロダクション：乃村工藝社
クライアント：松本市
撮影：大東正巳

Matsumoto Mountain and Nature Museum

Place : Matsumoto, Nagano / Date of Completion : May, 2007
Design : Nomura - Ashida Mitsuyo, Horikoshi Sayaka, Space Atelier - Miyoshi Keisuke, Misonou Design Office - Misonou Masatoshi
Plan : Nomura - Kameyama Yuichi, Mori Seiichiro, Go Yasunori
Molding Design : Nomura Techno - Ando Noriyuki, Kishikawa Kenichi
Construction Producing : Nomura - Sakuma Kei, Yumoto Akira
Management : Nomura - Tomono Tamotsu, Yokoyama Masanori
Production : Nomura
Client : Matsumoto City
Photograph : Daito Masami

463

倉敷科学センター

所在地：岡山・倉敷
完成年月：2008年3月
プロデュース：丹青社　和田明彦
アートディレクション、デザイン：丹青社　西山健一
企画：丹青社　小杉重信、藤森宣光
メディアデザイン：丹青社　大野達浩
グラフィックデザイン：丹青社　杉谷 進、飯田光子
プロダクション：丹青社
クライアント：倉敷市
撮影：フォワードストローク

Kurashiki Science Center

Place : Kurashiki, Okayama
Date of Completion : March, 2008
Producing : Tanseisha - Wada Akihiko
Art Direction and Design : Tanseisha - Nishiyama Kenichi
Plan : Tanseisha - Kosugi Shigenobu, Fujimori Nobumitsu
Media Design : Tanseisha - Ono Tatsuhiro
Graphic Design : Tanseisha - Sugitani Susumu, Iida Mitsuko
Production : Tanseisha
Client : Kurashiki City
Photograph : Forward Stroke

464

電力館7F“ALL About TEPCO”

所在地：東京・渋谷／完成年月：2008年3月
プロデュース：電通　浦橋信一郎
ディレクション：電通テック　矢部則之、丹青社　洪 恒夫
企画：ダブルクレイン　宍倉貴之、菊地聡子、クラップ・ネットワーク　内野真美
デザイン：丹青社　洪 恒夫、石田裕美、吉田真司
グラフィックデザイン：ダブルクレイン　林 直岳、カーブ
コンテンツデザイン：プラプラックス　近森 基
プロダクション：電通テック、丹青社
クライアント：東京電力
撮影：フォワードストローク

TEPCO Electric Energy Museum “ALL About TEPCO”

Place : Shibuya, Tokyo / Date of Completion : March, 2008
Producing : Dentsu - Urahashi Shinichiro
Direction : Dentsu Tec - Yabe Noriyuki, Tanseisha - Ko Tsuneo
Plan : Double Crane - Shishikura Takayuki, Kikuchi Satoko, Crop Network - Uchino Mami
Design : Tanseisha - Ko Tsuneo, Ishida Hiromi, Yoshida Shinji
Graphic Design : Double Crane - Hayashi Naotake, Carve
Contents Design : Plaplax - Chikamori Motoshi
Production : Dentsu Tec, Tanseisha
Client : Tokyo Electric Power
Photograph : Forward Stroke

465

文部科学省"情報ひろば"

所在地：東京・霞ヶ関
完成年月：2008年3月
ディレクション：乃村工藝社　堤 雄一郎
デザイン：乃村工藝社　横田美幸、赤澤 香／三好恵介
メディアデザイン：乃村工藝社　相澤 謙、山下優子、河合伴治、池田 真／舘野 勉、佐藤 尚
企画：乃村工藝社　渡辺 創、井戸幸一、三上戸美／越 真澄
プロダクションマネジメント：乃村工藝社　高橋昭信、高橋浩一郎
マネジメント：乃村工藝社　北山浩二
プロダクション：乃村工藝社
クライアント：文部科学省
撮影：宮本真治

The Museum of Ministry of Education, Culture, Sports, Science and Technology

Place : Kasumigaseki, Tokyo
Date of Completion : March, 2008
Direction : Nomura - Tsutsumi Yuichiro
Design : Nomura - Yokota Miyuki, Akazawa Kaori / Miyoshi Keisuke
Media Design : Nomura - Aizawa Ken, Yamashita Yuko, Kawai Tomoharu, Ikeda Makoto / Tateno Tsutomu, Sato Takashi
Plan : Nomura - Watanabe So, Ido Koichi, Mikami Hiromi / Koshi Masumi
Production Management : Nomura - Takahashi Akinobu, Takahashi Koichiro
Management : Nomura - Kitayama Koji
Production : Nomura
Client : Ministry of Education, Culture, Sports, Science and Technology
Photograph : Miyamoto Shinji

466

十五代当主 盛田昭夫

所在地：愛知・常滑
完成年月：2008年4月
企画：イグフィコーポレーション　岡田直子
ディレクション：ウィル
デザイン：ケイツー　長友啓典
プロダクション：ニホンディスプレイ
クライアント：十五代当主盛田昭夫実行委員会
撮影：クラッカースタジオ　三浦康史

Akio Morita 15th Generation of the Morita Family

Place : Tokoname, Aichi
Date of Completion : April, 2008
Plan : Igfy Corporation - Okada Naoko
Direction : Will
Design : K2 - Nagatomo Keisuke
Production : Nihon Display
Client : Akio Morita 15th Generation of the Morita Family Executive Committee
Photograph : Cracker Studio - Miura Koji

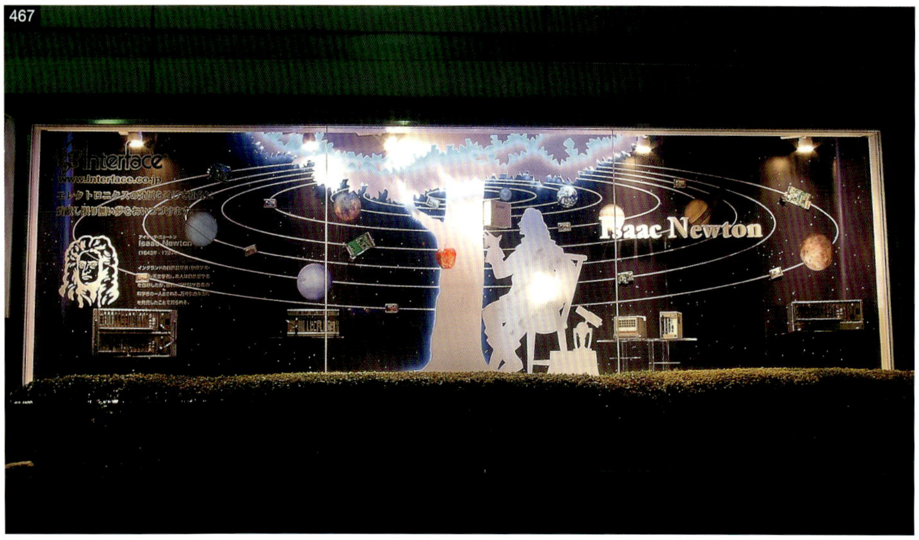

467

インタフェース　ウインドウ

展示場所：広島
展示期間：2008年3月～2009年3月
ディレクション：フジヤ　澄川五月
デザイン：フジヤ　林 紀昭
プロダクション：フジヤ
クライアント：インターフェース

Interface Window Display

Place : Hiroshima
Date : from March, 2008 to March, 2009
Direction : Fujiya - Sumikawa Satsuki
Design : Fujiya - Hayashi Noriaki
Production : Fujiya
Client : Interface

468

新丸の内ビルディング Bright Christmas 2007 "Brilliant Night -Champagne-"

展示場所：東京・丸の内
展示期間：2007年11月～2008年1月
デザイン：コンポーズスタジオ　香月美穂子
プロデュース：ミクプランニング
プロダクション：ミクプランニング、ピーズオフィス
クライアント：三菱地所ビルマネジメント
撮影：梶原敏英

Shin-Marunouchi Building Bright Christmas 2007 "Brilliant Night -Champagne-"

Place : Marunouchi, Tokyo
Date : from November, 2007 to January, 2008
Design : Compose Studio - Katsuki Mihoko
Producing : Mik Planning
Production : Mik Planning, P's Office
Client : Mitsubishi Estate Building Management
Photograph : Kajihara Toshihide

468

469

Tokyo Midtown "ジャパンバリューウインドウ"

展示場所：東京・六本木
展示期間：2008年3月
プロデュース：東京ミッドタウンマネジメント　今村 達、石田保維
デザイン：ノムラデュオ　江口誠一、岡 純子
プロダクションマネジメント：ノムラデュオ　福島恵司、牧之瀬 透
クライアント：東京ミッドタウンマネジメント
撮影：加茂和夫

Tokyo Midtown "JAPAN VALUE WINDOW"

Place : Roppongi, Tokyo
Date : March, 2008
Producing : Tokyo Midtown Management - Imamura Tatsu, Ishida Yasumasa
Design : Nomura Duo - Eguchi Seiichi, Oka Junko
Production Management : Nomura Duo - Fukushima Keiji, Makinose Toru
Client : Tokyo Midtown Management
Photograph : Kamo Kazuo

469

470

ソラリア西鉄ホテル "Trans blue"

展示場所：福岡
展示期間：2007年9月～10月／2008年1月～2月
企画：福岡デザイン専門学校 創造集団AFTER-5
ディレクション：手塚由美
デザイン：草場千絵美
プロダクション：福岡デザイン専門学校　湯浅優美、小出夕加、藤井直子
クライアント：ソラリア西鉄ホテル
撮影：大久保映介

Soraria Nishitetsu Hotel "Trans blue"

Place : Fukuoka
Date : from September to October, 2007 / from January to February, 2008
Plan : Fukuoka Design School After-5
Direction : Tezuka Yumi
Design : Kusaba Chiemi
Production : Fukuoka Design School - Yuasa Yumi, Koide Yuka, Fujii Naoko
Client : Soraria Nishitetsu Hotel
Photograph : Okubo Eisuke

470

471

Midland Station by LAWSON“クリスマス”

展示場所：名古屋
展示期間：2007年12月
企画：ローソン、広告デザイン専門学校
ディレクション：安藤誠一郎
デザイン、制作：鈴木ルリ子
クライアント：ローソン

Midland Station by LAWSON “Christmas”

Place : Nagoya
Date : December, 2007
Plan : Lawson, Koukoku Design Professional School
Direction : Ando Seiichiro
Design and Work : Suzuki Ruriko
Client : Lawson

472

金沢百番街“季節の満ち欠け”

展示場所：金沢
展示期間：2007年10月～11月
ディレクション：シ・ピ・エル　山崎謹也
デザイン：シ・ピ・エル　二宮 愛
プロダクション：ジェイ・アイ・シー
クライアント：金沢ターミナル開発

Kanazawa Hyakubangai “Filling Lack of Season”

Place : Kanazawa
Date : from October to November, 2007
Direction : C.P.L - Yamazaki Kinya
Design : C.P.L - Ninomiya Ai
Production : JIC
Client : Kanazawa Terminal Development

473

京都藤井大丸 “THE SUMMER OF COLOR”

展示場所：京都
展示期間：2007年6月～8月
企画：京都造形芸術大学 空間演出デザイン学科
ディレクション：関本徹生、大月勝弘
デザイン：森下彩子
プロダクション：京都造形芸術大学
クライアント：京都藤井大丸
撮影：出口 綾

Kyoto Fujiidaimaru “THE SUMMER OF COLOR”

Place : Kyoto
Date : from June to August, 2007
Plan : Department of Space Design, Kyoto University of Art and Design
Direction : Sekimoto Tetsuo, Otsuki Katsuhiro
Design : Morishita Ayako
Production : Kyoto University of Art and Design
Client : Kyoto Fujiidaimaru
Photograph : Deguchi Aya

474

JRタワー札幌“リボン”

展示場所：札幌
展示期間：2008年2月～5月
ディレクション、デザイン：八鳥治久
アートワーク：浅田 啓
プロダクション：シャコー、デルガーデンコニファー、ツマックデザインファクトリー
クライアント：札幌駅総合開発

JR Tower Sapporo “Ribbon”

Place : Sapporo
Date : from February to May, 2008
Direction and Design : Hattori Haruhisa
Art Work : Asada Kei
Production : Syako, Dell Garden Conifer, Tsumac Design Factory
Client : Sapporo-Eki Sogo Kaihatsu

475

JRタワー札幌“秘境”

展示場所：札幌
展示期間：2007年5月～8月
ディレクション、デザイン：八鳥治久
アートワーク：浅田 啓
プロダクション：シャコー、デルガーデンコニファー、ツマックデザインファクトリー
クライアント：札幌駅総合開発

JR Tower Sapporo “Unexplored Region”

Place : Sapporo
Date : from May to August, 2007
Direction and Design : Hattori Haruhisa
Art Work : Asada Kei
Production : Syako, Dell Garden Conifer, Tsumac Design Factory
Client : Sapporo-Eki Sogo Kaihatsu

476

ブリヂストンコミュニケーションスペース “Technology Circle”

展示場所：東京・京橋
展示期間：2007年6月～2008年3月
企画：アクシス　森川雅仁、皆川雄一
ディレクション：アクシス　吉田栄二
デザイン：ノムラデュオ　山田祐照
グラフィックデザイン：アクシス　森川雅仁
プロデュース：アクシス　皆川雄一
プロダクション：ノムラデュオ
クライアント：ブリヂストン
撮影：工藤明敏

Bridgestone Communication Space “Technology Circle”

Place : Kyobashi, Tokyo
Date : from June, 2007 to March, 2008
Plan : Axis - Morikawa Masahito, Minagawa Yuichi
Direction : Axis - Yoshida Eiji
Design : Nomura Duo - Yamada Hiroaki
Graphic Design : Axis - Morikawa Masahito
Producing : Axis - Minagawa Yuichi
Production : Nomura Duo
Client : Bridgestone
Photograph : Kudo Akitoshi

477

松屋銀座“バリー！ バリー！ バリー！”

展示場所：東京・銀座
展示期間：2007年12月～2008年1月
企画：蕪木亜矢
ディレクション：平野健作
デザイン：寺嶋 覚、渡邉世志治
プロダクション：息吹工藝社
クライアント：バリージャパン
撮影：斉藤大地

Matsuya Ginza “BALLY! BALLY! BALLY!”

Place : Ginza, Tokyo
Date : from December, 2007 to January, 2008
Plan : Kaburaki Aya
Direction : Hirano Kensaku
Design : Terashima Satoru, Watanabe Yoshiharu
Production : Ibuki Kogeisha
Client : Bally Japan
Photograph : Saito Daichi

478

松屋銀座“Happy Bridal”

展示場所：東京・銀座
展示期間：2007年9月～2008年3月
企画：松屋
ディレクション：山田祐照
デザイン、ショーイング：和泉桂子
プロデュース：佐々木 勇
プロダクション：シービーケー、ノムラデュオ
クライアント：松屋
撮影：木島 茂

Matsuya Ginza “Happy Bridal”

Place : Ginza, Tokyo
Date : from September, 2007 to March, 2008
Plan : Matsuya
Direction : Yamada Hiroaki
Design and Showing : Izumi Keiko
Producing : Sasaki Isamu
Production : CBK, Nomura Duo
Client : Matsuya
Photograph : Kijima Shigeru

479

松屋銀座“Love Christmas 2007”

展示場所：東京・銀座
展示期間：2007年10月～12月
企画：松屋
ディレクション：山田祐照
デザイン：白鳥伸一
ショーイング：和泉桂子
プロデュース：佐々木 勇
プロダクション：シービーケー、ノムラデュオ
クライアント：松屋
撮影：木島 茂

Matsuya Ginza “Love Christmas 2007”

Place : Ginza, Tokyo
Date : from October to December, 2007
Plan : Matsuya
Direction : Yamada Hiroaki
Design : Shiratori Shinichi
Showing : Izumi Keiko
Producing : Sasaki Isamu
Production : CBK, Nomura Duo
Client : Matsuya
Photograph : Kijima Shigeru

480
松屋銀座"always new, Ginza"

展示場所：東京・銀座
展示期間：2007年12月～2008年1月
企画：松屋
ディレクション：山田祐照
デザイン：白鳥伸一
ショーイング：和泉桂子
プロデュース：佐々木 勇
プロダクション：シービーケー、ノムラデュオ
クライアント：松屋
撮影：木島 茂

Matsuya Ginza "always new, Ginza"

Place : Ginza, Tokyo
Date : from December, 2007 to January, 2008
Plan : Matsuya
Direction : Yamada Hiroaki
Design : Shiratori Shinichi
Showing : Izumi Keiko
Producing : Sasaki Isamu
Production : CBK, Nomura Duo
Client : Matsuya
Photograph : Kijima Shigeru

481
松屋銀座"秋の予感"

展示場所：東京・銀座
展示期間：2007年6月～7月
企画：松屋
ディレクション：山田祐照
デザイン：白鳥伸一
ショーイング：西山朗子
プロデュース：佐々木 勇
プロダクション：シービーケー、ノムラデュオ
クライアント：松屋
撮影：木島 茂

Matsuya Ginza "Signs of Autumn"

Place : Ginza, Tokyo
Date : from June to July, 2007
Plan : Matsuya
Direction : Yamada Hiroaki
Design : Shiratori Shinichi
Showing : Nishiyama Akiko
Producing : Sasaki Isamu
Production : CBK, Nomura Duo
Client : Matsuya
Photograph : Kijima Shigeru

482

松屋銀座“GINZA REMIX”

展示場所：東京・銀座
展示期間：2008年3月
企画：松屋
ディレクション：山田祐照
デザイン：白鳥伸一
ショーイング：西山朗子
イラストレーション：小町 渉
プロデュース：佐々木 勇
プロダクション：シービーケー、ノムラデュオ
クライアント：松屋
撮影：木島 茂

Matsuya Ginza “GINZA REMIX”

Place : Ginza, Tokyo
Date : March, 2008
Plan : Matsuya
Direction : Yamada Hiroaki
Design : Shiratori Shinichi
Showing : Nishiyama Akiko
Illustration : Komachi Wataru
Producing : Sasaki Isamu
Production : CBK, Nomura Duo
Client : Matsuya
Photograph : Kijima Shigeru

483

松屋銀座“GLAMOROUS AUTUMN”

展示場所：東京・銀座
展示期間：2007年7月〜8月
企画：松屋
ディレクション：山田祐照
デザイン：白鳥伸一
ショーイング：和泉桂子
プロデュース：佐々木 勇
プロダクション：シービーケー、ノムラデュオ
クライアント：松屋
撮影：木島 茂

Matsuya Ginza “GLAMOROUS AUTUMN”

Place : Ginza, Tokyo
Date : from July to August, 2007
Plan : Matsuya
Direction : Yamada Hiroaki
Design : Shiratori Shinichi
Showing : Izumi Keiko
Producing : Sasaki Isamu
Production : CBK, Nomura Duo
Client : Matsuya
Photograph : Kijima Shigeru

484

伊勢丹新宿店ウインドウ

展示場所：東京・新宿
展示期間：2008年3月
企画：プランクス　佐藤寧子
設計：t/m　松村和典、谷 高明
施工：丹青ディスプレイ
クライアント：伊勢丹

Shinjuku ISETAN Window Display

Place : Shinjuku, Tokyo
Date of Completion : March, 2008
Plan : Pranks - Sato Yasuko
Design : t/m - Matsumura Kazunori, Tani Takaaki
Construction : Tansei Display
Client : Isetan

484

485

大丸東京店 “MY NAME IS TOKYO”

展示場所：東京・丸の内
展示期間：2007年11月
企画：大洋工芸
ディレクション：J・フロントリテイリング
デザイン：大洋工芸
プロダクション：大洋工芸
クライアント：大丸東京店

Daimaru Tokyo “MY NAME IS TOKYO”

Place : Marunouchi, Tokyo
Date : November, 2007
Plan : Taiyokogei
Direction : J - Front Retailing
Design : Taiyokogei
Production : Taiyokogei
Client : The Daimaru

485

486

イオン名古屋みなとベイシティ　バーゲン装飾

展示場所：名古屋
展示期間：2007年12月～2008年1月
企画、ディレクション：モダンパラダイス
デザイン：モダンパラダイス　泉 亜紗子
プロダクション：モダンパラダイス
クライアント：イオン

Aeon Nagoya Minato Bay City Bargain Decoration

Place : Nagoya
Date : from December, 2007 to January, 2008
Plan and Direction : Modern Paradise
Design : Modern Paradise - Izumi Asako
Production : Modern Paradise
Client : Aeon

486

487

488

489

487

髙島屋東京店 “2008 SPRING NEWS·SUMMER NEWS 1”

展示場所：東京・日本橋
展示期間：2008年1月～2月
ディレクション：エー・ティ・エー　清水もゆら
デザイン：ノムラデュオ　吉野美和
コーディネイション：エー・ティ・エー　三階智恵子
エイジェンシー：エー・ティ・エー
プロダクション：ノムラデュオ
クライアント：髙島屋東京店
撮影：渡邊真一郎

Tokyo Takashimaya “2008 SPRING NEWS · SUMMER NEWS PART 1”

Place : Nihombashi, Tokyo
Date : from January to February, 2008
Direction : ATA - Shimizu Moyura
Design : Nomura Duo - Yoshino Miwa
Coordination : ATA - Mihashi Chieko
Agency : ATA
Production : Nomura Duo
Client : Takashimaya Tokyo Store
Photograph : Watanabe Shinichiro

488

髙島屋東京店 “2008 SPRING NEWS·SUMMER NEWS 2”

展示場所：東京・日本橋
展示期間：2008年4月～5月
ディレクション：エー・ティ・エー　清水もゆら
デザイン：ノムラデュオ　吉野美和
コーディネイション：エー・ティ・エー　三階智恵子
エイジェンシー：エー・ティ・エー
プロダクション：ノムラデュオ
クライアント：髙島屋東京店
撮影：高柳俊泰

Tokyo Takashimaya “2008 SPRING NEWS · SUMMER NEWS PART 2”

Place : Nihombashi, Tokyo
Date : from April to May, 2008
Direction : ATA - Shimizu Moyura
Design : Nomura Duo - Yoshino Miwa
Coordination : ATA - Mihashi Chieko
Agency : ATA
Production : Nomura Duo
Client : Takashimaya Tokyo Store
Photograph : Takayanagi Toshiyasu

489

髙島屋東京店 “2007日本の伝統展”

展示場所：東京・日本橋
展示期間：2007年5月～6月
ディレクション、デザイン：エー・ティ・エー　清水もゆら
コーディネイション：エー・ティ・エー　三階智恵子
エイジェンシー：エー・ティ・エー
プロダクション：ノムラデュオ
クライアント：髙島屋東京店
撮影：高柳俊泰

Tokyo Takashimaya “2007 Japanese Tradition Exhibition”

Place : Nihombashi, Tokyo
Date : from May to June, 2007
Direction and Design : ATA - Shimizu Moyura
Coordination : ATA - Mihashi Chieko
Agency : ATA
Production : Nomura Duo
Client : Takashimaya Tokyo Store
Photograph : Takayanagi Toshiyasu

490

高島屋東京店
“2008 GOYARD～桜～”

展示場所：東京・日本橋
展示期間：2008年4月
ディレクション：エー・ティ・エー　毛利元信
デザイン：ノムラデュオ　吉野美和
コーディネイション：エー・ティ・エー　三階智恵子
エイジェンシー：エー・ティ・エー
プロダクション：ノムラデュオ
クライアント：高島屋東京店
撮影：高柳俊泰

Tokyo Takashimaya
“2008 GOYARD ~SAKURA~”

Place : Nihombashi, Tokyo
Date : April, 2008
Direction : ATA - Mori Motonobu
Design : Nomura Duo - Yoshino Miwa
Coordination : ATA - Mihashi Chieko
Agency : ATA
Production : Nomura Duo
Client : Takashimaya Tokyo Store
Photograph : Takayanagi Toshiyasu

491

高島屋東京店
“2007 Takashimaya Christmas ～LIVE·LAUGH·LOVE～”

展示場所：東京・日本橋
展示期間：2007年11月～12月
ディレクション：エー・ティ・エー　毛利元信
デザイン：ノムラデュオ　吉野美和
コーディネイション：エー・ティ・エー　三階智恵子
エイジェンシー：エー・ティ・エー
プロダクション：ノムラデュオ
クライアント：高島屋東京店
撮影：高柳俊泰

Tokyo Takashimaya
“2007 Takashimaya Christmas ~LIVE · LAUGH · LOVE~”

Place : Nihombashi, Tokyo
Date : from November to December, 2007
Direction : ATA - Mori Motonobu
Design : Nomura Duo - Yoshino Miwa
Coordination : ATA - Mihashi Chieko
Agency : ATA
Production : Nomura Duo
Client : Takashimaya Tokyo Store
Photograph : Takayanagi Toshiyasu

492

2007タカシマヤ　クリスマス“Live Laugh Love”

展示場所：名古屋
展示期間：2007年11月～12月
ディレクション：エー・ティ・エー　大竹裕基、田所竜馬
デザイン：ノムラデュオ　岩月純子
エイジェンシー：エー・ティ・エー
プロダクション：ノムラデュオ
クライアント：ジェイアール名古屋タカシマヤ

2007 Takashimaya Christmas “Live Laugh Love”

Place : Nagoya
Date : from November to December, 2007
Direction : ATA - Otake Hiroki, Tadokoro Ryoma
Design : Nomura Duo - Iwatsuki Junko
Agency : ATA
Production : Nomura Duo
Client : JR Nagoya Takashimaya

493

高島屋新宿店 “2007 Ambivalent Maison”

展示場所：東京・新宿
展示期間：2007年3月
ディレクション：エー・ティ・エー　会田 立
デザイン：ノムラデュオ　井上純一
コーディネイション：エー・ティ・エー　渡邊葉子
エイジェンシー：エー・ティ・エー
プロダクション：ノムラデュオ
クライアント：高島屋新宿店
撮影：加茂和夫

Shinjuku Takashimaya “Ambivalent Maison 2007”

Place : Shinjuku, Tokyo
Date : March, 2007
Direction : ATA - Aida Ryu
Design : Nomura Duo - Inoue Junichi
Coordination : ATA - Watanabe Yoko
Agency : ATA
Production : Nomura Duo
Client : Takashimaya Shinjuku Store
Photograph : Kamo Kazuo

494

高島屋新宿店 “2007秋冬　ニュークリエーターズ”

展示場所：東京・新宿
展示期間：2007年7月
ディレクション：エー・ティ・エー　辻 研多
デザイン：エー・ティ・エー　辻 研多、ノムラデュオ　井上純一
コーディネイション：エー・ティ・エー　渡邊葉子
エイジェンシー：エー・ティ・エー
プロダクション：ノムラデュオ
クライアント：高島屋新宿店
撮影：加茂和夫

Shinjuku Takashimaya “2007Autumn/Winter NEW CREATORS”

Place : Shinjuku, Tokyo
Date : July, 2007
Direction : ATA - Tsuji Kenta
Design : ATA - Tsuji Kenta, Nomura Duo - Inoue Junichi
Coordination : ATA - Watanabe Yoko
Agency : ATA
Production : Nomura Duo
Client : Takashimaya Shinjuku Store
Photograph : Kamo Kazuo

495

三越日本橋本店 2007三越のクリスマス “パーティ　オン・ザ・テーブル”

展示場所：東京・日本橋
展示期間：2007年11月～12月
企画：三越
ディレクション：坂橋由紀子
デザイン：尾原敬子、成田彩子
ショーイング：佐藤香菜子、伊藤尚子
プロダクション：ヤマトビジュアルプランニング
クライアント：三越
撮影：成田宏紀

Nihombashi Mitsukoshi “PARTY ON THE TABLE”

Place : Nihombashi, Tokyo
Date : from November to December, 2007
Plan : Mitsukoshi
Direction : Sakahashi Yukiko
Design : Ohara Keiko, Narita Ayako
Showing : Sato Kanako, Ito Naoko
Production : Yamato Visual Planning
Client : Mitsukoshi
Photograph : Narita Hiroki

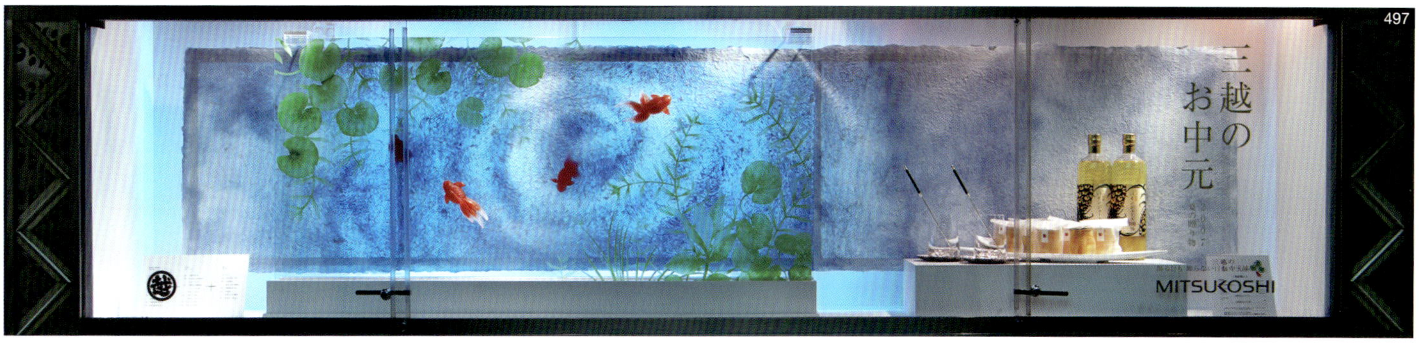

496
三越日本橋本店"2008三越のホワイトデー"

展示場所：東京・日本橋
展示期間：2008年2月～3月
企画：三越
ディレクション：坂橋由紀子
デザイン：瀬谷ゆみこ、成田彩子
ショーイング：佐藤香菜子、片山鈴子
プロダクション：ヤマトビジュアルプランニング
クライアント：三越
撮影：成田宏紀

Nihombashi Mitsukoshi "White Day"

Place : Nihombashi, Tokyo
Date : from February to March, 2008
Plan : Mitsukoshi
Direction : Sakahashi Yukiko
Design : Seya Yumiko, Narita Ayako
Showing : Sato Kanako, Katayama Suzuko
Production : Yamato Visual Planning
Client : Mitsukoshi
Photograph : Narita Hiroki

497
三越日本橋本店"2007三越のお中元"

展示場所：東京・日本橋
展示期間：2007年6月
企画：三越
ディレクション：坂橋由紀子
デザイン：尾原敬子、成田彩子
オブジェ：市原吉博、秋吉保久、ヒラマ ジュンコ
ショーイング：佐藤香菜子、片山鈴子
プロダクション：ヤマトビジュアルプランニング
クライアント：三越
撮影：成田宏紀

Nihombashi Mitsukoshi "Summer Gift"

Place : Nihombashi, Tokyo
Date : June, 2007
Plan : Mitsukoshi
Direction : Sakahashi Yukiko
Design : Ohara Keiko, Narita Ayako
Object : Ichihara Yoshihiro, Akiyoshi Yasuhisa, Hirama Junko
Showing : Sato Kanako, Katayama Suzuko
Production : Yamato Visual Planning
Client : Mitsukoshi
Photograph : Narita Hiroki

498
三越日本橋本店"三越イタリアフェア"

展示場所：東京・日本橋
展示期間：2008年4月
企画：三越
ディレクション：坂橋由紀子
デザイン：瀬谷ゆみこ、成田彩子
ショーイング：佐藤香菜子、伊藤尚子
プロダクション：ヤマトビジュアルプランニング
クライアント：三越
撮影：成田宏紀

Nihombashi Mitsukoshi "Mitsukoshi Italian Fair"

Place : Nihombashi, Tokyo
Date : April, 2008
Plan : Mitsukoshi
Direction : Sakahashi Yukiko
Design : Seya Yumiko, Narita Ayako
Showing : Sato Kanako, Ito Naoko
Production : Yamato Visual Planning
Client : Mitsukoshi
Photograph : Narita Hiroki

499

499

三越日本橋本店 サマーコレクション 1 “ドラマティックサマー”

展示場所：東京・日本橋
展示期間：2007年5月
企画：三越
ディレクション：坂橋由紀子
デザイン：尾原敬子、成田彩子
ショーイング：勝本晃子、伊藤尚子
プロダクション：ヤマトビジュアルプランニング
クライアント：三越
撮影：成田宏紀

Nihombashi Mitsukoshi Summer Collection 1 “DRAMATIC SUMMER”

Place : Nihombashi, Tokyo
Date : May, 2007
Plan : Mitsukoshi
Direction : Sakahashi Yukiko
Design : Ohara Keiko, Narita Ayako
Showing : Katsumoto Akiko, Ito Naoko
Production : Yamato Visual Planning
Client : Mitsukoshi
Photograph : Narita Hiroki

500

500

三越日本橋本店 オータムコレクション 1 “ミステリアス・ビューティ”

展示場所：東京・日本橋
展示期間：2007年7月～8月
企画：三越
ディレクション：坂橋由紀子
デザイン：尾原敬子、成田彩子
ショーイング：佐藤香菜子、伊藤尚子
プロダクション：ヤマトビジュアルプランニング
クライアント：三越
撮影：成田宏紀

Nihombashi Mitsukoshi Autumn Collection 1 “MYSTERIOUS BEAUTY”

Place : Nihombashi, Tokyo
Date : from July to August, 2007
Plan : Mitsukoshi
Direction : Sakahashi Yukiko
Design : Ohara Keiko, Narita Ayako
Showing : Sato Kanako, Ito Naoko
Production : Yamato Visual Planning
Client : Mitsukoshi
Photograph : Narita Hiroki

501

501

三越日本橋本店 オータムコレクション 2 “レトロ モダン”

展示場所：東京・日本橋
展示期間：2007年9月
企画：三越
ディレクション：坂橋由紀子
デザイン：尾原敬子、成田彩子
ショーイング：佐藤香菜子、伊藤尚子
プロダクション：ヤマトビジュアルプランニング
クライアント：三越
撮影：成田宏紀

Nihombashi Mitsukoshi Autumn Collection 2 “RETRO MODERN”

Place : Nihombashi, Tokyo
Date : September, 2007
Plan : Mitsukoshi
Direction : Sakahashi Yukiko
Design : Ohara Keiko, Narita Ayako
Showing : Sato Kanako, Ito Naoko
Production : Yamato Visual Planning
Client : Mitsukoshi
Photograph : Narita Hiroki

502
三越銀座店“日本の美”

展示場所：東京・銀座
展示期間：2007年12月～2008年1月
企画：佐藤直美
ディレクション：加藤未知
デザイン：若松大介、川高 章
コーディネイション：汐碇由美子、谷井千英子
菓子木型製作：市原吉博
プロダクション：アルス
クライアント：三越銀座店

Mitsukoshi Ginza "The Beauty in Japan"

Place : Ginza, Tokyo
Date : from December, 2007 to January, 2008
Plan : Sato Naomi
Direction : Kato Michi
Design : Wakamatsu Daisuke, Kawataka Akira
Coordination : Shioikari Yumiko, Tanii Chieko
Wooden Form for Japanese Cake : Ichihara Yoshihiro
Production : Arusu
Client : Mitsukoshi Ginza

503
三越銀座店 “バレンタイン アートな時間”

展示場所：東京・銀座
展示期間：2008年1月～2月
企画：佐藤直美
ディレクション：加藤未知
デザイン：若松大介、富丘 誠、川高 章
コーディネイション：汐碇由美子、谷井千英子
プロダクション：アルス、タイフーンスタジオ
クライアント：三越銀座店

Mitsukoshi Ginza "Valentine Artistic Time"

Place : Ginza, Tokyo
Date : from January to February, 2008
Plan : Sato Naomi
Direction : Kato Michi
Design : Wakamatsu Daisuke, Tomioka Makoto, Kawataka Akira
Coordination : Shioikari Yumiko, Tanii Chieko
Production : Arusu, Typhoon Studio
Client : Mitsukoshi Ginza

504
三越銀座店“クリスマス2007”

展示場所：東京・銀座
展示期間：2007年11月～12月
企画：佐藤直美
ディレクション：加藤未知
デザイン：若松大介、小林 敦、川高 章
コーディネイション：汐碇由美子、谷井千英子
プロダクション：アルス
クライアント：三越銀座店

Mitsukoshi Ginza "Christmas 2007"

Place : Ginza, Tokyo
Date : from November to December, 2007
Plan : Sato Naomi
Direction : Kato Michi
Design : Wakamatsu Daisuke, Kobayashi Atsushi, Kawataka Akira
Coordination : Shioikari Yumiko, Tanii Chieko
Production : Arusu
Client : Mitsukoshi Ginza

505

505

アフタヌーンティー・リビング “ブリリアント クリスマス”

展示場所：日本全域
展示期間：2007年11月～12月
企画：アイシーエル
ディレクション：室賀明美
デザイン：安川 純
プロダクション：アイシーエル
クライアント：アイシーエル

Afternoon Tea Living “Brilliant Christmas”

Place : Whole Areas of Japan
Date : from November to December, 2007
Plan : ICL
Direction : Muroga Akemi
Design : Yasukawa Atsushi
Production : ICL
Client : ICL

506

506

Hello! Spring PARCO

展示場所：東京・渋谷、池袋／名古屋
展示期間：2008年1月～2月
アートディレクション：パルコスペースシステムズ 阿部久美子、金子 誠
グラフィックデザイン：松山智一
デザイン：トリオデパンチ 堂田富美浩
プロダクション：パルコスペースシステムズ
クライアント：パルコ

Hello! Spring PARCO

Place : Shibuya and Ikebukuro, Tokyo / Nagoya
Date : from Janurary to February, 2008
Art Direction : Parco Space Systems - Abe Kumiko, Kaneko Makoto
Graphic Design : Matsuyama Norikazu
Design : Trio De Punch - Dota Fumihiro
Production : Parco Space Systems
Client : Parco

507

507

池袋パルコ“2007クリスマス”

展示場所：東京・池袋
展示期間：2007年11月～12月
アートディレクション：パルコスペースシステムズ 阿部久美子、金子 誠
デザイン：イー・エム・デザイン 飛田眞義
プロダクション：パルコスペースシステムズ
クライアント：パルコ

Ikebukuro PARCO “2007 Xmas”

Place : Ikebukuro, Tokyo
Date : from November to December, 2007
Art Direction : Parco Space Systems - Abe Kumiko, Kaneko Makoto
Design : E.M. Design - Tobita Masayoshi
Production : Parco Space Systems
Client : Parco

508
和光本館“冠”

展示場所：東京・銀座
展示期間：2007年11月～12月
ディレクション：和光　武蔵 淳
デザイン：和光　武蔵 淳、シャコー　車屋 弘
デコレイション：内藤大子
プロダクション：シャコー
クライアント：和光
撮影：守屋敏彦

Wako “Crown”

Place : Ginza, Tokyo
Date : from November to December, 2007
Direction : Wako - Musashi Jun
Design : Wako - Musashi Jun, Syako - Kurumaya Hiroshi
Decoration : Naito Hiroko
Production : Syako
Client : Wako
Photograph : Moriya Toshihiko

509
和光本館“映”

展示場所：東京・銀座
展示期間：2007年4月～6月
ディレクション：和光　武蔵 淳
デザイン：和光　武蔵 淳、シャコー　車屋 弘
デコレイション：内藤大子
プロダクション：シャコー
クライアント：和光
撮影：守屋敏彦

Wako “Image”

Place : Ginza, Tokyo
Date : from April to June, 2007
Direction : Wako - Musashi Jun
Design : Wako - Musashi Jun, Syako - Kurumaya Hiroshi
Decoration : Naito Hiroko
Production : Syako
Client : Wako
Photograph : Moriya Toshihiko

510
和光本館“手”

展示場所：東京・銀座
展示期間：2008年4月～5月
ディレクション：和光　武蔵 淳
デザイン：和光　武蔵 淳、シャコー　車屋 弘
デコレイション：内藤大子
プロダクション：シャコー
クライアント：和光
撮影：守屋敏彦

Wako “Acting”

Place : Ginza, Tokyo
Date : from April to May, 2008
Direction : Wako - Musashi Jun
Design : Wako - Musashi Jun, Syako - Kurumaya Hiroshi
Decoration : Naito Hiroko
Production : Syako
Client : Wako
Photograph : Moriya Toshihiko

511

ミキモト本店“幸吉翁と10人の美女”

展示場所：東京・銀座
展示期間：2007年12月～2008年2月
ディレクション、デザイン：新保智子
木彫：信太 司、河本雅史、久保暁子
プロダクション：アトリエ・あい、現代工房
クライアント：ミキモト
撮影：馬場祥光

Mikimoto Main Store “10 Fair Ladies and the Pearl King”

Place : Ginza, Tokyo
Date : from December, 2007 to February, 2008
Direction and Design : Shimpo Tomoko
Sculpture : Shida Tsukasa, Kawamoto Masashi, Kubo Akiko
Production : Atlier Eye, Gendai-Kobo
Client : K. Mikimoto
Photograph : Baba Yoshiteru

512

ミキモト本店“さ・く・ら”

展示場所：東京・銀座
展示期間：2008年3月～5月
ディレクション：新保智子
デザイン：佐藤一郎
プロダクション：アトリエ・あい、マンボウ
クライアント：ミキモト
撮影：馬場祥光

Mikimoto Main Store “SAKURA”

Place : Ginza, Tokyo
Date : from March to May, 2008
Direction : Shimpo Tomoko
Design : Sato Ichiro
Production : Atelier Eye, Manbow
Client : K. Mikimoto
Photograph : Baba Yoshiteru

513

ミキモト本店“地球の宝”

展示場所：東京・銀座
展示期間：2007年6月～8月
ディレクション、デザイン：新保智子
プロダクション：現代工房、アトリエ・あい、マパルス、YMC、イーストウェスト
クライアント：ミキモト
撮影：馬場祥光

Mikimoto Main Store “Treasures of Blue Planet”

Place : Ginza, Tokyo
Date : from June to August, 2007
Direction and Design : Shimpo Tomoko
Production : Gendai-Kobo, Atlier Eye, Mapalus, YMC, East West
Client : K. Mikimoto
Photograph : Baba Yoshiteru

514

ミキモト本店“秋の予感2007”

展示場所：東京・銀座
展示期間：2007年8月～10月
ディレクション：新保智子
デザイン：佐藤一郎
プロダクション：アトリエ・あい、現代工房
クライアント：ミキモト
撮影：馬場祥光

Mikimoto Main Store “An autumn feeling 2007”

Place : Ginza, Tokyo
Date : from August to October, 2007
Direction : Shimpo Tomoko
Design : Sato Ichiro
Production : Atelier Eye, Gendai-Kobo
Client : K. Mikimoto
Photograph : Baba Yoshiteru

515

ミキモト本店プラザ“正月／新春”

所在地：東京・銀座
展示期間：2007年12月～2008年1月
ディレクション：新保智子
デザイン：西岡由良、安藤博文
プロダクション：マパルスカンパニーリミテッド、
ケイフローリスト
クライアント：ミキモト
撮影：馬場祥光

Mikimoto Main Store Plaza “NEW YEAR”

Place : Ginza, Tokyo
Date : from December, 2007 to January, 2008
Direction : Shimpo Tomoko
Design : Nishioka Yura, Ando Hirofumi
Production : Mapalus, K. K Florist
Client : K. Mikimoto
Photograph : Baba Yoshiteru

516

516

東京銀座資生堂ビル 2008新春“春の唐草”

展示場所：東京・銀座
展示期間：2008年1月～3月
企画：資生堂
ディレクション、デザイン：信藤洋二
プロダクション：現代工房
クライアント：資生堂
撮影：飯野太平

Tokyo Ginza Shiseido Bldg. “Haru no karakusa”

Place : Ginza, Tokyo
Date : from January to March, 2008
Plan : Shiseido
Direction and Design : Nobuto Yoji
Production : Gendai-Kobo
Client : Shiseido
Photograph : Iino Taihei

517

517

東京銀座資生堂ビル“春の唐草”

展示場所：東京・銀座
展示期間：2007年12月～2008年4月
クリエイティヴディレクション、アートディレクション：信藤洋二
デザイン：岸野桃子
イラストレーション：薄 希英
プロダクション：現代工房
クライアント：資生堂
撮影：飯野太平

Tokyo Ginza Shiseido Bldg. “Haru no karakusa”

Place : Ginza, Tokyo
Date : from December, 2007 to April, 2008
Creative Direction and Art Direction : Nobuto Yoji
Design : Kishino Momoko
Illustration : Susuki Marehide
Production : Gendai-Kobo
Client : Shiseido
Photograph : Iino Taihei

518

ハウス オブ シセイドウ“CMYK”

展示場所：東京・銀座
展示期間：2008年2月
ディレクション：信藤洋二、菊地泰輔
デザイン：菊地泰輔
プロダクション：現代工房
クライアント：資生堂
撮影：飯野太平

HOUSE OF SHISEIDO “CMYK”

Place : Ginza, Tokyo
Date : February, 2008
Direction : Nobuto Yoji, Kikuchi Taisuke
Design : Kikuchi Taisuke
Production : Gendai-Kobo
Client : Shiseido
Photograph : Iino Taihei

519

資生堂エコール ド ハヤマ “4 color for make up”

展示場所：神奈川・葉山町
展示期間：2008年4月～9月
ディレクション：信藤洋二、山本千絵子
デザイン：渡辺真佐子
プロダクション：現代工房、SUI
クライアント：資生堂
撮影：飯野太平

Shiseido École de Hayama “4 color for make up”

Place : Hayamamachi, Kanagawa
Date : from April to September, 2008
Direction : Nobuto Yoji, Yamamoto Chieko
Design : Watanabe Masako
Production : Gendai-Kobo, Sui
Client : Shiseido
Photograph : Iino Taihei

520

資生堂汐留オフィス“夏”

展示場所：東京・東新橋
展示期間：2007年4月～7月
企画：資生堂
ディレクション：信藤洋二
デザイン：近藤香織
プロダクション：現代工房
クライアント：資生堂
撮影：飯野太平

Shiseido Shiodome Office “Summer”

Place : Higashi-Shimbashi, Tokyo
Date : from April to July, 2007
Plan : Shiseido
Direction : Nobuto Yoji
Design : Kondo Kaori
Production : Gendai-Kobo
Client : Shiseido
Photograph : Iino Taihei

521

資生堂ザ・ギンザ サマー2007"銀ブラ"

展示場所：東京・銀座
展示期間：2007年8月〜10月
企画：資生堂
ディレクション、デザイン：信藤洋二、成田 久
プロダクション：現代工房
クライアント：資生堂
撮影：飯野太平

Shiseido The Ginza SUMMER 2007 "GINBURA"

Place : Ginza, Tokyo
Date : from August to October, 2007
Plan : Shiseido
Direction and Design : Nobuto Yoji, Narita Hisashi
Production : Gendai-Kobo
Client : Shiseido
Photograph : Iino Taihei

522

資生堂ザ・ギンザ ニューイヤー2008"赤盃"

展示場所：東京・銀座
展示期間：2008年1月〜3月
企画：資生堂
ディレクション、デザイン：信藤洋二、成田 久
プロダクション：現代工房
クライアント：資生堂
撮影：飯野太平

Shiseido The Ginza NEW YEAR 2008 "AKA-HAI"

Place : Ginza, Tokyo
Date : from January to March, 2008
Plan : Shiseido
Direction and Design : Nobuto Yoji, Narita Hisashi
Production : Gendai-Kobo
Client : Shiseido
Photograph : Iino Taihei

523
コーセー本社"コスメデコルテ マジーデコ"

展示場所：東京・日本橋
展示期間：2007年12月〜2008年1月
ディレクション、デザイン：河端有紀
プロダクション：ヒューズインターナショナル
クライアント：コーセー
撮影：榎並智和

KOSÉ Main Office "COSME DECORTE Magie Deco"

Place : Nihombashi, Tokyo
Date : from December, 2007 to January, 2008
Direction and Design : Kawabata Yuki
Production : Fuse International
Client : Kosé
Photograph : Enami Tomokazu

524
ワシントン靴店"2008サマー"

展示場所：東京・銀座
展示期間：2008年4月〜7月
ディレクション、デザイン：林 裕志
プロダクション：アトリエ・あい
クライアント：ワシントン靴店
撮影：藤田政明

Washington Shoe Store "2008 Summer"

Place : Ginza, Tokyo
Date : from April to July, 2008
Direction and Design : Hayashi Yuji
Production : Atelier Eye
Client : Washington Shoe Store
Photograph : Fujita Masaaki

525

ハナエモリビル表参道“ファシネーション”

展示場所：東京・北青山
展示期間：2007年10月〜11月
企画：塚田剛士
ディレクション：平野健作
デザイン：寺嶋 覚、渡邉世志治
プロダクション：息吹工藝社
クライアント：ハナエモリ・アソシエイツ
撮影：斉藤大地

Hanae Mori Omotesando “FASCINATION”

Place : Kita-Aoyama, Tokyo
Date : from October to November, 2007
Plan : Tsukada Takeshi
Direction : Hirano Kensaku
Design : Terashima Satoru, Watanabe Yoshiharu
Production : Ibuki Kogeisha
Client : Hanae Mori Associates
Photograph : Saito Daichi

526

ハナエモリビル表参道“イースト・ウエスト”

展示場所：東京・北青山
展示期間：2007年12月〜2008年1月
企画：塚田剛士
ディレクション：平野健作
デザイン：寺嶋 覚、渡邉世志治
プロダクション：息吹工藝社
クライアント：ハナエモリ・アソシエイツ
撮影：斉藤大地

Hanae Mori Omotesando “EAST WEST”

Place : Kita-Aoyama, Tokyo
Date : from December, 2007 to January, 2008
Plan : Tsukada Takeshi
Direction : Hirano Kensaku
Design : Terashima Satoru, Watanabe Yoshiharu
Production : Ibuki Kogeisha
Client : Hanae Mori Associates
Photograph : Saito Daichi

527

シュウ　ウエムラ表参道“KOMON”

展示場所：東京・神宮前
展示期間：2007年7月〜8月
企画：野村裕美
ディレクション：平野健作
デザイン：渡邉世志治、寺嶋 覚
プロダクション：息吹工藝社
クライアント：シュウ　ウエムラ化粧品
撮影：斉藤大地

shu uemura Omotesando “KOMON”

Place : Jingumae, Tokyo
Date : from July to August, 2007
Plan : Nomura Hiromi
Direction : Hirano Kensaku
Design : Watanabe Yoshiharu, Terashima Satoru
Production : Ibuki Kogeisha
Client : Shu Uemura Cosmetics
Photograph : Saito Daichi

528
シュウ　ウエムラ表参道“REBIRTH”

展示場所：東京・神宮前
展示期間：2008年1月～2月
企画：渡邉由香
ディレクション：平野健作
デザイン：寺嶋 覚、渡邉世志治、原田奈々絵
プロダクション：息吹工藝社
クライアント：シュウ　ウエムラ化粧品
撮影：斉藤大地

shu uemura Omotesando “REBIRTH”

Place : Jingumae, Tokyo
Date : from January to February, 2008
Plan : Watanabe Yuka
Direction : Hirano Kensaku
Design : Terashima Satoru, Watanabe Yoshiharu, Harada Nanae
Production : Ibuki Kogeisha
Client : Shu Uemura Cosmetics
Photograph : Saito Daichi

529
Plantation青山店“聖夜の灯”

展示場所：東京・南青山
展示期間：2007年11月～12月
企画：杉山育子
ディレクション：平野健作
デザイン：塩原真地、渡邉世志治、寺嶋 覚
プロダクション：息吹工藝社
クライアント：エイ・ネット
撮影：斉藤大地

Plantation Aoyama “SEIYA-NO-TOMOSHIBI”

Place : Minami-Aoyama, Tokyo
Date : from November to December, 2007
Plan : Sugiyama Ikuko
Direction : Hirano Kensaku
Design : Shiohara Shinji, Watanabe Yoshiharu, Terashima Satoru
Production : Ibuki Kogeisha
Client : A-Net
Photograph : Saito Daichi

530

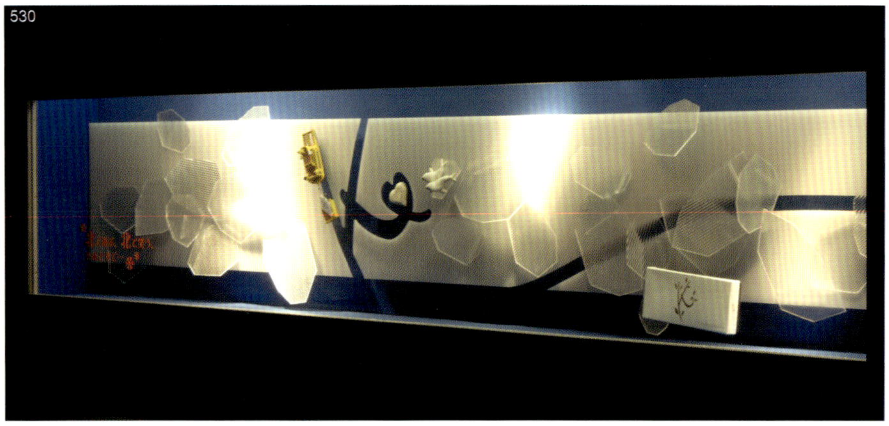

531

532

530

洋菓子きのとや 白石店
“北で遊ぶ。北で笑う。きのとやで…。”

展示場所：札幌
展示期間：2007年12月～2008年3月
ディレクション：ゼロ・ワーク　平田まどか
デザイン：ビーンズデザイン　千葉淑子
オブジェ：るなてぃっく工房　大黒 晋
プロダクション：ハンズメイド
クライアント：洋菓子きのとや
撮影：中 優樹

Kinotoya Sapporo, Shiroishi
“Play in the North. Laugh in the North. in Kinotoya…”

Place : Sapporo
Date : from December, 2007 to March, 2008
Direction : Zero Work - Hirata Madoka
Design : Beans Design - Chiba Yoshiko
Object : Lunatic Works - Oguro Susumu
Production : Hands Made
Client : Kinotoya Sapporo
Photograph : Naka Masaki

531

洋菓子きのとや 白石店
“スイーツ ハズ カム。きのとやの春”

展示場所：札幌
展示期間：2008年3月～6月
ディレクション：ゼロ・ワーク　平田まどか
デザイン：ビーンズデザイン　千葉淑子
人形制作：るなてぃっく工房　大黒 晋
プロダクション：ハンズメイド
クライアント：洋菓子きのとや
撮影：中 優樹

Kinotoya Sapporo, Shiroishi
“Sweets has come. Kinotoya's Spring”

Place : Sapporo
Date : from March to June, 2008
Direction : Zero Work - Hirata Madoka
Design : Beans Design - Chiba Yoshiko
Doll Work : Lunatic Works - Oguro Susumu
Production : Hands Made
Client : Kinotoya Sapporo
Photograph : Naka Masaki

532

僕たち、私たちの 万歩計

展示場所：東京・目黒
展示期間：2008年3月～2009年3月
企画：山佐時計計器　加藤 研、伊藤慈貞、山田譲二、
東京デザイン専門学校　河野純一郎、戸田吉彦
ディレクション：東京デザイン専門学校　奥山佳雄
デザイン：東京デザイン専門学校 ディスプレイデザイン科
青木奈菜、姜 善姫、呉 音芸、佐藤 舞、鄭 美娟、鈴木麻美、
高橋桜香、竹ヶ原 大、朴 彩珪、森田有佳、若林早苗、若林志子
プロダクション：原宿学園東京デザイン専門学校 ディスプレイデザイン科
クライアント：山佐時計計器

Our Pedometer

Place : Meguro, Tokyo
Date : from March, 2008 to March, 2009
Plan : Yamasa Tokei Keiki - Kato Ken, Ito Yoshisada, Yamada Joji,
Tokyo Design Academy - Kawano Junichiro, Toda Yoshihiko
Direction : Tokyo Design Academy - Okuyama Yoshio
Design : Display Design Department, Tokyo Design Academy -
Aoki Nana, Sunhee Kang, Wv Pei Yon, Sato Mai, Jung Miyoun,
Suzuki Asami, Takahashi Haruka, Takegahara Masaru,
Park Chae Kyu, Morita Yuka, Wakabayashi Sanae, Wakabayashi Yukiko
Production : Display Design Department, Tokyo Design Academy
Client : Yamasa Tokei Keiki

533

533

adidas Window Communication “JFA新ジャージ発表”

展示場所：仙台、東京、大阪、名古屋、広島、福岡
展示期間：2008年1月～2月
アートディレクション：佐藤宏平
デザイン：中井利明
マネジメント：塚本真一
プロダクション：ムラヤマ
クライアント：アディダスジャパン
撮影：ジェイライツ　板村光一郎

Adidas Window Communication “JFA”

Place : Sendai, Tokyo, Osaka, Nagoya, Hiroshima, and Fukuoka
Date : from January to February, 2008
Art Direction : Sato Kohei
Design : Nakai Toshiaki
Management : Tsukamoto Shinichi
Production : Murayama
Client : Adidas Japan
Photograph : J-Lights - Itamura Koichiro

534

534

メナード　ビレック“フェアルーセント”

展示場所：名古屋
展示期間：2008年4月～8月
ディレクション、デザイン：ノムラデュオ　岩月純子
プロダクション：ノムラデュオ
クライアント：日本メナード化粧品

MENARD BILEC “FAIRLUCENT”

Place : Nagoya
Date : from April to August, 2008
Direction and Design : Nomura Duo - Iwatsuki Junko
Production : Nomua Duo
Client : Menard

535

とらや赤坂“五月の空へ”

展示場所：東京・赤坂
展示期間：2008年4月～5月
企画：黒川光博
ディレクション：平野健作
デザイン：寺嶋 覚、渡辺 功
プロダクション：息吹工藝社
クライアント：虎屋
撮影：斉藤大地

Toraya Akasaka “SATSUKI-NO-SORAE”

Place : Akasaka, Tokyo
Date : from April to May, 2008
Plan : Kurokawa Mitsuhiro
Direction : Hirano Kensaku
Design : Terashima Satoru, Watanabe Isao
Production : Ibuki Kogeisha
Client : Toraya Confectionery
Photograph : Saito Daichi

536

とらや赤坂“菊の舞”

展示場所：東京・赤坂
展示期間：2007年9月～11月
企画：黒川光博
ディレクション：平野健作
デザイン：寺嶋 覚、渡辺 功
プロダクション：息吹工藝社
クライアント：虎屋
撮影：斉藤大地

Toraya Akasaka “KIKU-NO-MAI”

Place : Akasaka, Tokyo
Date : from September to November, 2007
Plan : Kurokawa Mitsuhiro
Direction : Hirano Kensaku
Design : Terashima Satoru, Watanabe Isao
Production : Ibuki Kogeisha
Client : Toraya Confectionery
Photograph : Saito Daichi

537

京葉銀行本店2007“木”

展示場所：千葉
展示期間：2007年1月～12月
企画：ジェイアール東日本企画、ビーンズ
ディレクション：ジェイアール東日本企画　内藤 弘、ビーンズ　境 孝一、播磨葉子
デザイン：ノムラデュオ　小池正夫、品川利之
プロダクション：ノムラデュオ
クライアント：京葉銀行
撮影：中島真也

Keiyo Bank “Tree”

Place : Chiba
Date : from January to December, 2007
Plan : East Japan Marketing & Communications, Beans
Direction : East Japan Marketing & Communications - Naito Hiroshi, Beans - Sakai Koichi, Harima Yoko
Design : Nomura Duo - Koike Masao, Shinagawa Toshiyuki
Production : Nomura Duo
Client : Keiyo Bank
Photograph : Nakajima Shinya

538
籠清“2007お歳暮”

展示場所：神奈川・小田原
展示期間：2007年11月～12月
ディレクション、デザイン：田中美穂
デコレイション：宍戸一之、中村晴菜
プロダクション：シービーケー
クライアント：籠清

Kagosei “2007 Oseibo”

Place : Odawara, Kanagawa
Date : from November to December, 2007
Direction and Design : Tanaka Miho
Decoration : Shishido Kazuyuki, Nakamura Haruna
Production : CBK
Client : Kagosei

539
籠清“2007お中元”

展示場所：神奈川・小田原
展示期間：2007年6月～7月
ディレクション、デザイン：田中美穂
デコレイション：宍戸一之、中村晴菜
プロダクション：シービーケー
クライアント：籠清

Kagosei “2007 Ochugen”

Place : Odawara, Kanagawa
Date : from June to July, 2007
Direction and Design : Tanaka Miho
Decoration : Shishido Kazuyuki, Nakamura Haruna
Production : CBK
Client : Kagosei

540

豆源カレンダー“月まつり”

展示場所：東京・麻布十番
展示期間：2007年7月～8月
ディレクション、デザイン：ノムラデュオ　小池正夫
プロダクション：オフ・デザイン
クライアント：豆源
撮影：加茂和夫

Mamegen Calendar “Moon Festival”

Place : Azabujuban, Tokyo
Date : from July to August, 2007
Direction and Design : Nomura Duo - Koike Masao
Production : Off Design
Client : Mamegen
Photograph : Kamo Kazuo

541

豆源カレンダー“涼”

展示場所：東京・麻布十番
展示期間：2007年9月～10月
ディレクション、デザイン：ノムラデュオ　小池正夫
プロダクション：オフ・デザイン
クライアント：豆源
撮影：加茂和夫

Mamegen Calendar “Cool”

Place : Azabujuban, Tokyo
Date : from September to October, 2007
Direction and Design : Nomura Duo - Koike Masao
Production : Off Design
Client : Mamegen
Photograph : Kamo Kazuo

542
銀座天國"波"

展示場所：東京・銀座
展示期間：2007年5月～8月
企画：露木基博
ディレクション、デザイン：持木慎子
プロダクション：持木工房
クライアント：銀座天國

Ginza Tenkuni "Wave"

Place : Ginza, Tokyo
Date : from May to August, 2007
Plan : Tsuyuki Motohiro
Direction and Design : Mochiki Chikako
Production : Mochiki Kobo
Client : Ginza Tenkuni

543
銀座天國"子"

展示場所：東京・銀座
展示期間：2008年1月
企画：露木基博
ディレクション、デザイン：持木慎子
プロダクション：持木工房
クライアント：銀座天國

Ginza Tenkuni "Mouse"

Place : Ginza, Tokyo
Date : January, 2008
Plan : Tsuyuki Motohiro
Direction and Design : Mochiki Chikako
Production : Mochiki Kobo
Client : Ginza Tenkuni

544
銀座天國"くりすます2007"

展示場所：東京・銀座
展示期間：2007年11月～12月
企画：露木基博
ディレクション、デザイン：持木慎子
プロダクション：持木工房
クライアント：銀座天國

Ginza Tenkuni "Christmas 2007"

Place : Ginza, Tokyo
Date : from November to December, 2007
Plan : Tsuyuki Motohiro
Direction and Design : Mochiki Chikako
Production : Mochiki Kobo
Client : Ginza Tenkuni

545

お茶の山口園 四季の飾り“新茶”

展示場所：長崎
展示期間：2008年4月～5月
企画：お茶の山口園　山口幸敏
ディレクション：お茶の山口園　山口正憲、山口貴子
デザイン：廣光秀昭
プロダクション：ザ・ウインドウ
クライアント：お茶の山口園

Ocha no Yamaguchien Seasonal Decoration “First tea of the season”

Place : Nagasaki
Date : from April to May, 2008
Plan : Ocha no Yamaguchien - Yamaguchi Yukitoshi
Direction : Ocha no Yamaguchien - Yamaguchi Masanori, Yamaguchi Takako
Design : Hiromitsu Hideaki
Production : The Window
Client : Ocha no Yamaguchien

546

お茶の山口園 四季の飾り“初夏”

展示場所：福岡・直方
展示期間：2007年5月～6月
企画：お茶の山口園　山口幸敏
ディレクション：お茶の山口園　山口正憲、山口貴子
デザイン：廣光秀昭
プロダクション：ザ・ウインドウ
クライアント：お茶の山口園

Ocha no Yamaguchien Seasonal Decoration “Early Summer”

Place : Nougata, Fukuoka
Date : from May to June, 2007
Plan : Ocha no Yamaguchien - Yamaguchi Yukitoshi
Direction : Ocha no Yamaguchien - Yamaguchi Masanori, Yamaguchi Takako
Design : Hiromitsu Hideaki
Production : The Window
Client : Ocha no Yamaguchien

547

文明堂総本店 浜町本通り店

所在地：長崎
完成年月：2007年6月
ディレクション、デザイン：船場　大川武人
プロダクション：船場
クライアント：文明堂総本店
撮影：北山雄司

Bunmeido Sohonten Hamacho-Hondori

Place : Nagasaki
Date of Completion : June, 2007
Direction and Design : Semba - Okawa Taketo
Production : Semba
Client : Bunmeido
Photograph : Kitayama Yuji

548
東急ハンズ銀座店

所在地：東京・銀座
完成年月：2007年9月
ディレクション：丹青社　小野 浩
デザイン：丹青社　山田 淳、吉田麻紀
監修：丹青社　笠原孝一
プロダクション：丹青社
クライアント：東急ハンズ
撮影：フォワードストローク

TOKYU HANDS Ginza Store

Place : Ginza, Tokyo
Date of Completion : September, 2007
Direction : Tanseisha - Ono Hiroshi
Design : Tanseisha - Yamada Jun, Yoshida Maki
Supervision : Tanseisha - Kasahara Koichi
Production : Tanseisha
Client : Tokyu Hands
Photograph : Forward Stroke

549
まねきねこのて成田山店

所在地：千葉・成田
完成年月：2007年7月
企画、プロデュース：トッピング　高津玉枝、山縣玲子
ディスプレイデザイン：笹井 涼
インテリアデザイン：船場　葛谷征巨、木島志穂
プロダクション：トッピング、船場
クライアント：エムルーカンパニー
撮影：飯田 徹

manekinekonote Naritasan

Place : Narita, Chiba
Date of Completion : July, 2007
Plan and Producing : Topping - Takatsu Tamae, Yamagata Reiko
Display Design : Sasai Ryo
Interior Design : Semba - Kuzutani Yoshinao, Kijima Shiho
Production : Topping, Semba
Client : Emulu Company
Photograph : Iida Toru

550
豆吉本舗 京都店

所在地：京都
完成年月：2007年7月
企画：マツザワ　松澤博文
設計：サイトウデザイン　サイトウユキ
グラフィックデザイン：NIGN　大原健一郎
照明：ウシオスペックス　魚住玲子
施工：大丸装工
クライアント：マツザワ
撮影：藤原 弘

Mamekichihonpo Kyoto

Place : Kyoto
Date of Completion : July, 2007
Plan : Matsuzawa - Matsuzawa Hirofumi
Design : Saito Design - Saito Yuki
Graphic Design : Nign - Ohara Kenichiro
Lighting : Ushio Spax - Uozumi Reiko
Construction : Daimaru Design & Engineering
Client : Matsuzawa
Photograph : Fujiwara Hiroshi

551

宝塚ホテル ベーカリー&カフェ 三木SA店

所在地：兵庫・三木
完成年月：2007年12月
設計：TotalDesignWorksROOT 清家久仁
プロデュース：ネクスト・エム
施工：森組
クライアント：阪急阪神ホテルズ
撮影：松岡宏和

TAKARAZUKA HOTEL BAKERY & CAFE Miki SA Shop

Place : Miki, Hyogo
Date of Completion : December, 2007
Design : Total Design Works Root - Seike Hisashi
Producing : Next-M
Construction : Morigumi
Client : Hankyu-Hanshin Hotels
Photograph : Matsuoka Hirokazu

552

フードスクエア ロックシティ モリヤテン

所在地：茨城・守谷
完成年月：2007年5月
企画：ジアス・ネットワークス事業協同組合
ディレクション、デザイン：エッグデザイン
プロダクション：アーバン
クライアント：カスミ

FOODSQUARE ROCK CITY MORIYA-TEN

Place : Moriya, Ibaraki
Date of Completion : May, 2007
Plan : The Earth Network
Direction and Design : Egg Design
Production : Urban
Client : Kasumi

553

新神戸アントレマルシェ

所在地：神戸
完成年月：2007年10月
企画：ジェイアール西日本デイリーサービスネット
ディレクション、デザイン：丹青社 鶴岡輝幸
ロゴデザイン、グラフィックデザイン：丹青社 市場浩美
プロダクション：丹青社
クライアント：ジェイアール西日本デイリーサービスネット
撮影：林 巧

Shin Kobe Entrée Marché

Place : Kobe
Date of Completion : October, 2007
Plan : West Japan Railway Daily Service Net
Direction and Design : Tanseisha - Tsuruoka Teruyuki
Logo Design and Graphic Design : Tanseisha - Ichiba Hiromi
Production : Tanseisha
Client : West Japan Railway Daily Service Net
Photograph : Hayashi Takumi

554

調布パルコ 7階レストランフロア改修

所在地：東京・調布
完成年月：2008年4月
企画：パルコ
ディレクション：パルコ　三好玄朗、
パルコスペースシステムズ　宮澤正幸、渡辺順子
デザイン：スワンズ・アイ・ディー、アンテナグラフィックベース、
藤村デザインスタジオ
クライアント：パルコ
撮影：田嶋吉雄

Chofu PARCO 7F Restaurant Project

Place : Chofu, Tokyo
Date of Completion : April, 2008
Plan : Parco
Direction : Parco - Miyoshi Genro, Parco Space Systems - Miyazawa Masayuki, Watanabe Junko
Design : Swans I.D., Antenna Graphic Base, Fujimura Design Studio
Client : Parco
Photograph : Tajima Yoshio

555

OMO KINOKUNIYA ベルビー赤坂店

所在地：東京・赤坂
完成年月：2007年5月
デザイン：丹青社　飯島雅朗
プロダクション：丹青社
クライアント：紀ノ国屋
撮影：ヴィスタジャパン　廣崎節雄

OMO KINOKUNIYA belleVie Akasaka

Place : Akasaka, Tokyo
Date of Completion : May, 2007
Design : Tanseisha - Iijima Masaro
Production : Tanseisha
Client : Kinokuniya
Photograph : Vista JAPAN - Hirosaki Setsuo

556

伊勢丹新宿店地下1階食品フロア

所在地：東京・新宿
完成年月：2007年6月
企画：伊勢丹
ディレクション：伊勢丹ビルマネジメントサービス、水村環境デザイン研究所　水村眞次、乃村工藝社　長島淳夫
デザイン：乃村工藝社　多田義人、遠藤 修、鈴木健一、室園晶子、柳川友佑
プロダクション：乃村工藝社、七彩、ギャルド、吉忠マネキン
クライアント：伊勢丹
撮影：鈴木賢一

Isetan Shinjuku B1F Foods Floor

Place : Shinjuku, Tokyo
Date of Completion : June, 2007
Plan : Isetan
Direction : Isetan Building Management Service, MED Laboratory - Mizumura Shinji, Nomura - Nagashima Atsuo
Design : Nomura - Tada Yoshihito, Endo Osamu, Suzuki Kenichi, Murozono Akiko, Yanagawa Yusuke
Production : Nomura, Nanasai, Garde, Yoshichu
Client : Isetan
Photograph : Suzuki Kenichi

557

Plame Collome 藤沢店

所在地：神奈川・藤沢
完成年月：2008年4月
デザイン：岩畑奈生子
グラフィック企画：小俣弥生
グラフィックデザイン：pate graphics　家城智加子
プロダクション：白水社
クライアント：JR東日本リテールネット
撮影：鈴木克彦

Plame Collome Fujisawa

Place : Fujisawa, Kanagawa
Date of Completion : April, 2008
Design : Iwahata Naoko
Graphic Plan : Omata Yayoi
Graphic Design : Pate Graphics - Ieki Chikako
Production : Hakusuisha
Client : JR East Retail Net
Photograph : Suzuki Katsuhiko

558

コトデコ　御影クラッセ店

所在地：神戸
完成年月：2008年2月
企画、ディレクション：たち吉　久保潤子
デザイン：ジーク　谷口博紹
プロダクション：船場
クライアント：たち吉
撮影：中谷 基

COTODECO MIKAGE CLASSE

Place : Kobe
Date of Completion : February, 2008
Plan and Direction : Tachikichi - Kubo Junko
Design : Zycc - Taniguchi Hirotsugu
Production : Semba
Client : Tachikichi
Photograph : Nakatani Motoi

559

バルセロナ・イマジナリウム

所在地：スペイン・バルセロナ
完成年月：2007年11月
企画：SAKO建築設計工社　迫 慶一郎
設計：SAKO建築設計工社　迫 慶一郎、石坂猛志、今福佑一郎
照明：ぼんぼり光環境計画　角舘政英
施工：POMAR
クライアント：IMAGINARIUM S.A.
撮影：Marta Pons Miralbell

Imaginarium in Barcelona

Place : Barcelona, Spain
Date of Completion : November, 2007
Plan : Sako Architects - Sako Keiichiro
Design : Sako Architects - Sako Keiichiro, Ishizaka Takeshi, Imafuku Yuichiro
Lighting : Masahide Kakudate Lighting Architects & Associates - Kakudate Masahide
Construction : Pomar
Client : Imaginarium S.A.
Photograph : Marta Pons Miralbell

560

ベース ステーション アンダーウエア 新宿ルミネエスト店

所在地：東京・西新宿
完成年月：2008年3月
企画：ワールド
デザイン：丹青社　黒崎はる香
プロダクション：丹青社
クライアント：ワールド
撮影：フォトクラフト社

BASE STATION UNDERWEAR Shinjuku Lumine EST

Place : Nishi-Shinjuku, Tokyo
Date of Completion : March, 2008
Plan : World
Design : Tanseisha - Kurosaki Haruka
Production : Tanseisha
Client : World
Photograph : Photocraft

561

富士急ハイランド カートゥーンラグーン

所在地：山梨・富士吉田
完成年月：2007年7月
企画：富士急行
コンセプト：ワーナーエンターテイメントジャパン
スペースデザイン：ムラヤマ　砂田良平
グラフィックデザイン：GT Design International　巻波宰平、榎木淳人
照明：佐藤電工舎
プロダクションディレクション：ムラヤマ　長井浩一、小泉賢司、是久公志
プロダクション：ムラヤマ
クライアント：富士急行
撮影：ジェイライツ　板村光一郎

Fujikyu Highland Cartoon Lagoon

Place : Fujiyoshida, Yamanashi
Date of Completion : July, 2007
Plan : Fuji Kyuko
Concept : Warner Entertainment Japan
Space Design : Murayama - Sunada Ryohei
Graphic Design : GT Design International - Makinami Saihei, Enoki Atsuhito
Lighting : Sato Electrical Engineering
Production Direction : Murayama - Nagai Koichi, Koizumi Kenji, Korehisa Masashi
Production : Murayama
Client : Fuji Kyuko
Photograph : J-Lights - Itamura Koichiro

562

KALDI COFFEE FARM 表参道店

所在地：東京・神宮前
完成年月：2007年11月
ディレクション、デザイン：丹青社　手塚浩晃
プロダクション：丹青社
クライアント：キャメル珈琲
撮影：ヴィスタジャパン　廣崎節雄

KALDI COFFEE FARM Omotesando

Place : Jingumae, Tokyo
Date of Completion : November, 2007
Direction and Design : Tanseisha - Tezuka Hiroaki
Production : Tanseisha
Client : Camel Coffee
Photograph : Vista Japan - Hirosaki Setsuo

563

グロッサリーコート Cerfeuil 表参道店

所在地：東京・神宮前
完成年月：2007年11月
ディレクション：丹青社　手塚浩晃
デザイン：丹青社　須川悠理子
プロダクション：丹青社
クライアント：セルフィユ
撮影：ヴィスタジャパン　廣崎節雄

grocery court Cerfeuil Omotesando

Place : Jingumae, Tokyo
Date of Completion : November, 2007
Direction : Tanseisha - Tezuka Hiroaki
Design : Tanseisha - Sugawa Yuriko
Production : Tanseisha
Client : Cerfeuil
Photograph : Vista Japan - Hirosaki Setsuo

564

BOSE Select Shop うめだ阪急店

所在地：大阪
完成年月：2008年2月
デザイン：秋本隆史
プロデュース：上田高啓、山田晃彰
コンストラクション：柏木達也
プロダクション：白水社
クライアント：ボーズ
撮影：松岡宏和

BOSE Select Shop Umeda Hankyu

Place : Osaka
Date of Completion : February, 2008
Design : Akimoto Takafumi
Producing : Ueda Takahiro, Yamada Akira
Construction : Kashiwagi Tatsuya
Production : Hakusuisha
Client : Bose
Photograph : Matsuoka Hirokazu

565
イタリアンジェラート RONO

所在地：愛知・日進
完成年月：2007年12月
企画：村井浩起
設計：三宅博之デザインオフィス　三宅博之
施工：ウィン・グリーン
クライアント：シンスケ
撮影：安達利康

Italian Gelato RONO

Place : Nisshin, Aichi
Date of Completion : December, 2007
Plan : Murai Hiroki
Design : Hiroyuki Miyake Design Office - Miyake Hiroyuki
Construction : Win Green
Client : Shinsuke
Photograph : Adachi Riko

566
ISLANDS

所在地：東京・銀座
完成年月：2007年4月
デザイン、設計管理：ベルベッタ・デザイン　長谷川喜美
プロダクション：ウッドベル
クライアント：アイランズインターナショナル
撮影：フォワードストローク

ISLANDS

Place : Ginza, Tokyo
Date of Completion : April, 2007
Design and Design Management : Velveta Design - Hasegawa Kimi
Production : Wood Bell
Client : Islands International
Photograph : Forward Stroke

567

MIO milano

所在地：横浜
完成年月：2008年2月
企画：荒木一記
設計：姫松親一郎建築設計事務所　姫松親一郎
施工：美留土
クライアント：LAKiA

MIO milano

Place : Yokohama
Date of Completion : February, 2008
Plan : Araki Itsuki
Design : Himematsu Architecture - Himematsu Shinichiro
Construction : Birudo
Client : Lakia

568

Jolie Toujours 池袋パルコ店

所在地：東京・池袋
完成年月：2008年3月
設計：安藤僚子デザイン室＋MS4D　安藤僚子
グラフィックデザイン：淡海季史子
施工：ティーレックス
クライアント：東京芸夢
撮影：ARCHINOLOGIO

Jolie Toujours at Ikebukuro PARCO

Place : Ikebukuro, Tokyo
Date of Completion : March, 2008
Design : Ryoko Ando Design+MS4D - Ando Ryoko
Graphic Design : Omi Kishiko
Construction : T-Rex
Client : Tokyo Geimu
Photograph : Archinologio

569

Amino Skin Care Saloon Jino

所在地：横浜
完成年月：2007年11月
アートディレクション：大日本印刷　中沢 隆、近藤大介
企画：大塚雅稔
デザイン：エイブルビーン　池澤和重、赤岩民雄
プロダクション：大日本印刷
クライアント：味の素
撮影：皆川 勇

Amino Skin Care Saloon Jino

Place : Yokohama
Date of Completion : November, 2007
Art Direction : Dai Nippon Printing - Nakazawa Takashi, Kondo Daisuke
Plan : Otsuka Masatoshi
Design : Able Bean - Ikezawa Kazushige, Akaiwa Tamio
Production : Dai Nippon Printing
Client : Ajinomoto
Photograph : Minagawa Isamu

570

HIROKOS

所在地：名古屋
完成年月：2007年9月
企画：若林
設計：加藤吉宏アトリエ　加藤吉宏
施工：ビー・ライフ
クライアント：若林
撮影：ナカサ&パートナーズ

HIROKOS

Place : Nagoya
Date of Completion : September, 2007
Plan : Wakabayashi
Design : Kato Yoshihiro Atelier - Kato Yoshihiro
Construction : B·Life
Client : Wakabayashi
Photograph : Nacása & Partners

571

阪急百貨店メンズ館

所在地：大阪
完成年月：2008年2月
企画、ディレクション：阪急百貨店
デザイン：乃村工藝社　藤江繁雄、上妻 玲、村上明弘、
宮部 勲、楠野研一、新谷芳久
ディスプレイ、アートワーク：ケー・ディー　大月勝弘
ロゴデザイン：松永 真
プロダクション：乃村工藝社 他
クライアント：阪急百貨店

Hankyu Men's Kan

Place : Osaka
Date of Completion : February, 2008
Plan and Direction : Hankyu Department Stores
Design : Nomura - Fujie Shigeo, Kozuma Ryo,
Murakami Akihiro, Miyabe Isao, Kusuno Kenichi, Niitani Yoshihisa
Display and Art Work : K·D - Otsuki Katsuhiro
Logo Design : Matsunaga Shin
Production : Nomura etc.
Client : Hankyu Department Stores

572

3D-Memories

所在地：大阪
完成年月：2007年11月
企画：スーパーマニアック　今福彰俊
設計：スーパーマニアック　今福彰俊、杉浦陽介
施工：SOLID
クライアント：ブラスト
撮影：荒木義久

3D-Memories

Place : Osaka
Date of Completion : November, 2007
Plan : Super Maniac - Imafuku Akitoshi
Design : Super Maniac - Imafuku Akitoshi, Sugiura Yosuke
Construction : Solid
Client : Blast
Photograph : Araki Yoshihisa

573

Nikon Direct 神戸三田店

所在地：神戸
完成年月：2007年6月
ディレクション：フジヤ　芳賀貴文、田中茂穂
デザイン：フジヤ　希代光江
プロダクション：フジヤ
クライアント：ニコンイメージングジャパン
撮影：荒木義久

Nikon Direct Kobe Sanda

Place : Kobe
Date of Completion : June, 2007
Direction : Fujiya - Haga Takafumi, Tanaka Shigeho
Design : Fujiya - Kitai Mitsue
Production : Fujiya
Client : Nikon Imaging Japan
Photograph : Araki Yoshihisa

574

コクピット豊洲

所在地：東京・豊洲
完成年月：2007年10月
企画：アクシス
ディレクション：アクシス　陣内宏二
デザイン：アクシス　吉田栄二
グラフィックデザイン：アクシス　森川雅仁
クライアント：ブリヂストンFVS
撮影：工藤明敏

Cockpit Toyosu

Place : Toyosu, Tokyo
Date of Completion : October, 2007
Plan : Axis
Direction : Axis - Jinnouchi Koji
Design : Axis - Yoshida Eiji
Graphic Design : Axis - Morikawa Masahito
Client : Bridgestone FVS
Photograph : Kudo Akitoshi

575
JIN's GARDEN SQUARE AOYAMA

所在地：東京・北青山
完成年月：2007年10月
企画：田中 仁
設計：中村竜治建築設計事務所　中村竜治
照明：岡安 泉
施工：エイムクリエイツ
クライアント：ジェイ アイ エヌ
撮影：阿野太一

JIN's GARDEN SQUARE AOYAMA

Place : Kita-Aoyama, Tokyo
Date of Completion : October, 2007
Plan : Tanaka Hitoshi
Design : Ryuji Nakamura Architects - Nakamura Ryuji
Lighting : Okayasu Izumi
Construction : Aim Create
Client : JIN
Photograph : Ano Daici

575

576
WASHIN HINODE

所在地：東京・日の出町
完成年月：2007年11月
企画：和真
設計：TONERICO　君塚 賢
照明：Y2 Lighting Design　山下裕子
施工：八州クリエーション
クライアント：和真
撮影：ナカサ&パートナーズ

WASHIN HINODE

Place : Hinodemachi, Tokyo
Date of Completion : November, 2007
Plan : Washin
Design : Tonerico - Kimizuka Ken
Lighting : Y2 Lighting Design - Yamashita Yuko
Construction : Yashima Creation
Client : Washin
Photograph : Nacása & Partners

576

577
メガネソムリエ 山下眼鏡店

所在地：横浜
完成年月：2008年3月
企画、ディレクション：レッドレーベル　広瀬崇史
デザイン：レッドレーベル　長谷 隆
プロダクション：きこりたち
クライアント：山下眼鏡店
撮影：ナカサ&パートナーズ

Glasses Sommelier YAMASHITA OPTICAL SHOP

Place : Yokohama
Date of Completion : March, 2008
Plan and Direction : Red Label - Hirose Takashi
Design : Red Label - Nagatani Takashi
Production : Kikoritachi
Client : Yamashita Optical Shop
Photograph : Nacása & Partners

577

578

578

PLEATS PLEASE ISSEY MIYAKE 台湾 高雄 プレジデント店

所在地：台湾・高雄
完成年月：2007年11月
企画：Issey Miyake
設計：藤原敬介デザイン事務所　藤原敬介
施工：Rich Honour International Design
クライアント：Issey Miyake
撮影：淺川 敏

PLEATS PLEASE ISSEY MIYAKE Taiwan / Kaohsiung / PRESIDENT

Place : Kaohsiung, Taiwan
Date of Completion : November, 2007
Plan : Issey Miyake
Design : Keisuke Fujiwara Design Office - Fujiwara Keisuke
Construction : Rich Honour International Design
Client : Issey Miyake
Photograph : Asakawa Satoshi

579

579

PLEATS PLEASE ISSEY MIYAKE 台湾 嘉義 NICE松屋店

所在地：台湾・嘉義
完成年月：2007年11月
企画：Issey Miyake
設計：藤原敬介デザイン事務所　藤原敬介
施工：Rich Honour International Design
クライアント：Issey Miyake
撮影：淺川 敏

PLEATS PLEASE ISSEY MIYAKE Taiwan / Chiayi / NICE Matsuya

Place : Chiayi, Taiwan
Date of Completion : November, 2007
Plan : Issey Miyake
Design : Keisuke Fujiwara Design Office - Fujiwara Keisuke
Construction : Rich Honour International Design
Client : Issey Miyake
Photograph : Asakawa Satoshi

580

580

salire (hiroshima)

所在地：広島
完成年月：2008年2月
設計：sinato　大野 力
照明：FDS
施工：ナイス
クライアント：レディスハトヤ
撮影：石井紀久

salire (hiroshima)

Place : Hiroshima
Date of Completion : February, 2008
Design : Sinato - Ono Chikara
Lighting : FDS
Construction : Nice
Client : Hatoya
Photograph : Ishii Toshihisa

581

フランチェスコ ビアジア 銀座店

所在地：東京・銀座
完成年月：2007年10月
基本計画：スタジオパリゾット　アルド・パリゾット、マサノリ・モリ
ディレクション：丹青社　柳瀬勝彦
デザイン：丹青社　谷津央一郎
設備設計、施工：ケント照明　田中哲也
プロダクション：丹青社
クライアント：ADIRON
撮影：ヴィスタジャパン　廣崎節雄

FRANCESCO BIASIA Ginza

Place : Ginza, Tokyo
Date of Completion : October, 2007
Basic Plan : Studio Parisotto - Aldo Parisotto, Mori Masanori
Direction : Tanseisha - Yanase Katsuhiko
Design : Tanseisha - Yatsu Oichiro
Mechanical Engineering and Production : Kent Lighting - Tanaka Tetsuya
Production : Tanseisha
Client : Adiron
Photograph : Vista Japan - Hirosaki Setsuo

582

暮らす服 御影クラッセ店

所在地：神戸
完成年月：2008年3月
企画、ディレクション：千趣会　山岡映子
デザイン：船場　佐藤香一郎、田之上瑞穂
プロダクション：船場
クライアント：千趣会
撮影：飯田 徹

kurasufuku MIKAGE CLASSE

Place : Kobe
Date of Completion : March, 2008
Plan and Direction : Senshukai - Yamaoka Eiko
Design : Semba - Sato Koichiro, Tanoue Mizuho
Production : Semba
Client : Senshukai
Photograph : Iida Toru

583

フレッドペリーローレル青山

所在地：東京・南青山
完成年月：2007年8月
企画：ヒットユニオン
ディレクション：丹青社　大木康裕
デザイン：丹青社　神津康行、長濱香織
施工：丹青社
クライアント：ヒットユニオン
撮影：ナカサ&パートナーズ

FRED PERRY LAUREL AOYAMA

Place : Minami-Aoyama, Tokyo
Date of Completion : August, 2007
Plan : Hit Union
Direction : Tanseisha - Oki Yasuhiro
Design : Tanseisha - Kozu Yasuyuki, Nagahama Kaori
Construction : Tanseisha
Client : Hit Union
Photograph : Nacása & Partners

584

豊明 KYOTO HOMAY DESIGN

所在地：京都
完成年月：2008年3月
企画：ジーク　四柳圭史
ディレクション：ジーク　岩井貴史
デザイン：ジーク　本家あゆみ
プロダクション：ジーク
クライアント：豊明
撮影：中谷 基

KYOTO HOMAY DESIGN

Place : Kyoto
Date of Completion : March, 2008
Plan : Zycc - Yotsuyanagi Yoshifumi
Direction : Zycc - Iwai Takafumi
Design : Zycc - Honke Ayumi
Production : Zycc
Client : Homay
Photograph : Nakatani Motoi

585

ユニクロ 世田谷千歳台店

所在地：東京・世田谷区千歳台
完成年月：2007年5月
企画：ユニクロ
ディレクション：ユニクロ　渡辺有紀
デザイン：丹青社　大木康裕、神田武志、長濱香織、
ピース・デザイン・ラボラトリー　坂井直栄
プロダクション：乃村工藝社
クライアント：ユニクロ
撮影：須藤伸哉写真事務所

UNIQLO Setagaya Chitosedai

Place : Chitosedai, Setagaya-ku, Tokyo
Date of Completion : May, 2007
Plan : Uniqlo
Direction : Uniqlo - Watanabe Yuki
Design : Tanseisha - Oki Yasuhiro, Kanda Takeshi, Nagahama Kaori,
Peace Design Laboratory - Sakai Naoei
Production : Nomura
Client : Uniqlo
Photograph : Sudo Shinya

586

THEATRE the Levi's® Select Shop

所在地：千葉・船橋
完成年月：2008年3月
企画：テアトル商事　甘竹 隆
デザイン：塚本 弦
テクニカルディレクション：白水社　黒沢高志、長崎信昭
プロダクション：白水社
クライアント：テアトル商事
撮影：鈴木克彦

THEATRE the Levi's® Select Shop

Place : Funabashi, Chiba
Date of Completion : March, 2008
Plan : Theatre Commercial - Amatake Takashi
Design : Tsukamoto Ken
Technical Direction : Hakusuisha - Kurosawa Takashi, Nagasaki Nobuaki
Production : Hakusuisha
Client : Theatre Commercial
Photograph : Suzuki Katsuhiko

587

Open

Place : Hong Kong, China
Date of Completion : April, 2007
Design : Joey Ho Design - Joey Ho
Construction : GDA Designs
Client : Left and Right
Photograph : Graham Uden

588

アディダススポーツ　パフォーマンスセンター

所在地：広島／東京・銀座
完成年月：2007年9月(広島)／2007年11月(東京・銀座)
ディレクション：アディダスジャパン　小松裕行
デザイン：乃村工藝社　生田直人(広島)、
乃村工藝社　横山尚明(銀座)
照明コンサルタント：大光電機　荒井 一
プロダクション：乃村工藝社
クライアント：アディダスジャパン
撮影：野村和慎

Adidas Sports Performance Center

Place : Hiroshima / Ginza, Tokyo
Date of Completion : September, 2007(Hiroshima) /
November, 2007(Ginza)
Direction : Adidas Japan - Komatsu Hiroyuki
Design : Nomura - Ikuta Naohito(Hiroshima) /
Nomura - Yokoyama Hisaaki(Ginza)
Lighting Consultant : Daiko Electric - Arai Hajime
Production : Nomura
Client : Adidas Japan
Photograph : Nomura Kazunori

589

Take5 昭島モリタウン店

所在地：東京・昭島
完成年月：2008年4月
デザイン：吉里謙一、四方謙一、志岐俊輔
クライアント：タケヤ
撮影：平賀 哲

Take5 Akishima Mori Town

Place : Akishima, Tokyo
Date of Completion : April, 2008
Design : Yoshizato Kenichi, Shikata Kenichi, Shiki Shunsuke
Client : Takeya
Photograph : Hiraga Tetsu

590

590

JEWEL BOX GINZA

所在地：東京・銀座
完成年月：2008年3月
ディレクション：竹中工務店
建築設計：竹中工務店　澤田 勝、梅野圭介
1・2階店舗ファサード：吉岡徳仁デザイン事務所　吉岡徳仁
施工：竹中工務店
クライアント：サンアイ

JEWEL BOX GINZA

Place : Ginza, Tokyo
Date of Completion : March, 2008
Direction : Takenaka
Architectural Design : Takenaka - Sawada Masaru, Umeno Keisuke
1,2F Facade Design : Tokujin Yoshioka Design - Yoshioka Tokujin
Construction : Takenaka
Client : Sanai

591

591

ラザールダイヤモンド ブティック 銀座本店

所在地：東京・銀座
完成年月：2007年11月
企画：ラザール・キャプラン・ジャパン・インク
設計：リキッドアーキテクツ　松浦弘樹、小林司郎
施工：丸豊建硝
クライアント：プリモ・ジャパン
撮影：ナカサ&パートナーズ

THE LAZARE DIAMOND Boutique Ginza

Place : Ginza, Tokyo
Date of Completion : November, 2007
Plan : Lazare Kaplan Japan
Design : Liquid Architects - Matsuura Hiroki, Kobayashi Shiro
Construction : Maruho Kensho
Client : Primo Japan
Photograph : Nacása & Partners

592
Cafe Extream

所在地：神戸
完成年月：2007年6月
ディレクション：丹青社　高村裕之
デザイン：丹青社　高村裕之、藤谷隼平、平松まゆみ
プロダクション：丹青社
クライアント：あらき
撮影：ナカサ&パートナーズ

Cafe Extream

Place : Kobe
Date of Completion : June, 2007
Direction : Tanseisha - Takamura Hiroyuki
Design : Tanseisha - Takamura Hiroyuki, Fujitani Jumpei, Hiramatsu Mayumi
Production : Tanseisha
Client : Araki
Photograph : Nacása & Partners

593
Cafe Metropolitan

所在地：東京・新宿
完成年月：2007年10月
ディレクション：丹青社　高村裕之
デザイン：丹青社　高村裕之、藤谷隼平、平松まゆみ
プロダクション：丹青社
クライアント：カキタ
撮影：ナカサ&パートナーズ

Cafe Metropolitan

Place : Shinjuku, Tokyo
Date of Completion : October, 2007
Direction : Tanseisha - Takamura Hiroyuki
Design : Tanseisha - Takamura Hiroyuki, Fujitani Jumpei, Hiramatsu Mayumi
Production : Tanseisha
Client : Kakita
Photograph : Nacása & Partners

594
iGoogle ART CAFÉ

所在地：東京・六本木
完成年月：2008年4月
企画：ワイデン+ケネディ　トウキョウ　佐藤澄子、大野真吾
ディレクション：ディー・エヌ・エー　浅川幸三
デザイン：エス・ディー・エル　楠目克美、大西洋一、森 信歩
プロダクション：ワイデン+ケネディ　トウキョウ
クライアント：google
撮影：鈴木賢一

iGoogle ART CAFÉ

Place : Roppongi, Tokyo
Date of Completion : April, 2008
Plan : Wieden + Kennedy Tokyo - Sato Sumiko, Ono Shingo
Direction : DNA - Asakawa Kozo
Design : S.D.L. - Kusume Katsumi, Onishi Yoichi, Mori Nobuho
Production : Wieden + Kennedy Tokyo
Client : Google
Photograph : Suzuki Kenichi

595

ナナズグリーンティー　六本木店

所在地：東京・六本木
完成年月：2007年9月
企画、ディレクション、デザイン：エイト　西澤明洋
インテリアデザイン：キングスメン　河村功二
クライアント：七葉

nana's green tea roppongi

Place : Roppongi, Tokyo
Date of Completion : September, 2007
Plan, Direction and Design : Eight - Nishizawa Akihiro
Interior Design : Kingsmen - Kawamura Koji
Client : Nanaha

596

KYOSHO AKIHABARA

所在地：東京・神田
完成年月：2008年4月
企画：船場　野田雄三、斉藤智哉、成富法仁
ディレクション：船場　野田雄三
デザイン：船場　斉藤智哉、成富法仁
プロダクション：船場
クライアント：京商
撮影：小笠原事務所　渡辺克裕

KYOSHO AKIHABARA

Place : Kanda, Tokyo
Date of Completion : April, 2008
Plan : Semba - Noda Yuzo, Saito Tomoya, Narutomi Norihito
Direction : Semba - Noda Yuzo
Design : Semba - Saito Tomoya, Narutomi Norihito
Production : Semba
Client : Kyosho
Photograph : Ogasawarajimusho - Watanabe Katsuhiro

597

デリフランス

所在地：東京・赤坂
完成年月：2008年3月
ディレクション、デザイン：丹青社　湯沢幸子
アートワーク：星野 隆
プロダクション：丹青社
クライアント：ヴィ・ド・フランス
撮影：ヴィスタジャパン　廣崎節雄

Délifrance

Place : Akasaka, Tokyo
Date of Completion : March, 2008
Direction and Design : Tanseisha - Yuzawa Sachiko
Art Work : Hoshino Takashi
Production : Tanseisha
Client : Vie de France
Photograph : Vista Japan - Hirosaki Setsuo

598
アスワン

所在地：愛知・日進
完成年月：2007年9月
企画：永堀哲也
設計：aat+ヨコミゾマコト建築設計事務所　ヨコミゾマコト
構造：佐藤 淳
照明：ライトデザイン　東海林 弘靖
施工：志水建築
クライアント：貴規
撮影：新建築写真部

EARTH-ONE

Place : Nisshin, Aichi
Date of Completion : September, 2007
Plan : Nagahori Tetsuya
Design : aat+Makoto Yokomizo, Architects - Yokomizo Makoto
Structure : Sato Jun
Lighting : Light Design - Shoji Hiroyasu
Construction : Shimizu Construction
Client : Takamoto
Photograph : Shinkenchiku-sha

599
Pâtisserie Café Amélie

所在地：韓国・ソウル
完成年月：2007年8月
企画：SPC
ディレクション：松永 望
デザイン：竹内敬子
企画ディレクション：平塚章太郎
プロダクション：マックスラジアン
クライアント：SPC

Pâtisserie Café Amélie

Place : Seoul, Korea
Date of Completion : August, 2007
Plan : SPC
Direction : Matsunaga Nozomu
Design : Takeuchi Keiko
Planning Direction : Hiratsuka Shotaro
Production : Maxradian
Client : SPC

600
Motoyama Milk Bar

所在地：東京・六本木
完成年月：2008年4月
デザイン：丹青社　上垣内泰輔、立川美和、菊地 健
プロダクション：高島屋スペースクリエイツ
クライアント：ル・ショコラ・デュ・ディアマン
撮影：エスエス企画

Motoyama Milk Bar

Place : Roppongi, Tokyo
Date of Completion : April, 2008
Design : Tanseisha - Kamigaichi Taisuke, Tachikawa Miwa, Kikuchi Takeshi
Production : Takashimaya Space Create
Client : Le Chocolat du Diamant
Photograph : SS Kikaku

601

ベーカリーカフェ レンガ

所在地：群馬・桐生
完成年月：2008年3月
ディレクション：加藤博正
デザイン：小関理恵
照明：マックスレイ 稲田淳平
グラフィックデザイン：POP工房しぶや 渋谷政子
プロダクション：イワノ建設
クライアント：ルパン
撮影：高瀬一博

Bakery Cafe Renga

Place : Kiryu, Gumma
Date of Completion : March, 2008
Direction : Kato Hiromasa
Design : Koseki Rie
Lighting : Maxray - Inada Jumpei
Graphic Design : Pop Kobo Shibuya - Shibuya Masako
Production : Iwano Kensetsu
Client : La'pain
Photograph : Takase Kazuhiro

602

TX GRAND AVENUE おおたかの森 TX COURT おおたかの森

所在地：千葉・流山
完成年月：2007年11月
デザイン：丹青社 城戸理誠
クライアント：首都圏新都市鉄道
撮影：ピップス

TX GRAND AVENUE ŌTAKANOMORI TX COURT ŌTAKANOMORI

Place : Nagareyama, Chiba
Date of Completion : November, 2007
Design : Tanseisha - Kido Masanari
Client : Metropolitan Intercity Railway
Photograph : Pips

603

メープルハウス ザ マーケット

所在地：金沢
完成年月：2007年7月
デザイン：竹内 潤
プロダクション：サンテン・コーポレーション
クライアント：メープルハウス

MAPLE HOUSE THE MARKET

Place : Kanazawa
Date of Completion : July, 2007
Design : Takeuchi Jun
Production : Santen Corporation
Client : Maple House

604

Vinegar Cafe SU

所在地：福岡・うきは
完成年月：2007年9月
企画：大山英章
設計：姫松親一郎建築設計事務所　姫松親一郎
施工：藤建設
クライアント：大山英章

Vinegar Cafe SU

Place : Ukiha, Fukuoka
Date of Completion : September, 2007
Plan : Oyama Hideyuki
Design : Himematsu Architecture - Himematsu Shinichiro
Construction : Tou Kensetsu
Client : Oyama Hideyuki

605

eat a peach

所在地：東京・北沢
完成年月：2007年9月
設計：福山建築事務所　福山博之
施工：PaPa interior
クライアント：中居克博
撮影：平井広行

eat a peach

Place : Kitazawa, Tokyo
Date of Completion : September, 2007
Design : Fukuyama Architects - Fukuyama Hiroyuki
Construction : PaPa Interior
Client : Nakai Katsuhiro
Photograph : Hirai Hiroyuki

606

ワールドグルメバイキング アレッタプレミアム天神店

所在地：福岡
完成年月：2007年10月
ディレクション、デザイン：ジーク　川野健司
プロダクション：ジーク
クライアント：ジャスマック
撮影：ナカサ&パートナーズ

World Gourmet Viking AlettA Premium Tenjin

Place : Fukuoka
Date of Completion : October, 2007
Direction and Design : Zycc - Kawano Kenji
Production : Zycc
Client : Jasmac
Photograph : Nacása & Partners

607

ホテルメトロポリタン丸の内 ダイニング&バー　テンクウ

所在地：東京・丸の内
完成年月：2007年5月
デザイン：丹青社　中田宏樹
プロダクション：丹青社
クライアント：日本ホテル
撮影：ヴィスタジャパン　廣崎節雄

Hotel Metropolitan Marunouchi Dining & Bar TENQOO

Place : Marunouchi, Tokyo
Date of Completion : May, 2007
Design : Tanseisha - Nakata Hiroki
Production : Tanseisha
Client : Nippon Hotel
Photograph : Vista Japan - Hirosaki Setsuo

608

Kyoyasai Dining Tawawa Nijo

所在地：京都
完成年月：2007年9月
デザイン：フレスコ、藤枝 寛
プロダクション：大成建設、フレスコ
クライアント：たわわ
撮影：山田誠良

Kyoyasai Dining Tawawa Nijo

Place : Kyoto
Date of Completion : September, 2007
Design : Design Fresco, Fujieda Hiroshi
Production : Taisei, Design Fresco
Client : Tawawa
Photograph : Yamada Seiryo

609

シターラ アグニ

所在地：東京・銀座
完成年月：2007年5月
デザイン：フィルデザイン　向笠謹明
プロダクション：丹青社
クライアント：ディーティーディー
撮影：シンフォトワーク　宮本慎二

SITAARA AGNI

Place : Ginza, Tokyo
Date of Completion : May, 2007
Design : Phil Design - Mukasa Noriaki
Production : Tanseisha
Client : DTD
Photograph : Shin Photo Work - Miyamoto Shinji

610

Silvius Brabo

所在地：東京・有楽町
完成年月：2007年10月
デザイン：丹青社　上垣内泰輔、立川美和
プロダクション：エイムクリエイツ
クライアント：ル・ショコラ・デュ・ディアマン
撮影：ナカサ&パートナーズ

Silvius Brabo

Place : Yurakucho, Tokyo
Date of Completion : October, 2007
Design : Tanseisha - Kamigaichi Taisuke, Tachikawa Miwa
Production : Aim Create
Client : Le Chocolat du Diamant
Photograph : Nacása & Partners

611

ラ ターブル ドゥ ジョエル・ロブション 名古屋

所在地：名古屋
完成年月：2007年5月
ディレクション：乃村工藝社、A.N.D. 小坂 竜
デザイン：乃村工藝社、A.N.D. 田谷利之
プロダクション：乃村工藝社
クライアント：松坂屋、フォーシーズ
撮影：ナカサ＆パートナーズ

LA TABLE de Joël Robuchon Nagoya

Place : Nagoya
Date of Completion : May, 2007
Direction : Nomura, A.N.D. - Kosaka Ryu
Design : Nomura, A.N.D. - Taya Toshiyuki
Production : Nomura
Client : Matsuzakaya, Four Seeds
Photograph : Nacása & Partners

612

ラ・ロンジェビテ

所在地：東京・白金台
完成年月：2008年2月
企画、デザイン：グラフィクスアンドデザイニング 相羽高徳
プロダクション：グラフィクスアンドデザイニング
クライアント：GDM
撮影：ナカサ＆パートナーズ

la · longevite

Place : Shirokanedai, Tokyo
Date of Completion : February, 2008
Plan and Design : Graphics & Designing - Aiba Takanori
Production : Graphics & Designing
Client : GDM
Photograph : Nacása & Partners

613

チャイニーズ ダイニング ワン

所在地：大阪
完成年月：2008年3月
企画：ジークPMC
ディレクション：オペレーションファクトリー 南方 学、横山啓太
デザイン：ジーク 今林幹夫
プロダクション：ジーク
クライアント：プラスゲート、温
撮影：野見山芳教

CHINESE DINING ONE

Place : Osaka
Date of Completion : March, 2008
Plan : Zycc PMC
Direction : Operation Factory - Minakata Manabu, Yokoyama Keita
Design : Zycc - Imabayashi Mikio
Production : Zycc
Client : Plus Gate, On
Photograph : Nomiyama Yoshinori

614

キュイジーヌ EST & ダイニングバー OVEST

所在地：東京・西池袋
完成年月：2007年9月
デザイン：丹青社　蓮見淳一
プロダクション：丹青社
クライアント：日本ホテル
撮影：ナカサ&パートナーズ

Cuisine EST & Dining Bar OVEST

Place : Nishi-Ikebukuro, Tokyo
Date of Completion : September, 2007
Design : Tanseisha - Hasumi Junichi
Production : Tanseisha
Client : Nippon Hotel
Photograph : Nacása & Partners

615

バー 蓮

所在地：沖縄・那覇
完成年月：2007年7月
デザイン：丹青社　蓮見淳一
プロダクション：丹青社
クライアント：イシン・ホテルズ・グループ
撮影：石井紀久

Bar Ren

Place : Naha, Okinawa
Date of Completion : July, 2007
Design : Tanseisha - Hasumi Junichi
Production : Tanseisha
Client : Ishin Hotels Group
Photograph : Ishii Toshihisa

616

Club BLAST

所在地：京都
完成年月：2007年11月
企画、ディレクション：谷口健建築事務所　谷口 健
デザイン：谷口健建築事務所、ジーク　岩井貴史
プロダクション：ジーク
クライアント：クラブ ブラスト
撮影：中谷 基

Club BLAST

Place : Kyoto
Date of Completion : November, 2007
Plan and Direction : Taniguchi Ken Architect Studio - Taniguchi Ken
Design : Taniguchi Ken Architect Studio, Zycc - Iwai Takafumi
Production : Zycc
Client : Club Blast
Photograph : Nakatani Motoi

617

China White

所在地：東京・銀座
完成年月：2007年9月
デザイン：丹青社　上垣内泰輔、立川美和
プロダクション：房舎計画工房
クライアント：M・R・S
撮影：ナカサ＆パートナーズ

China White

Place : Ginza, Tokyo
Date of Completion : September, 2007
Design : Tanseisha - Kamigaichi Taisuke, Tachikawa Miwa
Production : Bosha Keikaku Kobo
Client : MRS
Photograph : Nacása & Partners

618
可士和 赤坂見附店

所在地：東京・赤坂
完成年月：2007年12月
企画、ディレクション、デザイン：エイブルビーン　赤岩民雄
プロダクション：建装工芸
クライアント：シーズンズ・インターナショナル
撮影：クドウオリジナルフォト

Kashiwa Akasakamitsuke

Place : Akasaka, Tokyo
Date of Completion : December, 2007
Plan, Direction and Design : Able Bean - Akaiwa Tamio
Production : Kensokogei
Client : Seasons International
Photograph : Kudo Original Photo

619
BAR IR

所在地：東京・銀座
完成年月：2007年7月
企画：アイアンドアールコーポレーション
設計：TONERICO　米谷ひろし
照明：ウシオスペックス
ロゴマークデザイン：Noce grafico　高麗 崇
施工：綜合デザイン
クライアント：アイアンドアールコーポレーション
撮影：淺川 敏

BAR IR

Place : Ginza, Tokyo
Date of Completion : July, 2007
Plan : I&R Corporation
Design : Tonerico - Yoneya Hiroshi
Lighting : Ushio Spax
Logo Mark Design : Noce Grafico - Koma Takashi
Construction : Sogo Design
Client : I&R Corporation
Photograph : Asakawa Satoshi

620
Singapore Seafood Republic

所在地：東京・高輪
完成年月：2008年4月
デザイン：丹青社　上垣内泰輔、立川美和
プロダクション：丹青社
クライアント：M・R・S
撮影：ナカサ&パートナーズ

Singapore Seafood Republic

Place : Takanawa, Tokyo
Date of Completion : April, 2008
Design : Tanseisha - Kamigaichi Taisuke, Tachikawa Miwa
Production : Tanseisha
Client : MRS
Photograph : Nacása & Partners

621
神戸凮月堂 御影店

所在地：神戸
完成年月：2008年3月
ディレクション：シェルフ　谷 利貞
デザイン：シェルフ　谷 利貞、山本桂右、神場矢祐一
オブジェ：花あそび旬　田中 智
照明：ウシオスペックス
プロダクション：乃村工藝社
クライアント：神戸凮月堂
撮影：ヴィスタジャパン　廣崎節雄

KOBE FUGETSUDO Mikage

Place : Kobe
Date of Completion : March, 2008
Direction : Shelf - Tani Toshisada
Design : Shelf - Tani Toshisada, Yamamoto Keisuke, Kamibaya Yuichi
Object : Hana Asobi Shun - Tanaka Satoru
Lighting : Ushiospax
Production : Nomura
Client : Kobe Fugetsudo
Photograph : Vista Japan - Hirosaki Setsuo

622
くいしんぼ とみ家"待合の時"

所在地：新潟・柏崎
完成年月：2007年3月
企画、ディレクション、デザイン：トップテリア　タクミ
プロダクション：品田 優
クライアント：とみ家

Kuishinbo Tomiya "The Time of Waiting Area"

Place : Kashiwazaki, Niigata
Date of Completion : March, 2007
Plan, Direction and Design : Topterior Takumi
Production : Shinada Suguru
Client : Tomiya

623
EN

所在地：東京・三軒茶屋
完成年月：2008年2月
設計：KNOWLEDGE+　飯沼良介
施工：シーエーリーディング
クライアント：SOU
撮影：松井茂信

Japanese Cuisine Restaurant EN

Place : Sangenjaya, Tokyo
Date of Completion : February, 2008
Design : Knowledge+ - Iinuma Ryosuke
Construction : CA Leading
Client : Sou
Photograph : Matsui Shigenobu

624
旬菜のいぶき 縁空

所在地：富山・砺波
完成年月：2007年12月
デザイン：東 三知友
プロダクション：サンテン・コーポレーション
クライアント：天野秀春

syunsai no ibuki –ENKU–

Place : Tonami, Toyama
Date of Completion : December, 2007
Design : Higashi Michitomo
Production : Santen Corporation
Client : Amano Hideharu

625
とに火久

所在地：千葉・稲毛
完成年月：2008年1月
デザイン：フィルデザイン　向笠譴明
プロダクション：日活スペースデザイン
クライアント：洋伸
撮影：シンフォトワーク　宮本慎二

Tonikaku

Place : Inage, Chiba
Date of Completion : January, 2008
Design : Phil Design - Mukasa Noriaki
Production : Nikkatsu Space Design
Client : Yoshin
Photograph : Shin Photo Work - Miyamoto Shinji

626

和食家 菜箸

所在地：愛媛・松山
完成年月：2007年7月
デザイン：長尾勝彦
プロダクション：長尾勝彦＋デザインオフィス
クライアント：川又圭二

washokuya saibashi

Place : Matsuyama, Ehime
Date of Completion : July, 2007
Design : Nagao Katsuhiko
Production : Nagao Katsuhiko+Design Office
Client : Kawamata Keiji

627

文の助茶屋 新横浜店

所在地：横浜
完成年月：2008年3月
デザイン：乃村工藝社　松浦竜太郎、池田励一
プロダクション：乃村工藝社
クライアント：文の助茶屋
撮影：ナカサ＆パートナーズ

Bunnosukechaya Shin-Yokohama

Place : Yokohama
Date of Completion : March, 2008
Design : Nomura - Matsuura Ryutaro, Ikeda Reiichi
Production : Nomura
Client : Bunnosukechaya
Photograph : Nacása & Partners

628

水の和座 山葵 銀座店

所在地：東京・銀座
完成年月：2007年9月
デザイン：丹青社　佐藤 篤
プロダクション：丹青社
クライアント：エイペックス
撮影：ヴィスタジャパン　廣崎節雄

Mizunowaza Wasabi Ginza

Place : Ginza, Tokyo
Date of Completion : September, 2007
Design : Tanseisha - Sato Atsushi
Production : Tanseisha
Client : Apex
Photograph : Vista Japan - Hirosaki Setsuo

629

きなり

所在地：東京・丸の内
完成年月：2007年8月
デザイン：sinato　大野 力
プロダクション：樋口工房
クライアント：ABC Cooking Studio
撮影：上田 宏

kinari

Place : Marunouchi, Tokyo
Date of Completion : August, 2007
Design : Sinato - Ono Chikara
Production : Higuchi Kobo
Client : ABC Cooking Studio
Photograph : Ueda Hiroshi

630

焼き肉家　益市

所在地：京都
完成年月：2008年4月
企画、ディレクション：谷口健建築事務所　谷口 健
デザイン：谷口健建築事務所　谷口 健、若松和之、ジーク　中井章人
プロダクション：ジーク
クライアント：MASUICHI
撮影：齋藤裕也

Korean Barbecue House MASUICHI

Place : Kyoto
Date of Completion : April, 2008
Plan and Direction : Taniguchi Ken Architect Studio - Taniguchi Ken
Design : Taniguchi Ken Architect Studio - Taniguchi Ken, Wakamatsu Kazuyuki, Zycc - Nakai Akihito
Production : Zycc
Client : Masuichi
Photograph : Saito Yuya

631

ZIPPY flag

所在地：富山
完成年月：2007年9月
企画、ディレクション：サンテン・コーポレーション
デザイン：吉田 潤
プロダクション：サンテン・コーポレーション
クライアント：ジッピー

ZIPPY flag

Place : Toyama
Date of Completion : September, 2007
Plan and Direction : Santen Corporation
Design : Yoshida Jun
Production : Santen Corporation
Client : Zippy

632

ZERO

所在地：京都
完成年月：2008年3月
企画：フジモトコマイ
設計：アッシュプランニング　北吉敏文、奥村基之
施工：笹山工務店
クライアント：ZERO
撮影：山田誠良

ZERO

Place : Kyoto
Date of Completion : March, 2008
Plan : Fujimoto-Komai
Design : A'sh Planning - Kitayoshi Toshifumi, Okumura Motoyuki
Construction : Sasayama Komuten
Client : Zero
Photograph : Yamada Seiryo

633

Beauty Salon Keizo

所在地：滋賀・彦根
完成年月：2007年7月
デザイン：クニヤス建築設計　武田邦康、川島裕一
プロダクション：クニヤス建築設計
クライアント：Keizo

Beauty Salon Keizo

Place : Hikone, Shiga
Date of Completion : July, 2007
Design : Kuniyasu Architect - Takeda Kuniyasu, Kawashima Yuichi
Production : Kuniyasu Architect
Client : Keizo

634

CLE DE PEAU BEAUTE COUNTER 近鉄四日市店

所在地：三重・四日市
完成年月：2007年9月
クリエイティヴディレクション：渋谷克彦
アートディレクション：林 美代子
デザイン：岸野桃子
プロダクション：モノプロ
クライアント：資生堂

CLE DE PEAU BEAUTE COUNTER Kintetsu Yokkaichi

Place : Yokkaichi, Mie
Date of Completion : September, 2007
Creative Direction : Shibuya Katsuhiko
Art Direction : Hayashi Miyoko
Design : Kishino Momoko
Production : Mono Pro
Client : Shiseido

634

635

プロデュース 橋本店

所在地：神奈川・相模原
完成年月：2007年4月
企画、設計：KAMITOPEN一級建築士事務所　吉田昌弘
椅子デザイン：znug design　根津孝太
施工：タカラスペースデザイン
クライアント：大澤弘一
撮影：宮本啓介

Produce Hashimoto

Place : Sagamihara, Kanagawa
Date of Completion : April, 2007
Plan and Design : Kamitopen - Yoshida Masahiro
Chair Design : Znug Design - Nezu Kota
Construction : Takara Space Design
Client : Osawa Koichi
Photograph : Miyamoto Keisuke

635

636

エステティックサロン ルーチェ

所在地：東京・渋谷
完成年月：2008年1月
企画：ファインアート　武井陽子
ディレクション：平澤太デザイン計画機構　平澤 太
デザイン：平澤太デザイン計画機構　平澤 太、関 悠乃
照明：マックスレイ　戸澤貴志
プロダクションディレクション：マイヤーズ　佐々木 徹
プロダクション：マイヤーズ、協立商事
クライアント：ファインアート
撮影：大泉 裕

Aesthetic Salon LUCE

Place : Shibuya, Tokyo
Date of Completion : January, 2008
Plan : Fine Art - Takei Yoko
Direction : Hirasawa Futoshi D.P.O - Hirasawa Futoshi
Design : Hirasawa Futoshi D.P.O - Hirasawa Futoshi, Seki Hisano
Lighting : Maxray - Tozawa Takashi
Production Direction : Myards - Sasaki Toru
Production : Myards, Kyoritsu
Client : Fine Art
Photograph : Oizumi Yutaka

637

ホワイトエッセンス銀座

所在地：東京・銀座
完成年月：2008年4月
デザイン：乃村工藝社　松浦竜太郎、池田励一
プロダクション：乃村工藝社
クライアント：エイ・アイ・シー
撮影：ナカサ&パートナーズ

white essence Ginza

Place : Ginza, Tokyo
Date of Completion : April, 2008
Design : Nomura - Matsuura Ryutaro, Ikeda Reiichi
Production : Nomura
Client : AIC
Photograph : Nacása & Partners

638

クールエステティック 金沢店

所在地：石川・野々市町
完成年月：2008年4月
企画、デザイン：小泉 稔
プロダクション：宝来社
クライアント：クールプロジェクト
撮影：高橋朋子

Coeur Esthétique Kanazawa

Place : Nonoichimachi, Ishikawa
Date of Completion : April, 2008
Plan and Design : Koizumi Minoru
Production : Horaisha
Client : Coeur Project
Photograph : Takahashi Tomoko

639

WINK

所在地:広島
完成年月:2007年10月
企画:栄信企画
設計:ナフ·アーキテクト&デザイン　中薗哲也
施工:徳栄建設
クライアント:栄信企画
撮影:ナカサ&パートナーズ

WINK

Place : Hiroshima
Date of Completion : October, 2007
Plan : Eishin Kikaku
Design : Naf Architect & Design - Nakazono Tetsuya
Construction : Tokuei Construction
Client : Eishin Kikaku
Photograph : Nacása & Partners

640

gouache hair

所在地:鳥取·日吉津村
完成年月:2008年3月
企画:丹青社　上垣内泰輔
設計:NEWEST　石川卓磨、木村俊介
照明:N2　山下奈都子
施工:長川 寛
クライアント:松本
撮影:山田誠良

gouache hair

Place : Hiezuson, Tottori
Date of Completion : March, 2008
Plan : Tanseisha - Kamigaichi Taisuke
Design : Newest - Ishikawa Takuma, Kimura Shunsuke
Ceiling Plan : N2 - Yamashita Natsuko
Construction : Nagakawa Hiroshi
Client : Matsumoto
Photograph : Yamada Seiryo

641

J's viz a:ile

所在地:愛知·長久手町
完成年月:2007年11月
設計:アトリエKUU　熊沢信生、岩橋 翼
設計協力:NAG設計同人
照明:Light style　見木志郎
構造:原田順三+ステラジアン建築構造研究所
施工:ユニホー
クライアント:平田政則
撮影:阿野太一

J's viz a:ile

Place : Nagakutecho, Aichi
Date of Completion : November, 2007
Design : Atelier Kuu - Kumazawa Nobuo, Iwahashi Tsubasa
Design Cooperation : Nag Sekkei Do-jin
Lighting : Light Style - Miki Shiro
Structure : Harada Junzo+Architect Office Steradian
Construction : Uniho
Client : Hirata Masanori
Photograph : Ano Daici

642

GYRE

所在地：東京・神宮前
完成年月：2007年11月
企画：竹中工務店　松下完次、関口弘毅
設計：MVRDV　Jacob Van Rijs、Winy Maas、Nathalie de Vries、竹中工務店　新城功雄、濱野裕司、結城哲治、垣谷伸彦
商環境デザイン：エイジ
施工：竹中工務店
クライアント：竹中工務店
撮影：ナカサ&パートナーズ

GYRE

Place : Jingumae, Tokyo
Date of Completion : November, 2007
Plan : Takenaka - Matsushita Kanji, Sekiguchi Koki
Design : MVRDV - Jacob Van Rijs, Winy Maas, Nathalie de Vries, Takenaka - Shinjo Isao, Hamano Yuji, Yuki Tetsuji, Kakitani Nobuhiko
Commercial Space Design : Age
Construction : Takenaka
Client : Takenaka
Photogragh : Nacása & Partners

643

高島屋新宿店環境計画

所在地：東京・千駄ヶ谷
完成年月：2007年4月
企画：高島屋スペースクリエイツ
設計：飯島直樹デザイン室　飯島直樹
アートワーク：はやしまりこ
施工：高島屋スペースクリエイツ
クライアント：高島屋
撮影：佐藤振一

Takashimaya Shinjuku Environment Renewal

Place : Sendagaya, Tokyo
Date of Completion : April, 2007
Plan : Takashimaya Space Create
Design : Iijima Design - Iijima Naoki
Art Work : Hayashi Mariko
Construction : Takashimaya Space Create
Client : Takashimaya
Photograph : Sato Shinichi

644

ドゥールームー 伊勢崎店

所在地：群馬・伊勢崎
完成年月：2007年12月
アートディレクション：グラフィックアンドデザイニング 相羽高徳
建築ディレクション：乃村工藝社 脇本勝司
インテリアディレクション：乃村工藝社 青野恵太
デザイン：乃村工藝社 脇本勝司、青野恵太、岡本温子、宮本靖子
建築設計：テスコ 干場 修
プロダクション：乃村工藝社
クライアント：ワールド
撮影：ナカサ&パートナーズ

DOOROOMOO Isesaki

Place : Isesaki, Gumma
Date of Completion : December, 2007
Art Direction : Graphics & Designing - Aiba Takanori
Architectural Direction : Nomura - Wakimoto Katsushi
Interior Direction : Nomura - Aono Keita
Design : Nomura - Wakimoto Katsushi, Aono Keita, Okamoto Atsuko, Miyamoto Yasuko
Architectural Design : Tesco - Hoshiba Shu
Production : Nomura
Client : World
Photograph : Nacása & Partners

644

645

御影クラッセ

所在地：神戸
完成年月：2008年3月
設計：竹中工務店 松本伸洋
照明：スタイルマテック
施工：竹中工務店
クライアント：阪神御影インベストメント
撮影：古川泰造

MIKAGE CLASSE

Place : Kobe
Date of Completion : March, 2008
Design : Takenaka - Matsumoto Nobuhiro
Lighting : Style-Matec
Construction : Takenaka
Client : Hanshin Mikage Investment
Photograph : Furukawa Taizo

645

646

ZENT KANI

所在地：岐阜・可児
完成年月：2007年11月
企画：善都
設計：加藤吉宏アトリエ 加藤吉宏
施工：フジタ
クライアント：善都
撮影：ナカサ&パートナーズ

ZENT KANI

Place : Kani, Gifu
Date of Completion : November, 2007
Plan : Zent
Design : Kato Yoshihiro Atelier - Kato Yoshihiro
Construction : Fujita
Client : Zent
Photograph : Nacása & Partners

646

647

CSK多摩センター

所在地：東京・多摩
完成年月：2007年6月
企画：青園雅紘
設計：シェマ・アーキテクツ　蔵島二三、佐藤義秋、大槻 猛
造園：尼崎博正
施工：前田建設工業
クライアント：CSKホールディングス
撮影：田中宏明

CSK TAMA CENTER

Place : Tama, Tokyo
Date of Completion : June, 2007
Plan : Aozono Masahiro
Design : Schema-Architects - Zoshima Futazo, Sato Yoshiaki, Otsuki Takeshi
Landscape Design : Amasaki Hiromasa
Construction : Maeda
Client : CSK Holdings
Photograph : Tanaka Hiroaki

648

"Tianmu Grandeur" Reception Center

Place : Taipei, Taiwan
Date of Completion : March, 2008
Design : Trendy-Interior Design - David Tan
Photograph : ABS Color

649

Jing Hua Reception Centre

Place : Taipei, Taiwan
Date of Completion : December, 2007
Design : King Wang & Paul Chiang
Construction : CCPlan Spatial Design
Client : Shining Group
Photograph : Marc Gerritsen

650
神戸フードテラス

所在地：神戸
完成年月：2008年4月
企画：ジェイアール西日本フードサービスネット
ディレクション：丹青社　鶴岡輝幸
デザイン：丹青社　鶴岡輝幸、小笠原友里
ロゴデザイン、グラフィックデザイン：丹青社　市場浩美
プロダクション：丹青社
クライアント：ジェイアール西日本フードサービスネット
撮影：山田誠良

Kobe Food Terrace

Place : Kobe
Date of Completion : April, 2008
Plan : West Japan Railway Food Service Net
Direction : Tanseisha - Tsuruoka Teruyuki
Design : Tanseisha - Tsuruoka Teruyuki, Ogasawara Yuri
Logo Design and Graphic Design : Tanseisha - Ichiba Hiromi
Production : Tanseisha
Client : West Japan Railway Food Service Net
Photograph : Yamada Seiryo

651
SUNTEC CITY Galleria

所在地：シンガポール
完成年月：2007年7月
アートディレクション：en-魔　金宇保明
ディレクション：en-魔　清水 博、加藤恭司
デザイン：en-魔　渡辺 豊
プロダクション：SUNRAY WOODCRAFT CONSTRUCTION PTE
クライアント：ARA TRUST MANAGEMENT(SUNTEC)

SUNTEC CITY Galleria

Place : Singapore
Date of Completion : July, 2007
Art Direction : En-Ma - Kanau Yasuaki
Direction : En-Ma - Shimizu Hiroshi, Kato Kyoji
Design : En-Ma - Watanabe Yutaka
Production : Sunray Woodcraft Construction Pte
Client : Ara Trust Management (Suntec)

652

653

652

レインボータウン　ユーズランド

所在地：東京・日の出町
完成年月：2007年11月
アートディレクション、デザイン：フジヤ　本居大樹
テクニカルディレクション：フジヤ　岩城通夫
照明：大光電機　田村更紗
グラフィックデザイン：田村寿夫
イラストレーション：塚野 浩
プロダクション：フジヤ
クライアント：ユーズ
撮影：工藤明敏

RAINBOW TOWN YOU'S LAND

Place : Hinodecho, Tokyo
Date of Completion : November, 2007
Art Direction and Design : Fujiya - Motoi Daiki
Technical Direction : Fujiya - Iwaki Michio
Lighting : Daiko - Tamura Sarasa
Graphic Design : Tamura Toshio
Illustration : Tsukano Hiroshi
Production : Fujiya
Client : You's
Photograph : Kudo Akitoshi

653

ビッグホップ　ガーデンモール 印西

所在地：千葉・印西
完成年月：2007年9月
ディレクション：竹中工務店
デザイン：竹中工務店　平澤宏之
クライアント：ミキシング
撮影：エスエス東京

BIG HOP Garden Mall Inzai

Place : Inzai, Chiba
Date of Completion : September, 2007
Direction : Takenaka
Design : Takenaka - Hirasawa Hiroyuki
Client : Mixing
Photograph : SS Tokyo

654
ソユーファミリーゲームフィールド 博多店

所在地：福岡・博多
完成年月：2008年3月
企画、ディレクション：ソユー　竹本千絵、船場　竹内 央
デザイン：船場　竹内 央、小池紀恵
プロダクション：船場
クライアント：ソユー
撮影：加斗タカオ

SOYU FAMILY GAME FIELD HAKATA

Place : Hakata, Fukuoka
Date of Completion : March, 2008
Plan and Direction : Soyu - Takemoto Chie, Semba - Takeuchi Hiroshi
Design : Semba - Takeuchi Hiroshi, Koike Norie
Production : Semba
Client : Soyu
Photograph : Kato Takao

655
日和田ショッピングモール フェスタ

所在地：福島・郡山
完成年月：2007年10月
総合プロデュース：船井総合研究所　山本 匡
環境デザイン：スペース　大藪由紀夫、長島 淳、澤本三恵
照明：小泉産業　高田 斉、杉浦貴之
プロダクション：陰山建設、スペース
クライアント：日和田ショッピングモール

HIWADA SHOPPING MALL FESTA

Place : Koriyama, Fukushima
Date of Completion : October, 2007
Total Producing : Funai Consulting - Yamamoto Tadashi
Environmental Design : Space - Oyabu Yukio, Nagashima Atsushi, Sawamoto Mie
Lighting : Koizumi - Takada Hitoshi, Sugiura Takayuki
Production : Kageyama Kensetsu, Space
Client : Hiwada Shopping Mall

656
SUNTEC CITY MY PLAY Ground

所在地：シンガポール
完成年月：2007年7月
アートディレクション：en-魔　金宇保明
ディレクション：en-魔　清水 博、加藤恭司
デザイン：en-魔　渡辺 豊
プロダクション：SUNRAY WOODCRAFT CONSTRUCTION PTE
クライアント：ARA TRUST MANAGEMENT(SUNTEC)

SUNTEC CITY MY PLAY Ground

Place : Singapore
Date of Completion : July, 2007
Art Direction : En-Ma - Kanau Yasuaki
Direction : En-Ma - Shimizu Hiroshi, Kato Kyoji
Design : En-Ma - Watanabe Yutaka
Production : Sunray Woodcraft Construction Pte
Client : Ara Trust Management (Suntec)

657

658

657

赤坂サカス Media Stairs

所在地：東京・赤坂
完成年月：2008年3月
企画：乃村工藝社
ディレクション：乃村工藝社　花岡 豊
デザイン：乃村工藝社　高橋珠恵
テクニカルディレクション：乃村工藝社　小林敬治
プロダクション：乃村工藝社
クライアント：東京放送
撮影：淺川 敏

akasaka Sacas Media Stairs

Place : Akasaka, Tokyo
Date of Completion : March, 2008
Plan : Nomura
Direction : Nomura - Hanaoka Yutaka
Design : Nomura - Takahashi Tamae
Technical Direction : Nomura - Kobayashi Keiji
Production : Nomura
Client : Tokyo Broadcasting System
Photograph : Asakawa Satoshi

658

赤坂サカス 赤坂Bizタワー SHOPS & DINING

所在地：東京・赤坂
完成年月：2008年3月
ディレクション：久米設計　林 年男、三浦 健、乃村工藝社　大寺 徹
デザイン：久米設計　篠崎利行、沼田典久、
乃村工藝社　本間省二、佐伯俊輔、松田知也、井原勇哲、井上京子
プロダクション：大林組
クライアント：東京放送
撮影：鈴木賢一

akasaka Sacas akasaka Biz Tower SHOPS & DINING

Place : Akasaka, Tokyo
Date of Completion : March, 2008
Direction : Kume - Hayashi Toshio, Miura Takeshi, Nomura - Odera Toru
Design : Kume - Shinozaki Toshiyuki, Numata Norihisa, Nomura - Homma Shoji, Saeki Shunsuke, Matsuda Tomoya, Ihara Yutetsu, Inoue Kyoko
Production : Obayashi
Client : Tokyo Broadcasting System
Photograph : Suzuki Kenichi

659

エキュート 立川

所在地：東京・立川
完成年月：2007年10月
企画、ディレクション：JR東日本ステーションリテイリング
設計、監理：ジェイアール東日本建築設計事務所
環境デザイン：丹青社 大木康裕、神津康行、町田怜子
照明計画協力：ライトスケープ・デザイン・オフィス 東宮洋美、山田圭太郎
プロダクション：立川駅改良工事他共同企業体（鉄建・竹中JV）
クライアント：東日本旅客鉄道、JR東日本ステーションリテイリング
撮影：新 良太

ecute Tachikawa

Place : Tachikawa, Tokyo
Date of Completion : October, 2007
Plan and Direction : JR East Station Retailing
Design and Supervision : JR East Design
Environmental Design : Tanseisha - Oki Yasuhiro, Kozu Yasuyuki, Machida Satoko
Lighting Plan Cooperation : Lightscape Design Office - Tomiya Hiromi, Yamada Keitaro
Production : Tachikawa Station Conversion etc. JV (Tekken, Takenaka JV)
Client : East Japan Railway, JR East Station Retailing
Photograph : Atarashi Ryota

659

660

ケヤキウォーク前橋

所在地：群馬・前橋
完成年月：2007年3月
環境デザイン：スペース 大薮由紀夫、澤本三恵
グラフィックデザイン：K's Design Studio 近藤 進
プロダクション：鹿島建設、スペース
クライアント：ユニー

KEYAKI WALK MAEBASHI

Place : Maebashi, Gumma
Date of Completion : March, 2007
Environmental Design : Space - Oyabu Yukio, Sawamoto Mie
Graphic Design : K's Design Studio - Kondo Susumu
Production : Kajima, Space
Client : Uny

660

661

URAWA WONDER MALLs “自然と未来の融合”

所在地：さいたま
完成年月：2007年10月
企画：パルコ
ディレクション：パルコ 川口 裕、パルコスペースシステムズ 前田達也、早福清一郎、内藤由美、曽部寛子
環境デザイン：窪田建築都市研究所、ホログラム
サインデザイン：ミダス、アンテナグラフィックベース
照明：都市環境照明研究所
クライアント：パルコ

URAWA WONDER MALLs “WONDER NATURE & WONDER FUTURE”

Place : Saitama
Date of Completion : October, 2007
Plan : Parco
Direction : Parco - Kawaguchi Hiroshi, Parco Space Systems - Maeda Tatsuya, Sofuku Seiichiro, Naito Yumi, Sobe Hiroko
Environmental Design : Kubota Architects & Associates, Hologram
Sign Design : Midas, Antenna Graphic Base
Lighting : Illumination of City Environment
Client : Parco

661

662

シネプラザ　サントムーン

所在地：静岡・清水町
完成年月：2007年11月
企画：静活
デザイン：フィールドフォー・デザインオフィス　大久保敏之、滝田智美
建築設計：シード、清水建設　井谷文昭
監修：久米設計
施工：清水建設
クライアント：静活
撮影：ナカサ＆パートナーズ

CINEPLAZA SUNTOMOON

Place : Shimizucho, Shizuoka
Date of Completion : November, 2007
Plan : Shizukatsu
Design : Field Four Design Office - Okubo Toshiyuki, Takita Tomomi
Architectural Design : Seed, Shimizu - Itani Fumiaki
Supervision : Kume Sekkei
Construction : Shimizu
Client : Shizukatsu
Photograph : Nacása & Partners

663

ユナイテッド・シネマ　春日部

所在地：埼玉・春日部
完成年月：2007年11月
デザイン：Tender
クライアント：ユナイテッド・シネマ
撮影：ナカサ＆パートナーズ

UNITED CINEMAS KASUKABE

Place : Kasukabe, Saitama
Date of Completion : November, 2007
Design : Tender
Client : United Cinemas
Photograph : Nacása & Partners

664

街の灯　T·JOY 長岡

所在地：新潟・長岡
完成年月：2007年11月
企画、ディレクション：ティ・ジョイ　伊東敏一、桑名博幹
デザイン：フィールドフォー・デザインオフィス　大久保敏之、滝田智美
建築設計：MHM DESIGN　大枝英樹
施工：東映建工
クライアント：ティ・ジョイ
撮影：ナカサ＆パートナーズ

Light of town. T·JOY NAGAOKA

Place : Nagaoka, Niigata
Date of Completion : November, 2007
Plan and Direction : T·Joy - Ito Toshikazu, Kuwana Hiromiki
Design : Field Four Design Office - Okubo Toshiyuki, Takita Tomomi
Architectural Design : MHM Design - Oeda Hideki
Construction : Toei Kenko
Client : T·Joy
Photograph : Nacása & Partners

665
東宝シアタークリエビル

所在地：東京・有楽町
完成年月：2007年10月
ディレクション：竹中工務店
デザイン：竹中工務店　堀口讓司、美島康人、加来真一
ホテル客室インテリア・FFE：ネクスト・エム、240design studio
プロダクション：竹中工務店
クライアント：東宝
撮影：ミヤガワ

Toho Theatre Creation Bldg.

Place : Yurakucho, Tokyo
Date of Completion : October, 2007
Direction : Takenaka
Design : Takenaka - Horiguchi Joji, Mishima Yasuhito, Kaku Shinichi
Interior and FFE Design (Hotel's guest room) : Next/m Produce, 240Design Studio
Production : Takenaka
Client : Toho
Photograph : Miyagawa

666
ホテル&ウエディング"ラグナスイート"

所在地：名古屋
完成年月：2007年6月
企画：エスクリ
ディレクション：エスクリ　岩本 博
デザイン：ジーク　井上和樹、星野雅哉、田中映子、羽場美央
プロダクション：ジーク
クライアント：サムティー
撮影：宮本真治

LAGUNASUITE HOTEL & WEDDING

Place : Nagoya
Date of Completion : June, 2007
Plan : Escrit
Direction : Escrit - Iwamoto Hiroshi
Design : Zycc - Inoue Kazuki, Hoshino Masaya, Tanaka Eiko, Haba Mio
Production : Zycc
Client : Samty
Photograph : Miyamoto Shinji

667
ザ・ルイガンズ.

所在地：福岡
完成年月：2007年8月
企画：プラン・ドゥ・シー
ディレクション：乃村工藝社、A.N.D.　小坂 竜
デザイン：乃村工藝社、A.N.D.　數坂幸生、木下利英子
プロダクション：オオモリ総建
クライアント：プラン・ドゥ・シー
撮影：ナカサ&パートナーズ

THE LUIGANS

Place : Fukuoka
Date of Completion : August, 2007
Plan : Plan·Do·See
Direction : Nomura, A.N.D. - Kosaka Ryu
Design : Nomura, A.N.D. - Suzaka Sachio, Kinoshita Rieko
Production : Omori-Soken
Client : Plan·Do·See
Photograph : Nacása & Partners

668

築地おもしろ市場リニューアル

所在地：東京・築地
展示期間：2007年5月～11月
企画：共栄会
ディレクション、デザイン：鹿目デザイン事務所　かのめくみこ、
レン・デザイン・スタジオ　佐武絵里子
プロダクション：共栄会
クライアント：共栄会
撮影：篠原邦博

Tsukiji Omoshiro Ichiba

Place : Tsukiji, Tokyo
Date : from May to November, 2007
Plan : Kyoeikai
Direction and Design : Kanome Design Office - Kanome Kumiko,
Ren Design Studio - Satake Eriko
Production : Kyoeikai
Client : Kyoeikai
Photograph : Shinohara Kunihiro

669

イオンモール橿原アルル"迎春"

展示場所：奈良・橿原
展示期間：2007年12月～2008年1月
企画、ディレクション、デザイン：モダンパラダイス
プロダクション：モダンパラダイス
クライアント：イオンモール、イオンモール橿原アルル

AEON MALL KASHIHARA-ARURU "Geishun"

Place : Kashihara, Nara
Date : from December, 2007 to January, 2008
Plan, Direction and Design : Modern Paradise
Production : Modern Paradise
Client : Aeon Mall, Aeon Mall Kashihara Aruru

670

フューレックシネマ改修

所在地：広島・福山
完成年月：2007年12月
企画：フューレック
ディレクション：フィールドフォー・デザインオフィス　大久保敏之
デザイン：フィールドフォー・デザインオフィス　藤井 誠
プロダクション：アサギ、サカイオーベックス、シンコー
クライアント：フューレック

Furec cinema renovation

Place : Fukuyama, Hiroshima
Date of Completion : December, 2007
Plan : Furec
Direction : Field Four Design Office - Okubo Toshiyuki
Design : Field Four Design Office - Fujii Makoto
Production : Asagi, Sakai Ovex, Sincol
Client : Furec

671

沖縄ナハナ・ホテル&スパ

所在地：沖縄・那覇
完成年月：2007年7月
企画：丹青社　真家 聡
ディレクション：丹青社　出原秀仁
デザイン：丹青社　石井康祐
プロジェクトマネジメント：ISG Asia(Japan)　村上陽介
プロダクション：大林組、大丸装工
クライアント：イシン・ホテルズ・グループ
撮影：石井紀久

OKINAWA NaHaNa HOTEL & SPA

Place : Naha, Okinawa
Date of Completion : July, 2007
Plan : Tanseisha - Maie Satoshi
Direction : Tanseisha - Izuhara Hidehito
Design : Tanseisha - Ishii Kosuke
Project Management : ISG Asia (Japan) - Murakami Yosuke
Production : Obayashi, Daimaru Design & Engineering
Client : Ishin Hotels Group
Photograph : Ishii Toshihisa

672

絵本カーニバル イン 福岡2007 “不思議の国のアリス”

展示場所：福岡
展示期間：2007年6月〜8月
企画、ディレクション：イムズ
デザイン：パラスタイル　楠田雅史、松本昌文
キャラクターデザイン：モビチ
造型製作：シビタディスプレイデザイン、ムカイ工房
プロダクション：筑紫工芸
クライアント：イムズ

Picture Book Carnival in Fukuoka 2007 “Alice's Adventures in Wonderland”

Place : Fukuoka
Date : from June to August, 2007
Plan and Direction : Ims
Design : Parastyle - Kusuda Masashi, Matsumoto Masafumi
Character Design : Moviti
Forming : Shibita Display Design, Mukai Studio
Production : Chikushi Kogei
Client : Ims

673

メイロでフィットネス

所在地：大阪・河内長野
完成年月：2007年7月
企画：関西サイクルスポーツセンター
ディレクション、デザイン：つむら工芸
プロダクション：つむら工芸
クライアント：関西サイクルスポーツセンター

MEIRO de FITNESS

Place : Kawachinagano, Osaka
Date of Completion : July, 2007
Plan : Kansai Cycle Sports Center
Direction and Design : Tsumura Kogei
Production : Tsumura Kogei
Client : Kansai Cycle Sports Center

674

Go! Shiodome ジャンボリー2007

展示場所：東京・汐留
展示期間：2007年7月～8月
企画：日本テレビ放送網
ディレクション：ジールアソシエイツ　永門大輔
デザイン：ジールアソシエイツ　照井秀浩、山岸政樹、木下朋子
プロダクション：ジールアソシエイツ
クライアント：日本テレビ放送網
撮影：石川滋朗

Go! Shiodome Jamboree 2007

Place : Shiodome, Tokyo
Date : from July to August, 2007
Plan : Nippon Television Network
Direction : Zeal Associate - Nagato Daisuke
Design : Zeal Associate - Terui Hidehiro,
Yamagishi Masaki, Kinoshita Tomoko
Production : Zeal Associate
Client : Nippon Television Network
Photograph : Ishikawa Shigeaki

675

富士急ハイランド '07 SUMMER "ガンダムクライシス"

所在地：山梨・富士吉田／完成年月：2007年7月
企画：富士急行　渡部祐介
創通　武藤 誉、田村 烈
サンライズ　堀口 滋、佐々木 新
原作・監修：総監督　富野由悠季『機動戦士ガンダム』より
世界観・映像演出：サンライズ　鈴木健一、雨宮真五
アートワーク：サンライズ　岡田有章、カトキハジメ、萩原栄一
クリエイティヴディレクション：乃村工藝社　川原正毅、山田竜太、岡 拓郎
制作推進：乃村工藝社　今澤利隆、樋口 司、広瀬健二、大口克二
クライアント：富士急行　プロダクション：乃村工藝社
撮影：鈴木賢一

FUJIKYU HIGHLAND '07 SUMMER "GUNDAMCRISIS"

Place : Fujiyoshida, Yamanashi / Date of Completion : July, 2007
Plan : Fujikyuko - Watanabe Yusuke, Sotsu - Muto Takashi, Tamura Retsu,
Sunrise - Horiguchi Shigeru, Sasaki Shin
Based on TV Movie : "Mobile Suit GUNDAM" by Tomino Yoshiyuki
Direction : Sunrise -Suzuki Kenichi, Amemiya Shingo
Visual Art : Sunrise -Okada Tomoaki, Katoki Hajime, Hagiwara Eiichi
Creative Direction : Nomura - Kawahara Masaki, Yamada Ryuta, Oka Takuro
Construction Promotion : Nomura - Imazawa Toshitaka, Higuchi Tsukasa, Hirose Kenji,
Oguchi Yoshitsugu
Client : Fuji Kyuko　Production : Nomura
Photograph : Suzuki Kenichi

676
SAKAN Shell Structure

所在地：滋賀・彦根
完成年月：2007年5月
企画：山本直彦
設計：究建築研究室　柳沢 究
構造：小澤雄樹
左官工法：森田一弥
施工協力：小川テック　久住鴻輔
研究援助：住宅総合研究財団、立命館大学
協力：石塚祐至、林 亮介、平尾和洋、井上真澄、山田協太
日本NHL委員会、安部日鋼工業
施工：SAKAN Shell Structure 研究委員会
クライアント：SAKAN Shell Structure 研究委員会

SAKAN Shell Structure

Place : Hikone, Shiga
Date of Completion : May, 2007
Plan : Yamamoto Naohiko
Design : Q-Architecture Labo. - Yanagisawa Kiwamu
Structure : Ozawa Yuki
Plastering : Morita Kazuya
Technical Cooperation : Ogawatec - Kusumi Kosuke
Research Grant : Housing Research Foundation, Ritsumeikan University
Cooperation : Ishizuka Yuji, Hayashi Ryosuke, Hirao Kazuhiro,
Inoue Masumi, Yamada Kyota, NHL Committee of Japan, Abe Nikko Kogyo
Construction : Sakan Shell Structure Research Committee
Client : Sakan Shell Structure Research Committee

677
Water dome project 2007

展示場所：茨城・ひたちなか
展示期間：2007年8月～2008年8月
企画：ワコールアートセンター
ディレクション：ATELIER OPA
デザイン：ATELIER OPA　杉原有紀、
首都大学東京　鈴木敏彦
プロダクション：ATELIER OPA
クライアント：日本たばこ産業
撮影：斉藤さだむ

Water dome project 2007

Place : Hitachinaka, Ibaraki
Date : from August, 2007 to August, 2008
Plan : Wacoal Art Center
Direction : Atelier Opa
Design : Atelier Opa - Sugihara Yuki,
Tokyo Metropolitan University - Suzuki Toshihiko
Production : Atelier Opa
Client : Japan Tobacco
Photograph : Saito Sadamu

678
松戸南部市場リニューアル計画

所在地：千葉・松戸
完成年月：2007年6月
ディレクション：丹青社　真家 聡
デザイン：丹青社　高橋賢治
施工：丹青社
クライアント：アセット・ロジスティックス
撮影：米倉栄治

Matsudo Nambu Ichiba Renewal Plan

Place : Matsudo, Chiba
Date of Completion : June, 2007
Direction : Tanseisha - Maie Satoshi
Design : Tanseisha - Takahashi Kenji
Construction : Tanseisha
Client : Asset Logistics
Photograph : Yonekura Eiji

679

679

ミキモト本店プラザ“クリスマスツリー2007”

所在地：東京・銀座
展示期間：2007年11月～12月
ディレクション：新保智子
デザイン：佐藤一郎
照明：近田デザイン事務所
オーナメントデザイン：ひびのこづえ
プロダクション：アトリエ・あい、貴島雄太朗（ガラスオーナメント）、
ヤマギワ、878グリーンディスプレイ
クライアント：ミキモト
撮影：景山 亮

Mikimoto Main Store Plaza “CHRISTMAS TREE 2007”

Place : Ginza, Tokyo
Date : from November to December, 2007
Direction : Shimpo Tomoko
Design : Sato Ichiro
Lighting : Chikada Lighting Design
Ornaments Design : Hibino Kodue
Production : Atelier Eye, Kijima Yutaro (Glass Ornaments),
Yamagiwa, 878 Green Display
Client : K. Mikimoto
Photograph : Kageyama Toru

680

680

風鈴ツリー 2007

展示場所：東京・銀座
展示期間：2007年6月～7月
ディレクション：新保智子
デザイン：河合知恵
プロダクション：青樹舎硝子工房、アトリエ・あい、A.C.G
クライアント：ミキモト
撮影：馬場祥光

Tree of Wind Bells 2007

Place : Ginza, Tokyo
Date : from June to July, 2007
Direction : Shimpo Tomoko
Design : Kawai Chie
Production : Seijusha-Garasukobo, Atelier Eye, A.C.G
Client : K. Mikimoto
Photograph : Baba Yoshiteru

681
カレッタ　オーシャン　クリスマス2007

展示場所：東京・東新橋
展示期間：2007年12月
企画：電通　大司洋二郎、アクシス　桶川 悟
ディレクション：アクシス　樋口 淳
デザイン：アクシス　桶川 悟、佐々木秀昭
テクニカルディレクション：チカラマス　松島一記
プロダクション：アクシス
クライアント：電通

Caretta OCEAN Xmas 2007

Place : Higashi-Shimbashi, Tokyo
Date of Completion : December, 2007
Plan : Dentsu - Oji Yojiro, Axis - Okegawa Satoru
Direction : Axis - Higuchi Jun
Design : Axis - Okegawa Satoru, Sasaki Hideaki
Technical Direction : Chikaramass - Matsushima Kazunori
Production : Axis
Client : Dentsu

682
ホワイトイルミネーションとやま

展示場所：富山
展示期間：2007年12月～2008年2月
企画：ノムラデュオ　角南雅道
ディレクション：ノムラデュオ　市川元則
デザイン：ノムラデュオ　藪内 猛
プロダクション：ノムラデュオ
クライアント：とやまスノーピアード運営委員会

WHITE ILLUMINATION TOYAMA

Place : Toyama
Date : from December, 2007 to February, 2008
Plan : Nomura Duo - Sunami Masamichi
Direction : Nomura Duo - Ichikawa Motonori
Design : Nomura Duo - Yabuuchi Takeshi
Production : Nomura Duo
Client : Toyama Snowpiard Steering Committee

683
表参道ヒルズ　クリスマス2007 —Luxury Moment—

展示場所：東京・神宮前
展示期間：2007年11月～12月
デザイン：ベルベッタ・デザイン　長谷川喜美
照明：アイズ コンプレックス　伊東保典
プロダクションディレクション：乃村工藝社　滝川一彦
プロダクションマネジメント：乃村工藝社　井上直行
プロダクション：乃村工藝社
クライアント：森ビル
撮影：鈴木賢一

OMOTESANDO HILLS CHRISTMAS 2007 —Luxury Moment—

Place : Jingumae, Tokyo
Date : from November to December, 2007
Design : Velveta Design - Hasegawa Kimi
Lighting : I's Complex - Ito Yasunori
Production Direction : Nomura - Takigawa Kazuhiko
Production Management : Nomura - Inoue Naoyuki
Production : Nomura
Client : Mori Building
Photograph : Suzuki Kenichi

684

箔たまり

展示場所：金沢
展示期間：2007年7月
企画：金澤夕ぐれ祭り実行委員会
ディレクション：金沢美術工芸大学　坂本英之
デザイン：金沢美術工芸大学 環境デザイン専攻　梅谷知枝、大家弘己、岡田 悠、北川里沙、北村美奈、小園美宇気、沢田有里、西田真奈帆、山脇ももよ
クライアント：石川県箔商工業協同組合

Hakutamari

Place : Kanazawa
Date : July, 2007
Plan : Kanazawa Yugurematsuri Executive
Direction : Kanazawa College of Art - Sakamoto Hideyuki
Design : Interior & Design, Kanazawa College of Art - Umetani Tomoe, Oya Hiroki, Okada Yu, Kitagawa Risa, Kitamura Mina, Kozono Miuki, Sawada Yuri, Nishita Manaho, Yamawaki Momoyo
Client : Foil Commerce and Industry Cooperation in Ishikawa

685

キャンパス イルミネーション 2007

展示場所：東京・世田谷区玉堤
展示期間：2007年7月
企画：小林茂雄
ディレクション：小林茂雄、岡山理香
デザイン：武蔵工業大学建築学科
プロダクション：武蔵工業大学建築学科
クライアント：武蔵工業大学

Campus Illumination 2007

Place : Tamazutsumi, Setagaya-ku, Tokyo
Date : July, 2007
Plan : Kobayashi Shigeo
Direction : Kobayashi Shigeo, Okayama Rika
Design : Dept. of Architecture, Musashi Institute of Technology
Production : Dept. of Architecture, Musashi Institute of Technology
Client : Musashi Institute of Technology

686

スカイ・イルミネーション

所在地：東京・六本木
展示期間：2007年11月～12月
企画：東京シティビュー、J-WAVE
ディレクション：ナイキデザイン事務所　内木宏志
デザイン：ナイキデザイン事務所　内木宏志、篠塚 泉
協力：カラーキネティクス・ジャパン、トキコーポレーション
ベンチデザイン：MONGOOSE STUDIO
プロダクション：森ビル
クライアント：森ビル TCV（東京シティビュー）
撮影：エスエス東京　島尾 望

Sky Illumination

Place : Roppongi, Tokyo
Date : from November to December, 2007
Plan : Tokyo City View, J-Wave
Direction : Naiki Design - Naiki Hiroshi
Design : Naiki Design - Naiki Hiroshi, Shinozuka Sen
Cooperation : Color Kinetics Japan, Toki Corporation
Bench Design : Mongoose Studio
Production : Mori Building
Client : Mori Building, Tokyo City View
Photograph : SS Tokyo - Shimao Nozomu

687

ライティング・オブジェ2007"光のシンフォニー"

展示場所：東京・丸の内、大手町、有楽町
展示期間：2007年12月
企画ディレクション、空間演出、デザイン：イルミナティ　仁木洋子
参加アーティスト：石井竜也、近田玲子、aun2h4、柏原エリナ
協力：日本ディスプレイデザイン協会
プロダクション：イルミナティ
クライアント：ライティング・オブジェ制作委員会

LIGHTING OBJET 2007 "Illumination Symphony"

Place : Marunouchi / Otemachi / Yurakucho, Tokyo
Date : December, 2007
Plan, Direction and Design : Illuminat - Niki Yoko
Artist : Ishii Tatuya, Chikada Reiko, aun2h4, Kashihara Erina
Cooperation : Japan Display Design Association
Production : Illuminat
Client : Lighting Objet Production Committee

687

688

新丸の内ビルディング クリスマス2007 "Brilliant Night ～舞いあがる光の泡～"

展示場所：東京・丸の内
展示期間：2007年11月～12月
プロデュース：三好和彦
ディレクション：ピーズオフィス　茂泉ユミ
デザイン：ピーズオフィス　茂泉ユミ、近藤直希
マネジメント：ミクプランニング
プロダクション：ふじ装飾、西賀
クライアント：三菱地所ビルマネジメント
撮影：宮崎 剛

Shin-Marunouchi Building Xmas 2007 "Brilliant Night ~Rising Bubbles~"

Place : Marunouchi, Tokyo
Date : from November to December, 2007
Producing : Miyoshi Kazuhiko
Direction : P's Office - Moizumi Yumi
Design : P's Office - Moizumi Yumi, Kondo Naoki
Management : Mik Planning
Production : Fuji Soushoku, Saiga
Client : Mitsubishi Estate Building Management
Photograph : Miyazaki Tsuyoshi

688

689

パークコート赤坂 ザ タワー 青山レジデンシャルサロン ファサード

展示場所：東京・南青山
展示期間：2008年1月～2009年1月(予定)
企画：環境計画研究所
ディレクション：進藤然子
コーディネイション：嶋 ひとみ
テキスタイルデザイン：小川悟史
建築設計：カーンズ 長谷川 寛
エイジェンシー：読売広告社
施工：光伸プランニング
クライアント：三井不動産レジデンシャル、新日鉄都市開発
撮影：宮本啓介

Park Court Akasaka the Tower Aoyama Residential Salon Facade

Place : Minami-Aoyama, Tokyo
Date : from January, 2008 to January, 2009(Scheduled)
Plan : Environmental Planning Laboratory
Direction : Shindo Noriko
Coordination : Shima Hitomi
Textile Design : Ogawa Satoshi
Architectural Design : Kharn's - Hasegawa Hiroshi
Agency : Yomiko Advertising
Construction : Koshin Planning
Client : Mitsui Fudosan Residential, Nippon Steel City Produce
Photograph : Miyamoto Keisuke

690

Brillia稲毛マンション 販売センター コンセプトルーム

所在地：千葉・稲毛
完成年月：2008年3月
プロデュース：朝日広告社
アートディレクション：ムラヤマ 佐藤宏平
デザイン：ムラヤマ 峯岸 愛
マネジメント：ムラヤマ 高野洋信
技術協力：リーグ、佐藤電工舎、シグマ映像
プロダクション：ムラヤマ
クライアント：東京建物
撮影：ジェイライツ 板村光一郎

Brillia Inage Mansions Gallery Concept Room

Place : Inage, Chiba
Date of Completion : March, 2008
Producing : Asahi Advertising
Art Direction : Murayama - Sato Kohei
Design : Murayama - Minegishi Ai
Management : Murayama - Takano Hironobu
Technical Cooperation : League, Sato Electrical Engineering, Sigma
Production : Murayama
Client : Tokyo Tatemono
Photograph : J-Lights - Itamura Koichiro

691
スカイアクアリウム ウィズ ペリエカフェ

所在地：東京・六本木
完成年月：2007年7月〜9月
企画：トリプロデュース　中條敬介
ディレクション：ナイキデザイン事務所　内木宏志
デザイン：内木宏志、竹下昌臣
アクアリウムプロデュース：木村英智
プロダクション：トリプロデュース、森ビル
クライアント：スカイアクアリウム実行委員会
撮影：エスエス東京　島尾 望

SKY AQUARIUM with Perrier Café

Place : Roppongi, Tokyo
Date : from July to September, 2007
Plan : Triproduce - Chujo Keisuke
Direction : Naiki Design - Naiki Hiroshi
Design : Naiki Hiroshi, Takeshita Masaomi
Aquarium Producing : Kimura Hidetomo
Production : Triproduce, Mori Building
Client : Sky Aquarium Planning Committee
Photograph : SS Tokyo - Shimao Nozomu

692
JT MILD SEVEN プロモーション

展示場所：東京・渋谷
完成年月：2008年4月
アートディレクション：ムラヤマ　住川泰道
デザイン：ムラヤマ　星川 実
ディレクション：ムラヤマ　高野洋信、武藤洋二、近藤優哉
プロダクション：ムラヤマ
クライアント：日本たばこ産業、ポイントツーコミュニケーションズ
撮影：ジェイライツ　板村光一郎

JT MILD SEVEN Promotion

Place : Shibuya, Tokyo
Date of Completion : April, 2008
Art Direction : Murayama - Sumikawa Yasumichi
Design : Murayama - Hoshikawa Minoru
Direction : Murayama - Takano Hironobu, Muto Yoji, Kondo Yuya
Production : Murayama
Client : Japan Tobacco, Point Two Communications
Photograph : J-Lights - Itamura Koichiro

693
MAZDA DEMIO NEW TARGET EXPO —私とデミオと東京蝶々—

展示場所：横浜
展示期間：2007年7月〜9月
ディレクション：デザインアソシエーション　川又俊明
デザイン：ベルベッタ・デザイン　長谷川喜美
照明：エアー・パワー・サプライ　倉本泰史
プロダクション：ムラヤマ
クライアント：マツダ
撮影：フォワードストローク

MAZDA DEMIO NEW TARGET EXPO —DEMIO. TOKYO Butterfly & KIMI—

Place : Yokohama
Date : from July to September, 2007
Direction : Design Association - Kawamata Toshiaki
Design : Velveta Design - Hasegawa Kimi
Lighting : Air Power Supply - Kuramoto Yasushi
Production : Murayama
Client : Mazda
Photograph : Forward Stroke

694

絢香主催イヴェント“POWER OF MUSIC”

所在地：東京・北の丸公園
展示期間：2008年2月
デザイン：spray　浅野元樹、宇野悠里
ライヴプロデュース：本間律子
照明：竹田敬彦
製作、施工：日本ステージ
クライアント：ケン企画
撮影：spray

ayaka “POWER OF MUSIC”

Place : Kitanomarukoen, Tokyo
Date : February, 2008
Design : Spray - Asano Motoki, Uno Yuri
Live Producing : Homma Ritsuko
Lighting : Takeda Takahiko
Construction : Nihonstage
Client : Ken-Kikaku
Photograph : Spray

695

SHISEIDO YEAR-END PARTY 2007

所在地：東京・内幸町
完成年月：2007年12月
クリエイティヴディレクション：山形季央
アートディレクション：植草力也
デザイン：岸野桃子
照明：藤本晴美
プロダクション：資生堂開発
クライアント：資生堂

SHISEIDO YEAR-END PARTY 2007

Place : Uchisaiwaicho, Tokyo
Date : December, 2007
Creative Direction : Yamagata Toshio
Art Direction : Uekusa Rikiya
Design : Kishino Momoko
Lighting : Fujimoto Harumi
Production : Shiseido Kaihatsu
Client : Shiseido

696

キャナルガーデン“2007 夏展開”

展示場所：神戸
展示期間：2007年6月
プロデュース：ケー・ディー　大月勝弘
デザイン：ケー・ディー
プロダクション：吉忠マネキン
クライアント：DN建物管理
撮影：ナカサ&パートナーズ

Canal Garden “Summer 2007”

Place : Kobe
Date : June, 2007
Producing : K·D - Otsuki Katsuhiro
Design : K·D
Production : Yoshichu Mannequin
Client : DN Bldg. Management
Photograph : Nacása & Partners

697

沖縄ナハナ・ホテル&スパ 外装カラーデザイン

所在地：沖縄・那覇
完成年月：2007年7月
企画、ディレクション、デザイン：テイ・グラバー
プロダクション：テイ・グラバー
クライアント：イシン・ホテルズ・グループ

OKINAWA NaHaNa HOTEL & SPA Outside wall color design

Place : Naha, Okinawa
Date of Completion : July, 2007
Plan, Direction and Design : T. Glover
Production : T. Glover
Client : Ishin Hotels Group

698

沖縄ナハナ・ホテル&スパ V.I.S. サイン計画

所在地：沖縄・那覇
完成年月：2007年7月
ディレクション、デザイン：テイ・グラバー
施工：テイ・グラバー
クライアント：イシン・ホテルズ・グループ

V.I.S. and Sign Project for OKINAWA NaIIaNa HOTEL & SPA

Place : Naha, Okinawa
Date of Completion : July, 2007
Direction and Design : T. Glover
Construction : T. Glover
Client : Ishin Hotels Group

699

赤坂BLITZ サイン計画

所在地：東京・赤坂
完成年月：2008年3月
ディレクション：久米設計
デザイン：竹内デザイン　松尾憲宏
施工：京王エージェンシー
クライアント：東京放送、三井不動産
撮影：後藤 充

AKASAKA BLITZ Sign Project

Place : Akasaka, Tokyo
Date of Completion : March, 2008
Direction : Kume Sekkei
Design : Takeuchi Design - Matsuo Norihiro
Construction : Keio Agency
Client : Tokyo Broadcasting System, Mitsui Fudosan
Photograph : Goto Mitsuru

700

700

スーパーオートバンク 青森店

所在地：青森
完成年月：2007年6月
ディレクション、デザイン：エーアイサイン
施工：エーアイサイン
クライアント：エムエフノースジャパン

Super auto Bank Aomori

Place : Aomori
Date of Completion : June, 2007
Direction and Design : AI-sign
Construction : AI-sign
Client : M. F. North Japan

701

701

クラバー岡山サイン

所在地：岡山
完成年月：2007年6月
ディレクション、デザイン：丹青社 高村裕之
施工：三共ディスプレイ
クライアント：あらき
撮影：ナカサ&パートナーズ

CLUBER okayama Sign

Place : Okayama
Date of Completion : June, 2007
Direction and Design : Tanseisha - Takamura Hiroyuki
Construction : Sankyo Display
Client : Araki
Photograph : Nacása & Partners

702

702

TOYO KITCHEN スタジオ松本 改装工事サイン

所在地：長野・松本
完成年月：2008年1月
ディレクション：フジヤ 那須由行
デザイン：フジヤ 長田篤志、BEETS 日比野義之
施工：フジヤ
クライアント：トーヨーキッチン&リビング
撮影：トーアフォート

TOYO KITCHEN Studio Matsumoto Redecorating Construction Sign

Place : Matsumoto, Nagano
Date of Completion : January, 2008
Direction : Fujiya - Nasu Yoshiyuki
Design : Fujiya - Nagata Atsushi, Beets - Hibino Yoshiyuki
Construction : Fujiya
Client : Toyo Kitchen and Living
Photograph : Toaphoto

703
藤崎メディカルビルサイン

所在地：福岡
完成年月：2008年3月
ディレクション：八代サイン工芸
デザイン：岩田功次
施工：八代サイン工芸
クライアント：英俊

FUJISAKI Medical Building Sign

Place : Fukuoka
Date of Completion : March, 2008
Direction : Yashiro Sign Industrial
Design : Iwata Koji
Construction : Yashiro Sign Industrial
Client : Hidetoshi

704
ジー・ディー・エフ・キッチンサイン

所在地：東京・渋谷区道玄坂
完成年月：2007年12月
ディレクション：丹青社　高村裕之
デザイン：丹青社　中村耕一郎
施工：藤田建装
クライアント：クマガイコーポレーション
撮影：ナカサ＆パートナーズ

G. D. F. KITCHEN Sign

Place : Dogenzaka, Shibuya-ku, Tokyo
Date of Completion : December, 2007
Direction : Tanseisha - Takamura Hiroyuki
Design : Tanseisha - Nakamura Koichiro
Construction : Fujitakenso
Client : Kumagai Corporation
Photograph : Nacása & Partners

705
野尻湖ホテル　エルボスコ AWkitchen V.I.S. サイン計画

所在地：長野・信濃町
完成年月：2008年4月
プロデュース：アゴーラ・ホスピタリティーズ
ディレクション、デザイン：テイ・グラバー
施工：テイ・グラバー
クライアント：こやの

V.I.S. and Sign Project for Nojiriko Hotel EL BOSCO AWkitchen

Place : Shinanomachi, Nagano
Date of Completion : April, 2008
Producing : Agora Hospitalities
Direction and Design : T. Glover
Construction : T. Glover
Client : Koyano

706
GRAND-PLACE 有楽町店サイン

所在地：東京・有楽町
完成年月：2007年10月
デザイン：丸田絢子建築設計事務所
施工：エイムクリエイツ
クライアント：グランプラス

GRAND-PLACE Yuraku-cho Sign

Place : Yurakucho, Tokyo
Date of Completion : October, 2007
Design : Office Ayako Maruta
Construction : Aim Create
Client : Grand Place

707
赤坂ACTシアター　サイン計画

所在地：東京・赤坂
完成年月：2008年3月
ディレクション：久米設計
デザイン：竹内デザイン　竹内 誠、松尾憲宏
施工：京王エージェンシー
クライアント：東京放送、三井不動産
撮影：後藤 充

AKASAKA ACT THEATER Sign Project

Place : Akasaka, Tokyo
Date of Completion : March, 2008
Direction : Kume Sekkei
Design : Takeuchi Design - Takeuchi Makoto, Matsuo Norihiro
Construction : Keio Agency
Client : Tokyo Broadcasting System, Mitsui Fudosan
Photograph : Goto Mitsuru

708
ニコラス・G・ハイエックセンター・ブランドサインプロジェクト

所在地：東京・銀座
完成年月：2008年4月
ディレクション：スウォッチグループジャパン　水谷竜太朗
アートディレクション：スウォッチグループジャパン　吉田博文
デザイン：乃村工藝社　船津 茂、須賀成人
プロダクションディレクション：乃村工藝社　鈴木俊幸
プロダクション：乃村工藝社
クライアント：スウォッチグループジャパン

NICOLAS G. HAYEK CENTER BRAND Sign Project

Place : Ginza, Tokyo
Date of Completion : April, 2008
Direction : Swatch Group Japan - Mizutani Ryutaro
Art Direction : Swatch Group Japan - Yoshida Hirofumi
Design : Nomura - Funatsu Shigeru, Suga Naruto
Production Direction : Nomura - Suzuki Toshiyuki
Production : Nomura
Client : Swatch Group Japan

709
ぎんざ 吉野鮨 広尾

所在地：東京・広尾
完成年月：2007年11月
デザイン：丹青社　上垣内泰輔、立川美和、菊地 健
施工：ケイエスケイ
クライアント：ムジャキフーズ
撮影：ナカサ&パートナーズ

GINZA YOSHINOZUSHI HIROO

Place : Hiroo, Tokyo
Date of Completion : November, 2007
Design : Tanseisha - Kamigaichi Taisuke, Tachikawa Miwa, Kikuchi Takeshi
Construction : KSK
Client : Mujaki Foods
Photograph : Nacása & Partners

709

710
トレッサ横浜 サインプロジェクト

所在地：横浜
完成年月：2008年3月
総合ディレクション：トヨタオートモールクリエイト　野沢英希
プロデュース：日建設計　村田琢真
建築設計、サインデザイン：日建設計　古賀純一
サインデザイン：丹青社　山田昭仁、荒井 徹、山下欽也
グラフィックデザイン：丹青社　川田ゆか里
サインデザインコーディネイション：アイズ　加藤征二
施工：ネオブレイス、アーバンスペース
クライアント：トヨタオートモールクリエイト
撮影：馬場祥光

TRESSA YOKOHAMA Sign Project

Place : Yokohama
Date of Completion : March, 2008
Total Direction : Toyota Automall Development - Nozawa Hideki
Producing : Nikken Sekkei - Murata Takuma
Architectural and Sign Design : Nikken Sekkei - Koga Junichi
Sign Design : Tanseisha - Yamada Akihito, Arai Toru, Yamashita Kinya
Graphic Design : Tanseisha - Kawata Yukari
Sign Design Coordination : I's - Kato Seiji
Construction : Neobrace, Urban Space
Client : Toyota Automall Development
Photograph : Baba Yoshiteru

710

711
赤坂サカス サイン計画

所在地：東京・赤坂
完成年月：2008年3月
ディレクション：久米設計
デザイン：竹内デザイン　竹内 誠、松尾憲宏、久我哲也
施工：フロムトゥ、コトブキ
クライアント：東京放送、三井不動産
撮影：後藤 充

akasaka Sacas Sign Project

Place : Akasaka, Tokyo
Date of Completion : March, 2008
Direction : Kume Sekkei
Design : Takeuchi Design - Takeuchi Makoto, Matsuo Norihiro, Kuga Tetsuya
Construction : From To, Kotobuki
Client : Tokyo Broadcasting System, Mitsui Fudosan
Photograph : Goto Mitsuru

711

712

712

アンペレーナ百道　サイン計画

所在地：福岡
完成年月：2008年2月
ディレクション：竹中工務店　丸林 哲
デザイン：春高デザイン　春高壽人
インテリアデザイン：タカスガクデザイン　高須 学
施工：竹中・清水・錢高・上村・西鉄建設工事 JV
クライアント：西部ガス興商
撮影：岡本公二

ANPERENA MOMOCHI Sign Project

Place : Fukuoka
Date of Completion : February, 2008
Direction : Takenaka - Marubayashi Akira
Design : Harutaka Design - Harutaka Hisato
Interior Design : Takasu Gaku Design - Takasu Gaku
Construction : Takenaka, Shimizu, Zenitaka, Uemura, Nishitetsu JV
Client : Saibu Gas Kosho
Photograph : Okamoto Koji

713

713

グラントウキョウ　サウスタワー

所在地：東京・丸の内
完成年月：2007年10月
ディレクション：島津勝弘
デザイン：島津環境グラフィックス　島津勝弘、井澤鉄之助、
米林真由美、島津睦子、竹内健人
デザインアーキテクト：マーフィ／ヤーン
建築設計：ジェイアール東日本建築設計事務所
施工：東京駅八重洲口開発計画南棟新築工事共同企業体、鹿島建設、鉄建建設、
清水建設、大成建設
クライアント：東日本旅客鉄道、鹿島八重洲開発、新日本石油

GRANTOKYO SOUTH TOWER

Place : Marunouchi, Tokyo
Date of Completion : October, 2007
Direction : Shimazu Katsuhiro
Design : Shimazu Environmental Graphics - Shimazu Katsuhiro, Izawa Tetsunosuke,
Yonebayashi Mayumi, Shimazu Mutsuko, Takeuchi Takehito
Design Architect : Murphy / yarn
Architectural Design : JR East Japan and Construction Design Office
Construction : Tokyoeki yaesuguchi development plan south building newly-built construction
cooperation enterprise, Kajima, Tekken, Shimizu, Taisei
Client : East Japan Railway, Kajima Yaesu Development, Nippon Oil

714

714

Hotel & Spa Resort
ラビスタ函館ベイ　サイン計画

所在地：北海道・函館
完成年月：2008年3月
ディレクション：共立事業計画研究所、大成建設
デザイン：テイ・グラバー
施工：テイ・グラバー
クライアント：共立メンテナンス

Sign Project for Hotel & Spa Resort
LA VISTA HAKODATE BAY

Place : Hakodate, Hokkaido
Date of Completion : March, 2008
Direction : Kyoritsu Jigyokeikaku Kenkyujo, Taisei
Design : T. Glover
Construction : T. Glover
Client : Kyoritsu Maintenance

715

セトレハイランドヴィラ姫路 サイン計画

所在地：兵庫・姫路
完成年月：2008年4月
ディレクション：芦澤竜一建築設計事務所 芦澤竜一
デザイン：サインズプラン 川西純市
エイジェンシー：美樹工業
施工：シグニー
クライアント：ホロニック

SETRE HIGHLAND VILLA HIMEJI Sign Project

Place : Himeji, Hyogo
Date of Completion : April, 2008
Direction : Ryuichi Ashizawa Architects - Ashizawa Ryuichi
Design : Signs Plan - Kawanishi Junichi
Agency : Mikikogyo
Construction : Signy
Client : Holonic

716

クッチーナ・ディ・ソラチ イル・チエロ エントランスサイン

所在地：北海道・滝川
完成年月：2007年7月
ディレクション：奥村文絵、五十嵐威暢
インテリアデザイン：飯田善彦＋IAS
ロゴデザイン：竹尾香世子
サインデザイン：ハダスタジオ 羽田健一
クライアント：滝川ホテル 三浦華園

CUCINA DI SORACI il cielo Entrance Sign

Place : Takikawa, Hokkaido
Date of Completion : July, 2007
Direction : Okumura Fumie, Igarashi Takenobu
Interior Design : Yoshihiko Iida + IAS
Logo Design : Takeo Kayoko
Sign Design : Hada Studio - Hada Kenichi
Client : Hotel Miura Kaen

717

染・清流館"畳の展示室"

所在地：京都
完成年月：2007年10月
ディレクション：平野湟太郎、陶器二三雄
デザイン：平野湟太郎、須見高士
建築設計：陶器二三雄建築研究所
企画：小澤淳二、山本六郎
クライアント：清流会、大松
撮影：平野湟太郎

MUSÉE DE SOMÉ SEIRYU

Place : Kyoto
Date of Completion : October, 2007
Direction : Hirano Kotaro, Toki Fumio
Design : Hirano Kotaro, Sumi Takashi
Architectural Design : Fumio Toki Associates
Plan : Ozawa Junji, Yamamoto Rokuro
Client : Seiryu-kai, Daimatsu
Photograph : Hirano Kotaro

718

オムロン京都センタービル 啓真館 サイン計画

所在地：京都
完成年月：2008年4月
ディレクション：廣村正彰
デザイン：木住野英彰、黄 善佳
建築設計：原田哲夫
施工：竹中工務店
クライアント：オムロン
撮影：母倉智樹

OMRON Kyoto Centerbuilding KEISHINKAN Sign Project

Place : Kyoto
Date of Completion : April, 2008
Direction : Hiromura Masaaki
Design : Kishino Hideaki, Songa Fang
Architectural Design : Harada Tetsuo
Construction : Takenaka
Client : Omron
Photograph : Hahakura Tomoki

719

オーリッド ビズ 本社センターサイン

所在地：大分
完成年月：2008年4月
ディレクション：溝口組 倉堀敏弘、こだま商美社 児玉康子
デザイン：O-RID Biz.
エイジェンシー：溝口組
施工：こだま商美社
クライアント：O-RID Biz.
撮影：タケウチ トモユキ

O-RID Biz. Corp. Honsha Center Sign

Place : Oita
Date of Completion : April, 2008
Direction : Mizoguchigumi - Kurahori Toshihiro, Kodama-Syoubisya - Kodama Yasuko
Design : O-Rid Biz.
Agency : Mizoguchigumi
Construction : Kodama-Syoubisya
Client : O-Rid Biz.
Photograph : Takeuchi Tomoyuki

720

アトリオドゥーエ青葉台 サイン計画・工事

所在地：横浜
完成年月：2008年3月
ディレクション：日本設計
デザイン：テイ・グラバー
エイジェンシー：東急建設
施工：テイ・グラバー
クライアント：東京急行電鉄

Sign Project for ATORIO DUE AOBADAI

Place : Yokohama
Date of Completion : March, 2008
Direction : Nihon Sekkei
Design : T. Glover
Agency : Tokyu Construction
Construction : T. Glover
Client : Tokyu

721

杜の宮クラブハウス　サイン計画

所在地：福岡・新宮町
完成年月：2007年12月
ディレクション：ジーエータップ　十亀直人
デザイン：ジーエータップ　森山百合香
施工：ジーエータップ
クライアント：NTT都市開発
撮影：福島啓和

Morinomiya Club House Sign Project

Place : Shingumachi, Fukuoka
Date of Completion : December, 2007
Direction : GA-Tap - Togame Naoto
Design : GA-Tap - Moriyama Yurika
Construction : GA-Tap
Client : NTT Urban Development
Photograph : Fukushima Hirokazu

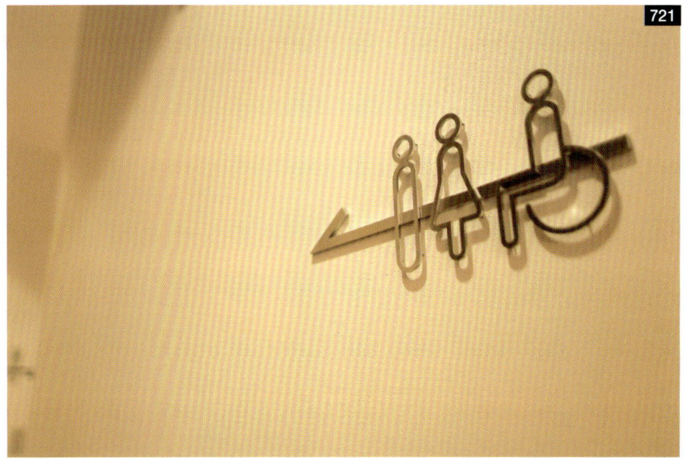
721

722

中之島クリニック　サイン計画

所在地：大阪
完成年月：2007年9月
ディレクション：日建設計　樋口 圭
デザイン：サインズプラン　川西純市
エイジェンシー：竹中工務店
施工：びこう社
クライアント：中之島クリニック

NAKANOSHIMA CLINIC Sign Project

Place : Osaka
Date of Completion : September, 2007
Direction : Nikken Sekkei - Higuchi Kei
Design : Signsplan - Kawanishi Junichi
Agency : Takenaka
Construction : Bikosha
Client : Nakanoshima Clinic

722

723

港南台バーズ　バーズトイレ

所在地：横浜
完成年月：2008年3月
デザイン：船場　大橋陽一、平田 晶
施工：相鉄建設
クライアント：相鉄ビルマネジメント

KONANDAI BIRDS "BIRDS TOILET"

Place : Yokohama
Date of Completion : March, 2008
Design : Semba - Ohashi Yoichi, Hirata Aki
Construction : Sotetsu Construction
Client : Sotetsu Building Management

723

724

プラットプラット専門店街トイレ改修に伴うサイン計画

所在地：大阪・堺
完成年月：2008年3月
ディレクション：竹中工務店
デザイン：竹中工務店　石川哲也
施工：竹中工務店
クライアント：南海都市創造

PLATPLAT Rambling Station Sakai Toilet Sign Project

Place : Sakai, Osaka
Date of Completion : March, 2008
Direction : Takenaka
Design : Takenaka - Ishikawa Tetsuya
Construction : Takenaka
Client : Nankai Urban Development

724

725

赤坂Bizタワー サイン計画

所在地：東京・赤坂
完成年月：2008年3月
ディレクション：久米設計
デザイン：竹内デザイン　竹内 誠、松尾憲宏、久我哲也
施工：コトブキ、フロムトゥ
クライアント：東京放送、三井不動産
撮影：後藤 充

akasaka Biz Tower Sign Project

Place : Akasaka, Tokyo
Date of Completion : March, 2008
Direction : Kume Sekkei
Design : Takeuchi Design - Takeuchi Makoto, Matsuo Norihiro, Kuga Tetsuya
Construction : Kotobuki, From To
Client : Tokyo Broadcasting System, Mitsui Fudosan
Photograph : Goto Mitsuru

726

プラセオ アオヤマ サインリニューアルプロジェクト

所在地：東京・北青山
完成年月：2008年3月
ディレクション：NTT都市開発ビルサービス
デザイン：NTT都市開発　坂上智之、山本士峰
施工：ハクウ建築、トモエ
クライアント：NTT都市開発

PLACEO AOYAMA Sign Renewal Project

Place : Kita-Aoyama, Tokyo
Date of Completion : March, 2008
Direction : NTT Urban Development Builservice
Design : NTT Urban Development - Sakaue Tomoyuki, Yamamoto Shiho
Construction : Hacuu Construction, Tomoe
Client : NTT Urban Development

727

ガーデニエール砧 サインデザインシステム開発

所在地：東京・世田谷区砧
完成年月：2008年1月
ディレクション：エモーショナル・スペース・デザイン　渡辺太郎
デザイン：エモーショナル・スペース・デザイン　高明 愛
建築設計：清水建設　井川博英、小野公義
施工：清水建設
クライアント：清水建設
撮影：イーエスディー

Gardenier Kinuta Sign Design System Development

Place : Kinuta, Setagaya-ku, Tokyo
Date of Completion : January, 2008
Direction : Emotional Space Design - Watanabe Taro
Design : Emotional Space Design - Takaaki Ai
Architectural Design : Shimizu - Ikawa Hirohide, Ono Kimiyoshi
Construction : Shimizu
Client : Shimizu
Photograph : ESD

728

江東区やさしいまちの誘導システム

所在地：東京・江東区南砂、他
完成年月：2008年3月
コーディネイション：プレイス　福永順彦
デザイン：アール・イー・アイ　中村豊四郎、萩野美有紀
サウンドデザイン：武者 圭
設置協議会：田中直人
施工：ステイド
クライアント：江東区

Way Showing Design for All in Koto Ward Tokyo

Place : Minami-Suna, Koto-ku, Tokyo etc.
Date of Completion : March, 2008
Coordination : Place - Fukunaga Nobuhiko
Design : REI Industrial Designers - Nakamura Toyoshiro, Hagino Miyuki
Sound Design : Musha Kei
Chairman : Tanaka Naoto
Construction : ST&D
Client : Koto Ward

729

川口市立戸塚スポーツセンターサイン

所在地：埼玉・川口
完成年月：2008年3月
ディレクション：伊藤喜三郎建築研究所　赤岩重信
デザイン：伊藤喜三郎建築研究所　矢口ゆかり
施工：美和ロック
クライアント：川口市

TOZUKA SPORTS CENTER Sign

Place : Kawaguchi, Saitama
Date of Completion : March, 2008
Direction : K. Ito Architects & Engineers - Akaiwa Shigenobu
Design : K. Ito Architects & Engineers - Yaguchi Yukari
Construction : Miwa Lock
Client : Kawaguchi City

730

東邦大学ブランディングプロジェクト CI開発導入計画

所在地：東京・大森西、大橋／千葉・佐倉
完成年月：2008年4月
ディレクション、デザイン：アクサムコンサルティング
エイジェンシー：アクサムコンサルティング
施工：ノムラコムス、ジェイエスピー
クライアント：東邦大学

Toho University Branding Project

Place : Omori-Nishi, Ohashi, Tokyo / Sakura, Chiba
Date of Completion : April, 2008
Direction and Design : Axhum Consulting
Agency : Axhum Consulting
Construction : Nomura Coms, JSP
Client : Toho University

731

東日本フェリーターミナル　サイン計画

所在地：北海道・函館／青森
完成年月：2007年6月（函館）／2008年4月（青森）
ディレクション：GK設計（函館）／阿部設計室（青森）
デザイン：GK設計　桐山義郎、斎藤絢子（函館）／INVISIBLE design（青森）
施工：外構：ユー・ビー・コム、館内：びこう社（函館）／エーアイサイン（青森）
クライアント：フローリッシュリアルエステート

Sign System for Higashi Nihon Ferry Terminal

Place : Hakodate, Hokkaido / Aomori
Date of Completion : June, 2007 (Hakodate) / April, 2008 (Aomori)
Direction : GK Sekkei (Hakodate) / Atelier A & Associates (Aomori)
Design : GK Sekkei - Kiriyama Yoshiro, Saito Ayako (Hakodate) / Invisible Design (Aomori)
Construction : Exterior : UB · Com, Interior : Bikosha (Hakodate) / AI Sign (Aomori)
Client : Florish Real Estate

732

高松駅前バスターミナル　サイン計画

所在地：香川・高松
完成年月：2008年4月
ディレクション：高松ホットスタンプ　岩見明浩
デザイン：高松ホットスタンプ　樋口圭子
施工：高松ホットスタンプ
クライアント：香川県バス協会

Takamatsu Station Bus Terminal Signature Plan

Place : Takamatsu, Kagawa
Date of Completion : April, 2008
Direction : Takamatsu Hot Stamp - Iwami Akihiro
Design : Takamatsu Hot Stamp - Higuchi Keiko
Construction : Takamatsu Hot Stamp
Client : Kagawa Bus Association

733

京都四条通交通社会実験 演出デザイン

所在地：京都
完成年月：2007年10月
ディレクション：吉田治英
デザイン：梶川伸二、濱田佳祐、清水 響、磯貝直紀
施工：建巧社
クライアント：京都市、中央復建コンサルタンツ

Shijo Street Kyoto Social Traffic Experiment Design Direction

Place : Kyoto
Date of Completion : October, 2007
Direction : Yoshida Haruhide
Design : Kajikawa Shinji, Hamada Keisuke, Shimizu Kyo, Isogai Naoki
Construction : Kenkosha
Client : Kyoto City, Chuo Fukken Consultants

734
JR東日本仙台駅新幹線待合室 発車案内サイン

所在地：仙台
完成年月：2008年3月
ディレクション：新陽社 西城 毅
デザイン：新陽社 松渕泰典
施工：日の丸ディスプレー仙台
クライアント：東日本旅客鉄道

JR East Japan Sendai Station Shinkansen Waiting Room Departure Guide Sign

Place : Sendai
Date of Completion : March, 2008
Direction : Shin-yosha - Saijo Hitoshi
Design : Shin-yosha - Matsubuchi Yasunori
Construction : Hinomaru Display Sendai
Client : East Japan Railway

735
JR東日本無人駅 在線位置案内サインの開発

所在地：千葉・木更津
完成年月：2007年5月
ディレクション：JR東日本研究開発センター フロンティアサービス研究所
デザイン：新陽社 松渕泰典
施工：新陽社
クライアント：東日本旅客鉄道

JR East Japan Uninhabited Station Guide Sign Development

Place : Kisarazu, Chiba
Date of Completion : May, 2007
Direction : Frontier Service Development Lab., Research and Development Center of JR East Group
Design : Shin-yosha - Matsubuchi Yasunori
Construction : Shin-yosha
Client : East Japan Railway

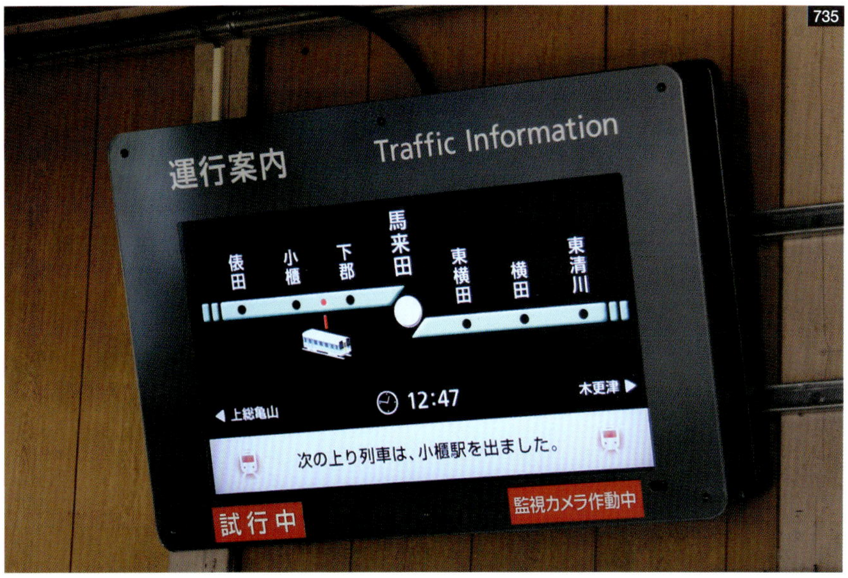

736
鈴鹿サーキットパーキング サインリニューアル計画

所在地：三重・鈴鹿
完成年月：2008年3月
ディレクション：林 義雄
デザイン：伊藤慎祐、古川卓史
エイジェンシー：レ・プロローグ
施工：レ・プロローグ
クライアント：モビリティランド テックプロ

Sign Renewal of PARKING AREA in Suzuka Circuit

Place : Suzuka, Mie
Date of Completion : March, 2008
Direction : Hayashi Yoshio
Design : Ito Shinsuke, Furukawa Takafumi
Agency : Le Prologue
Construction : Le Prologue
Client : Mobilityland Tech Pro

737

737

広州白雲国際会議センター　サイン計画

所在地：中国・広州
完成年月：2007年6月
ディレクション：中信華南（集団）建築設計院、
上海中日環境芸術工程（上海コトブキ）　小林宣夫
デザイン：上海中日環境芸術工程（上海コトブキ）
宇津木啓一、馮 雲恵、井上将人、向 帆
施工：上海大生牌業制造
クライアント：広州白雲国際会議センター

Guangzhou Baiyun International Convention Center Sign Project

Place : Guangzhou, China
Date of Completion : June, 2007
Direction : Architecture Design Institute of Citic South China (Group), Shanghai Kotobuki Environment Design & Engineering - Kobayashi Nobuo
Design : Shanghai Kotobuki Environment Design & Engineering - Utsugi Keiichi, Fen Yunhui, Inoue Masato, Xiang Fan
Construction : Shanghai Dasheng Sign
Client : Guangzhou Baiyun International Convention Center

738

738

日本医科大学大学院サイン

所在地：東京・根津
完成年月：2007年11月
ディレクション：伊藤喜三郎建築研究所　森嶋 浩
デザイン：伊藤喜三郎建築研究所　矢口ゆかり
施工：ヒロセ
クライアント：日本医科大学
撮影：三輪晃久写真研究所　三輪晃士

Nippon Medical School Sign

Place : Nezu, Tokyo
Date of Completion : November, 2007
Direction : K. Ito Architects & Engineers - Morishima Hiroshi
Design : K. Ito Architects & Engineers - Yaguchi Yukari
Construction : Hirose
Client : Nippon Medical School
Photograph : Kokyu Miwa Architectural Photography - Miwa Koshi

739

739

三愛クリニック　サイン計画

所在地：鹿児島
完成年月：2007年9月
ディレクション、デザイン：中牟田麻弥
建築設計：前田建築事務所　上大迫真一
施工：メッド
クライアント：三愛会
撮影：アイオイ・プロフォート

San-ai Clinic Sign Scheme

Place : Kagoshima
Date of Completion : September, 2007
Direction and Design : Nakamuta Maya
Architectural Design : Maeda Kenchiku Jimusho - Kamiosako Shinichi
Construction : Med
Client : San-Ai Kai
Photograph : Aioi Pro Photo

740

府中学園 府中市立府中小学校·中学校 サイン計画

所在地：広島・府中
完成年月：2008年2月
建築設計、ディレクション：日本設計
デザイン：アールツー・デザインシステム
施工：コトブキ
クライアント：府中市
撮影：力丸順一

Fuchu Gakuen Sign Project

Place : Fuchu, Hiroshima
Date of Completion : February, 2008
Architectural Design and Direction : Nihon Sekkei
Design : R2 Design System
Construction : Kotobuki
Client : Fuchu City
Photograph : Rikimaru Junichi

740

741

パークハウスつくば研究学園 マンションパビリオンサイン

所在地：茨城・つくば
完成年月：2008年1月
ディレクション：進藤然子
デザイン：小島孝彦
コーディネイション：五十嵐香子
グラフィックデザイン：ファンタジスタ歌麿
エイジェンシー：創芸
施工：NGS
クライアント：三菱地所、NTT都市開発
撮影：宮本啓介

PARK HOUSE TSUKUBA KENKYU GAKUEN MANSION PAVILION Sign

Place : Tsukuba, Ibaraki
Date of Completion : January, 2008
Direction : Shindo Noriko
Design : Kojima Takahiko
Coordination : Igarashi Kyoko
Graphic Design : Fantasista Utamaro
Agency : Sogei
Construction : NGS
Client : Mitsubishi Estate, NTT Urban Development
Photograph : Miyamoto Keisuke

741

742

"英国美術の現在史：ターナー賞の歩み"展 展示解説サイン

所在地：東京・六本木
完成年月：2008年4月
ディレクション：前田尚武
デザイン：佐々木 瞳、中島美々
ロゴデザイン：Plug-in Graphic　平林奈緒美
施工：商華堂
クライアント：森美術館
撮影：渡邉 修

The Sign of Artworks explanation "History in the Making: A Retrospective of the Turner Prize"

Place : Roppongi, Tokyo
Date of Completion : April, 2008
Direction : Maeda Naotake
Design : Sasaki Hitomi, Nakajima Mimi
Logo Design : Plug-in Graphic - Hirabayashi Naomi
Construction : Shokado
Client : Mori Art Museum
Photograph : Watanabe Osamu

742

743

TAKENAKAデザイン展2007 名古屋

展示場所：名古屋
展示期間：2007年10月
ディレクション、デザイン：竹中工務店
施工：竹中工務店
クライアント：竹中工務店

TAKENAKA DESIGN EXHIBITION 2007 Nagoya

Place : Nagoya
Date : October, 2007
Direction and Design : Takenaka
Construction : Takenaka
Client : Takenaka

744

松木草垣記念館

所在地：大阪・羽曳野
完成年月：2008年4月
ディレクション：神光苑　板崎雅光
デザイン：乃村工藝社　津田敬久
企画：紫村美也、乃村工藝社　津田敬久
グラフィックデザイン：下庄佐代美
施工：乃村工藝社
クライアント：神光苑
撮影：奥野写真工芸

Matsuki Souen Memorial Museum

Place : Habikino, Osaka
Date of Completion : April, 2008
Direction : Shinkouen - Itasaki Masamitsu
Design : Nomura - Tsuda Takahisa
Plan : Shimura Miya, Nomura - Tsuda Takahisa
Graphic Design : Shimojo Sayomi
Construction : Nomura
Client : Shinkouen
Photograph : Okuno Shashinkogei

745

エムオーテックス新大阪ビル

所在地：大阪
完成年月：2007年12月
ディレクション：竹中工務店
デザイン：竹中工務店　永井 務、黒柳 亮、粟田一行
施工：竹中工務店
クライアント：エムオーテックス
撮影：古川泰造

MOTEX SHIN-OSAKA BUILDING

Place : Osaka
Date of Completion : December, 2007
Direction : Takenaka
Design : Takenaka - Nagai Tsukasa, Kuroyanagi Ryo, Awata Kazuyuki
Construction : Takenaka
Client : Motex
Photograph : Furukawa Taizo

746

クローバークローバー

所在地：神奈川・藤沢
完成年月：2007年9月
デザイン：sinato　大野 力、伊東眞生
施工：遊夢
クライアント：加藤 尚
撮影：上田 宏

clover clover

Place : Fujisawa, Kanagawa
Date of Completion : September, 2007
Design : Sinato - Ono Chikara, Ito Masaki
Construction : Yumu
Client : Kato Takashi
Photograph : Ueda Hiroshi

747

いわき芸術文化交流館 サインデザインシステム開発

所在地：福島・いわき
完成年月：2008年4月
ディレクション：エモーショナル・スペース・デザイン　渡辺太郎
デザイン：エモーショナル・スペース・デザイン　高明 愛
建築設計：清水建設・佐藤尚巳建築研究所・永田音響設計・シアターワークショップJV、佐藤尚巳
施工：清水建設・常磐開発・福浜大一建設・カヤバシステムマシナリー・丸茂電機・ヤマハサウンドテックJV、フロムトゥ
クライアント：いわき市
撮影：イーエスディー

Iwaki Performing Arts Center Sign Design System Development

Place : Iwaki, Fukushima
Date of Completion : April, 2008
Direction : Emotional Space Design - Watanabe Taro
Design : Emotional Space Design - Takaaki Ai
Architectural Design : Shimizu, Naomi Satou Architects, Nagata Acoustics, Theater Workshop JV, Sato Naomi
Construction : Shimizu, Jobankaihatsu, Fukuhamadaiichi, Kayaba System Machinery, Marumo Electric, Yamaha Sound Technologies JV, From To
Client : Iwaki City
Photograph : ESD

748

トヨタ自動車 日進研修センター T-HILLS

所在地：愛知・日進
完成年月：2007年8月
ディレクション：日本設計
デザイン：日本設計、稲菱テクニカ
エイジェンシー：清水建設
施工：稲菱テクニカ
クライアント：トヨタ自動車

T-HILLS

Place : Nisshin, Aichi
Date of Completion : August, 2007
Direction : Nihon Sekkei
Design : Nihon Sekkei, Inaryo Technica
Agency : Shimizu
Construction : Inaryo Technica
Client : Toyota Motor

749

のぞきたくなる ◯

所在地：大阪
完成年月：2008年2月
ディレクション：寺岡宏治
デザイン：寺岡宏治、中原岳夫、清原健史
施工：大林組
クライアント：城南学園
撮影：エスエス大阪　津田裕之

Nozokitakunaru ◯

Place : Osaka
Date of Completion : February, 2008
Direction : Teraoka Koji
Design : Teraoka Koji, Nakahara Takeo, Kiyohara Takeshi
Construction : Obayashi
Client : Jonan Gakuen
Photograph : SS Osaka - Tsuda Hiroyuki

750

第40回東京モーターショー2007 開幕直前プレイベント　サイン計画

所在地：東京・神宮前、六本木
完成年月：2007年10月
ディレクション、デザイン：日本デザインセンター　三好克之、霍田智子
プロデュース：電通　内藤 純、神志名 剛、菊竹三訓、浦橋信一郎
企画：ダブルクレイン　菊地聡子
制作コーディネイション：日本デザインセンター　牛丸奈美
ディスプレイデザイン：エス・ディー・エル　楠目克美、森 信歩
エイジェンシー：電通、電通テック
施工：電通テック、エス・ディー・エル
クライアント：トヨタ自動車

The Sign Project of Opening Event before The 40th Tokyo Motor Show 2007

Place : Jingumae, Roppongi, Tokyo
Date of Completion : October, 2007
Direction and Design : Nippon Design Center - Miyoshi Katsuyuki, Tsuruta Tomoko
Producing : Dentsu - Naito Jun, Kashina Go, Kikutake Mitsunori, Urahashi Shinichiro
Plan : Double Crane - Kikuchi Satoko
Production Coordination : Nippon Design Center - Ushimaru Nami
Display Design : S.D.L - Kusume Katsumi, Mori Nobuho
Agency : Dentsu, Dentsu Tec
Construction : Dentsu Tec, S.D.L
Client : Toyota Motor

751

静心会　藤田こころケアセンター

所在地：愛知・豊明
完成年月：2007年12月
デザイン：日建スペースデザイン
建築設計：日建設計
建築施工：大林組
サイン施工：アクセス
クライアント：静心会 桶狭間病院
撮影：エスエス名古屋

Seishinkai Okehazama Hospital FUJITA KOKORO CARE CENTER

Place : Toyoake, Aichi
Date of Completion : December, 2007
Design : Nikken Space Design
Architectural Design : Nikken Sekkei
Architectural Construction : Obayashi
Sign Construction : Access
Client : Seishinkai Okehazama Hospital
Photograph : SS Nagoya

752

兵庫県立考古博物館

所在地：兵庫・播磨町
完成年月：2007年9月
ディレクション：島津勝弘
デザイン：島津環境グラフィックス　島津勝弘、井澤鉄之助、米林真由美、島津睦子、竹内健人
マークデザイン：TDC　山田崇雄
建築設計：昭和設計
施工：竹中工務店・日東みらい・ノバック・神鋼興産 JV
クライアント：兵庫県立考古博物館

Hyogo Prefectural Museum of Archaeology

Place : Harimacho, Hyogo
Date of Completion : September, 2007
Direction : Shimazu Katsuhiro
Design : Shimazu Environmental Graphics - Shimazu Katsuhiro, Izawa Tetsunosuke, Yonebayashi Mayumi, Shimazu Mutsuko, Takeuchi Takehito
Mark Design : TDC - Yamada Takeo
Architectural Design : Showa Sekkei
Construction : Takenaka, Nitto Mirai, Novahc, Shinkou Kousan JV
Client : Hyogo Prefectural Museum of Archaeology

753-754

宋慶齢幼稚園　サインリニューアル計画

所在地：中国・上海
完成年月：2007年9月
ディレクション：上海中日環境芸術工程(上海コトブキ)　宇津木啓一
デザイン：上海中日環境芸術工程(上海コトブキ)
宇津木啓一、馮 茜
施工：上海中日環境芸術工程(上海コトブキ)
クライアント：宋慶齢幼稚園

Soong Ching Ling Kindergarten Sign Renewal Project

Place : Shanghai, China
Date of Completion : September, 2007
Direction : Shanghai Kotobuki Environment Design & Engineering - Utsugi Keiichi
Design : Shanghai Kotobuki Environment Design & Engineering - Utsugi Keiichi, Fen Xi
Construction : Shanghai Kotobuki Environment Design & Engineering
Client : Soong Ching Ling Kindergarten

755

北山小・中学校　サイン計画

所在地：佐賀
完成年月：2008年3月
総合企画、プロデュース：九州大学　竹下輝和
監理：石橋建築事務所
デザイン：マイサ　小田政元、山口さやか
施工：マイサ
クライアント：佐賀市

Hokuzan Elementary School and Junior High School Sign Project

Place : Saga
Date of Completion : March, 2008
Total Plan and Producing : Kyushu University - Takeshita Terukazu
Supervision : Ishibashi Architects & Associates
Design : Mysa - Oda Masamoto, Yamaguchi Sayaka
Construction : Mysa
Client : Saga City

756

ECO²CYCLE TOUR

所在地：名古屋
完成年月：2007年12月
デザイン：AUAU建築研究所　鵜飼昭年、TYPE A/B　伊藤孝紀
施工：都市の森再生工房
クライアント：愛知県
撮影：石川善英

ECO²CYCLE TOUR

Place : Nagoya
Date of Completion : December, 2007
Design : AUAU - Ukai Akitoshi, Type A/B - Ito Takanori
Construction : Toshino Mori Saisei Kobo
Client : Aichi Prefecture
Photograph : Ishikawa Yoshihide

757

杜の宮サイン・ファニチャー計画

所在地：福岡・新宮町
完成年月：2007年10月
ディレクション：ジーエータップ　定村俊満、大城欣彦
デザイン：ジーエータップ　十亀直人、森山百合香、高木 顕
施工：ジーエータップ
クライアント：NTT都市開発
撮影：福島啓和

Morinomiya Sign Furniture Project

Place : Shingumachi, Fukuoka
Date of Completion : October, 2007
Direction : GA-Tap - Sadamura Toshimitsu, Oki Yoshihiko
Design : GA-Tap - Togame Naohito, Moriyama Yurika, Takaki Akira
Construction : GA-Tap
Client : NTT Urban Development
Photograph : Fukushima Hirokazu

758

生息情報サイン—— 低いバリケード

所在地：愛媛・西予
完成年月：2008年4月
ディレクション：八代サイン工芸
デザイン：岩田功次
施工：地域住民
クライアント：コウノトリ

Habitat Sign — Low barricade

Place : Seiyo, Ehime
Date of Completion : April, 2008
Direction : Yashiro Sign Industrial
Design : Iwata Koji
Construction : Local Residents
Client : Kounotori

759

トラスコ中山プラネット北関東

所在地：群馬・伊勢崎
完成年月：2007年5月
ディレクション：竹中工務店
デザイン：竹中工務店　山口広嗣、宮下信顕、薬師寺 浩
施工：竹中工務店
クライアント：トラスコ中山
撮影：吉村行雄

Trusco Nakayama Planet Kitakanto

Place : Isesaki, Gumma
Date of Completion : May, 2007
Direction : Takenaka
Design : Takenaka - Yamaguchi Hirotsugu, Miyashita Nobuaki, Yakushiji Hiroshi
Construction : Takenaka
Client : Trusco Nakayama
Photograph : Yoshimura Yukio

760

横浜市水道局小雀6号配水池

所在地：横浜
完成年月：2007年11月
ディレクション：中川憲造、国吉直行
デザイン：森上 暁、高木沙織
イラストレーション：延山博保、長崎久実子、川崎由美
施工：鹿島・イワキ JV
クライアント：横浜市水道局

Water Supply Pond

Place : Yokohama
Date of Completion : November, 2007
Direction : Nakagawa Kenzo, Kuniyoshi Naoyuki
Design : Morikami Satoshi, Takagi Saori
Illustration : Nobuyama Hiroyasu, Nagasaki Kumiko, Kawasaki Yumi
Construction : Kajima, Iwaki JV
Client : Yokohama City Waterworks Bureau

761

モエレ山荘

所在地：札幌
完成年月：2008年1月
ディレクション、デザイン：山田 良
施工：札幌市立大学 山田良ゼミ
クライアント：モエレ沼公園

Moere Mountain Hut

Place : Sapporo
Date of Completion : January, 2008
Direction and Design : Yamada Ryo
Construction : Ryo Yamada Studio, Sapporo City University
Client : Moerenuma Park

762

Morisia 津田沼

所在地:千葉・習志野
完成年月:2008年3月
ディレクション:丹青社　白滝安雄
デザイン:丹青社　白滝安雄、加藤雅仁、井上慎太郎
施工:フジタ
クライアント:野村不動産インベストメント・マネジメント
撮影:新 良太

Morisia Tsudanuma

Place : Narashino, Chiba
Date of Completion : March, 2008
Direction : Tanseisha - Shirataki Yasuo
Design : Tanseisha - Shirataki Yasuo, Kato Masahito, Inoue Shintaro
Construction : Fujita
Client : Nomura Real Estate Investment Management
Photograph : Atarashi Ryota

763

横浜ワールドポーターズ

所在地:横浜
完成年月:2007年8月
ディレクション:ジーク　吉原 学、平等隆志
デザイン:グロリア・アーツ　椿原健徳、
ジーク　吉原 学、平等隆志
施工:グロリア・アーツ
クライアント:横浜インポートマート

YOKOHAMA WORLD PORTERS

Place : Yokohama
Date of Completion : August, 2007
Direction : Zycc - Yoshihara Manabu, Hirato Takashi
Design : Gloria Arts - Urushibara Takenori,
Zycc - Yoshihara Manabu, Hirato Takashi
Construction : Gloria Arts
Client : Yokohama Import Mart

764

御影クラッセ

所在地:神戸
完成年月:2008年3月
ディレクション:乃村工藝社　三嶽穂積
デザイン:乃村工藝社　藤本章二郎、築地原 勲、北川英康
施工:乃村工藝社
クライアント:阪神御影インベストメント
撮影:下村康典

MIKAGE CLASSE

Place : Kobe
Date of Completion : March, 2008
Direction : Nomura - Mitake Hozumi
Design : Nomura - Fujimoto Shojiro,
Tsuichihara Isao, Kitagawa Hideyasu
Construction : Nomura
Client : Hanshin Mikage Investment
Photograph : Shimomura Yasunori

765
ハーベスト医療福祉専門学校

所在地：兵庫・姫路
完成年月：2007年11月
ディレクション、デザイン：岩田章吾建築設計事務所　岩田章吾
施工：竹中工務店
クライアント：摺河学園
撮影：荒木義久

HARVEST Medical Welfare College

Place : Himeji, Hyogo
Date of Completion : November, 2007
Direction and Design : Shogo Iwata Architects - Iwata Shogo
Construction : Takenaka
Client : Suruga Gakuen
Photograph : Araki Yoshihisa

766
MARUWA QUARTZ 三春工場4号棟

所在地：福島・三春町
完成年月：2007年12月
ディレクション、デザイン：竹中工務店
エイジェンシー：竹中工務店
施工：竹中工務店
クライアント：MARUWA
撮影：柳沼 孝

MARUWA QUARTZ MIHARU PLANT 4

Place : Miharumachi, Fukushima
Date of Completion : December, 2007
Direction and Design : Takenaka
Agency : Takenaka
Construction : Takenaka
Client : Maruwa
Photograph : Yaginuma Takashi

767
名古屋栄 Blossa

所在地：名古屋
完成年月：2007年12月
建築ディレクション：NTT都市開発　小川克憲
サインディレクション：GK-DSH　山田晃三
建築設計：NTT都市開発、大成建設、NTTファシリティーズ、日総建
サインデザイン：GK-DSH　弥中敏和、佐藤伸矢
施工：共立建設、ノムラコムス、サインアビリティ
クライアント：NTT都市開発

Blossa Nagoya Sakae

Place : Nagoya
Date of Completion : December, 2007
Architectural Direction : NTT Urban Development - Ogawa Katsunori
Sign Direction : GK-DSH - Yamada Kozo
Architectural Design : NTT Urban Development, Taisei, NTT Facilities, Nissoken
Sign Design : GK-DSH - Yanaka Toshikazu, Sato Shinya
Construction : Kyoritsu Construction, Nomura Coms, Sign Ability
Client : NTT Urban Development

768

769

768

モード学園スパイラルタワーズ

所在地：名古屋
完成年月：2008年2月
建築設計監理：日建設計
デザイン：日建設計
施工：大林組
クライアント：モード学園
撮影：スタジオ村井

MODE GAKUEN SPIRAL TOWERS

Place : Nagoya
Date of Completion : February, 2008
Architectural Design and Supervision : Nikken Sekkei
Design : Nikken Sekkei
Construction : Obayashi
Client : Mode Gakuen
Photograph : Studio Murai

769

デュープレックス銀座タワー5/13

所在地：東京・銀座
完成年月：2007年6月
ディレクション：竹中工務店
デザイン：竹中工務店　萩原 剛、押見英和、翁長 元
施工：竹中工務店
クライアント：リテック・コンサルタンツ
撮影：大野 繁

DUPLEX GINZA TOWER 5/13

Place : Ginza, Tokyo
Date of Completion : June, 2007
Direction : Takenaka
Design : Takenaka - Hagiwara Takeshi, Oshimi Hidekazu, Onaga Gen
Construction : Takenaka
Client : Retec Consultants
Photograph : Ono Shigeru

770

小西ビル駐車場

所在地：仙台
完成年月：2007年12月
ディレクション、デザイン：竹中工務店
エイジェンシー：竹中工務店
施工：竹中工務店
クライアント：小西不動産
撮影：柳沼 孝

Konishi Parking

Place : Sendai
Date of Completion : December, 2007
Direction and Design : Takenaka
Agency : Takenaka
Construction : Takenaka
Client : Konishi Realty
Photograph : Yaginuma Takashi

770

771

Hitotsugi LIP

所在地：東京・赤坂
完成年月：2008年3月
ディレクション：竹中工務店
デザイン：竹中工務店　萩原 剛、酒向 昇、高橋健人
商業プロデュース：サンケイビル
施工：竹中工務店
クライアント：オー・エム・シー・ビー開発
撮影：大野 繁

Hitotsugi LIP

Place : Akasaka, Tokyo
Date of Completion : March, 2008
Direction : Takenaka
Design : Takenaka - Hagiwara Takeshi, Sako Noboru, Takahashi Takehito
Producing : The Sankei Building
Construction : Takenaka
Client : OMCB Development
Photograph : Ono Shigeru

771

772

PIXEL LIGHT PROJECT

映像と建築の新しい風景

建物のファサードやインテリアにたくさんのLED照明を間接照明として配置し、個別にコントロールすることで映像と建築照明の間にある新しい風景をつくり出します。この提案では、既存の建物を生かしながら新しいイメージを重ね、都市の新しい風景をつくることができると考えています。

壁面や天井面への設置

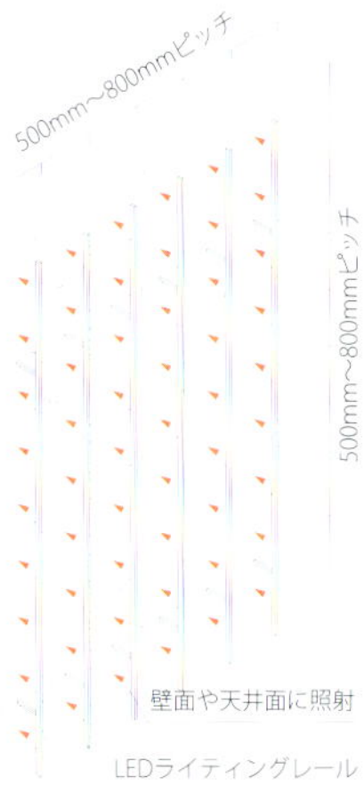

なめらかな表示

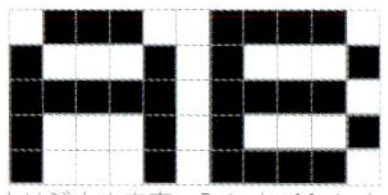

オリジナル文字　5pixel×11pixel

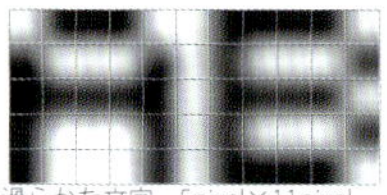

滑らかな文字　5pixel×11pixel

間接照明にすることでピクセル同士の色が混じり合いなめらかなグラデーションが生まれ、やわらかい映像や文字を表現できます。

このシステムでは、ライトアップする建築空間のスケールや形状にあわせてLED照明を配置します。高さ30m程度の7階建のビルファサードでは映像を映したり、窓の形状に合わせたグラフィカルなライトアップとしても利用できます。また、インテリアの壁や天井面では広告やニュースなどの文字をスクロールさせて表示することができます。

772

PIXEL LIGHT PROJECT

企画、デザイン：河内建築設計事務所　河内一泰
プログラミング：レーザーシステム　舟橋 毅

PIXEL LIGHT PROJECT

Plan and Design : Kochi Architect's Studio - Kochi Kazuyasu
Programming : Laser Systems - Funahashi Tsuyoshi

773

サンプルプログラム実施

プログラム試行

プログラム本番開始

鉄道博物館　教育プログラムの開発

鉄道をより深く体験・実感してもらえるしくみ

教育委員会の監修と
プログラム試行を重ねながら進めた開発手法

展示を通して鉄道をより深く理解し、学べる教育プログラムを開発しました。学校単位の小学生団体や一般来館者を対象に、インタープリタの指導により実施します。プログラムの解説時は展示はもとより、図や模型等の解説補助具も用い、テーマをよりわかりやすく説明します。展示を巡りながら答えるワークシートも用意されています。開発にあたっては小学生団体を想定し、学習指導要領を反映した内容としました。

- STEP 1 調査　学習指導要領の確認
- STEP 2 開発　プログラム開発 教育委員会の監修
- STEP 3 試行　交通博物館でのサンプルプログラム実施
- STEP 4 制作　インタープリタ教育資料制作 プログラム試行
- STEP 5 実施　インタープリタ教育実施 プログラム本番開始

773

鉄道博物館 教育プログラムの開発

所在地：さいたま
完成年月：2007年10月
総合プロデュース：ジェイアール東日本企画　副島和子
業務管理：トータルメディア開発研究所　板里義之
プロデュース：岩田紳也
企画ディレクション：福島正和、橋本知子、幡野由夏
制作ディレクション：久光重夫、長澤信夫、松本和子、伊佐美哲、重盛恭一
グラフィックデザイン：阿部昌徳、井下雄世
クライアント：東日本鉄道文化財団
撮影：福島正和、鉄道博物館

The Railway Museum Educational Program Development

Place : Saitama
Date of Completion : October, 2007
Total Producing : East Japan Marketing & Communications - Soejima Kazuko
General Management : Totalmedia Development Institute - Itasato Yoshiyuki
Producing : Iwata Shinya
Planning Direction : Fukushima Masakazu, Hashimoto Tomoko, Hatano Yuka
Production Direction : Hisamitsu Shigeo, Nagasawa Nobuo, Matsumoto Tomoko, Isa Yoshitetsu, Shigemori Kyoichi
Graphic Design : Abe Masanori, Inoshita Yusei
Client : East Japan Railway Culture Foundation
Photograph : Fukushima Masakazu, The Railway Museum

774

見せることから変わる都市環境との関わり方の提案“東京水没 2050”

展示期間：2007年10月～2008年3月
企画、デザイン：斉藤亜紀、鶴岡 諭、松井和恵
ロゴデザイン：長谷川史織

Suggestion of the relation with the city environment that changes by showing “Tokyo-suibotsu 2050”

Date : from October, 2007 to March, 2008
Plan and Design : Saito Aki, Tsuruoka Satoru, Matsui Kazue
Logo Design : Hasegawa Shiori

775

船の科学館 海と船の巡回展 巡回展キットの開発

展示場所：船の科学館 他／完成年月：2007年8月
ディレクション：乃村工藝社 三宅大朗
デザイン：乃村工藝社 三宅大朗、金山正志、巻柄利枝
企画：乃村工藝社 佐藤英樹
プロジェクトマネジメント：乃村工藝社 山内 量、福島 努
造形デザイン：デフ 斉藤正人、堺 直子、外山貴洋
グラフィックデザイン：サードワーク 河合嘉章
プロダクション：乃村工藝社
クライアント：船の科学館
協力：海洋政策研究財団、日本海洋学会
撮影：富田皋生

Development of the traveling exhibition kits of Traveling Exhibition of the Sea and Ships by Museum of Maritime Science

Place : Museum of Maritime Science etc.
Date of Completion : August, 2007
Direction : Nomura - Miyake Tairo
Design : Nomura - Miyake Tairo, Kanayama Masashi, Makitsuka Toshie
Plan : Nomura - Sato Hideki
Project Management : Nomura - Yamauchi Hakaru, Fukushima Tsutomu
Model Design : Def - Saito Masato, Sakai Naoko, Toyama Takahiro
Graphic Design : Third Work - Kawai Yoshiaki
Production : Nomura
Client : Museum of Maritime Science
Cooperation : Ocean Policy Research Foundation, The Oceanographic Society of Japan
Photograph : Tomita Kosei

776

推理ゲームの研究と実践の展示

展示場所：東京・西東京
展示期間：2007年7月～9月
企画、ディレクション：平井裕公
デザイン：中尾幸子
マネジメント：品川俊介
キャラクターデザイン：平井貴子
プロダクション：日展
クライアント：多摩六都科学館組合

Study and Practice of a Detective Game

Place : Nishi-Tokyo, Tokyo
Date : from July to September, 2007
Plan and Direction : Hirai Hirokimi
Design : Nakao Yukiko
Management : Shinagawa Shunsuke
Character Design : Hirai Takako
Production : Nitten
Client : Tama Rokuto Science Museum

777

express wayの提案

ディレクション、デザイン：久山千鶴子

The express way proposal

Direction and Design : Hisayama Chizuko

778

MANGAメディアによる展示コミュニケーションの研究と実践

所在地：富山
完成年月：2007年7月
デザイン、制作：乃村工藝社
企画、構成：乃村工藝社　渡辺 創、斉藤恵理、森 誠一朗、柳原朋子、成田英樹
グラフィックデザイン：舘野 勉、森脇清久、上村 誠
漫画：かく せっこう
クライアント：富山市

A study on practice of the science communication by MANGA–Media in Toyama Science Museum

Place : Toyama
Date of Completion : July, 2007
Design and Production : Nomura
Plan : Nomura - Watanabe So, Saito Eri, Mori Seiichiro, Yanagihara Tomoko, Narita Hideki
Graphic Design : Tateno Tsutomu, Moriwaki Kiyohisa, Uemura Makoto
Manga : Kaku Setsukou
Client : Toyama City

779

新しい学びの場としての博物館の試行 ―持ち得る資源から、新たな資源を創出する―

所在地：長野・戸隠
企画：東京大学総合研究博物館　西野嘉章、洪 恒夫、松本文夫、菊地 誠、湯浅万紀子、粟国嘉隆、石田裕美、長野市立博物館、戸隠村地質化石館
ディレクション：洪 恒夫
クライアント：長野市

A trial of museum as place of new learning — A new resource is created from the resource that can be had.

Place : Togakushi, Nagano
Plan : The University Museum, The University of Tokyo - Nishino Yoshiaki, Ko Tsuneo, Matsumoto Fumio, Kikuchi Makoto, Yuasa Makiko, Awakuni Yoshitaka, Ishida Hiromi, Nagano City Museum, Togakushi Fossil Museum
Direction : Ko Tsuneo
Client : Nagano City

Selection and Criticism

審査評

Selection Process

The preliminary and final selections were held at the office of Nomura Co. in Tokyo on June 7 and 8, 2008. The total number of entries was 873 (2,144 photo panels). Around 70 members of the Japan Display Design Association took part in the preliminary selection by category, and screened 448 works. They further selected 87 works as candidates for awards, and 24 works as candidates for the Display Association Special Award. A separate selection was held for the Special Awards, and 7 works were awarded the Display Design Association Special Award, its Regional Award and Student Award. In addition, in the category of the Display Design Special Award for Planning and Research, 3 works were selected including two for its Student Award.
The Final Selection was conducted by 12 judges, consisting of 5 guest judges including Shibata Fumie and Seki Yasuko and 7 Association members. After a heated discussion, the Display Design Grand Prix was given to, from among the 87 candidate works, to the "Biosophia of Birds: an Invitation to the Yamashina Collection," the Display Design Gold Award was given to 10 works and the Display Design Silver Award to 10 works.

(Yamada Hiroaki, chairperson, Display Design Award committee)

Yamada Masayuki

DDA chairperson / chairperson, Display Design Award selection committee

The Display Design Award Grand Prix 2008 was given to the "Biosophia of Birds: an Invitation to the Yamashina Collection," an exhibition held at the University Museum, the University of Tokyo in commemoration of the 130th anniversary of the university. The essential points for the exhibition were to present the intention of the exhibition and to show the distinctive features of actual exhibits and their supporting information. The exhibit space was divided into five rooms, and display methods were selected to accurately show the intention of each room. The display was beautiful. Especially, the retrospective modern-style glass cases were overwhelming. They reminded me of the starting point of display design.
The "Nicolas G. Hayek Center" competed with the above for the Grand Prix. The architectural concept of this building itself was a display. The work was highly evaluated as it contained various devices to please visitors. The Display Design Gold Award winner "Basel World 2008 'Seiko Stand'" overwhelmed the others with its dynamic space composition consisting of white walls and a stone fence. The Silver Award winning "Hirose Dental Clinic" had pictures of clouds on the windowpanes of the building that change along with the passage of time and created a mysterious world. "The Sugarcane Field for the 2007 Okinawa Memorial Service for All the War Dead" submitted by a research institute of Okinawa Prefectural University of Arts expressed the landscape of Okinawa precisely and simply with a sugarcane field as a motif. It won high appreciation among the judges. The Special Award-Student Award winning "minnano-buranco (our swing)," a bench hung high in the air, gave a pleasant and intriguing feeling like a trompe l'oeil.

Seki Yasuko

Editor

Today, design is considered to be an important factor to connect humans, objects, spaces, information and time and to establish new relations, or to further develop or deepen the existing relations. In other words, designs are relative and their meanings and values vary depending on the conditions of humans, objects, spaces, information and time. They are not absolute entities as art works.
With this consideration in mind, it was difficult to understand the intention of the spatial and environmental designs with the limited information and given conditions at the selection meeting. For example, the value of temporary space designs and semi-permanent museum exhibit designs cannot be evaluated with the same yardstick. The shortlisted works for the final selection were representative masterpieces of display design in Japan from 2007 to 2008. Then, there should be a thorough discussion among the Jury to confirm what are the important elements, such as the positioning of the Gold Award and Silver Award. This is the minimum necessity to pay respect to creators for their strenuous efforts.
I was impressed by the Grand Prix winning "Biosophia of Birds: an Invitation to the Yamashina Collection," and the Silver Award winning "Sugarcane Field for the 2007 Okinawa Memorial Service for All the War Dead." Both expressed tenderness toward humans, objects and nature, which are not affected by trends. While explosiveness is required in display design, I would like to see something heart-warming in designs which does not change at anytime.

Tsuge Kiharu

Professor of Chiba University

The "Biosophia of Birds: an Invitation to the Yamashina Collection" was awarded the Display Design Grand Prix. The simple and meticulous exhibition of the University Museum of Tokyo University was convincing, and its display technique excelled. The exhibits conveyed a message on global warming through unusual developments such as bird influenza, and were highly evaluated.
The jury was divided at the time of final voting for the Grand Prix winner between the above and the "Nicolas G. Hayek Center." In recent years, display-oriented architecture has been on the rise. This work excelled from others in expressing the company's message, and establishing a favorable relation with an urban space. Today, corporate social responsibility and information disclosure are required of business corporations, and this work successfully showed the solution with its display technique.
The above two works can be said to have followed the principle of display design using spaces as media to convey information and to offer an appealing message.
This tendency was more remarkable among the Gold Award winners, in particular, among show window and exhibition display works. The "Japan Brand Exhibition in Tokyo Designer's Week," and the "This moment, This life, Beautifully" by Shiseido École de Hayama, were appealing to me. The distinctive design of the "Fujicohaku" was excellent in expressing the concept of display design using the entire space.
What is common to these works was that they returned to the starting point of display design. They successfully used elements in a space to give appealing messages.

Selection Process

The Display Industry Grand Prix was established in 1982 to award excellent display designs that would contribute to the promotion of the display industry. The number of nominated works for this year was 25 for the Display Industry Grand Prix, and 157 for the Display Industry Silver Award (120 from Eastern Japan, 13 from Central Japan, and 24 from Western Japan), which were screened from the 873 entry works through the selection for the Display Design Award 2008.

The Selection Committee met at the Yaesu Fujiya Hotel in Tokyo on June 25, 2008. The judges cast open ballots to the candidate works by order of preference. Based on the calculated points, each judge enthusiastically explained the reason for one's selection. The chairperson coordinated their opinions. As a result, one work for the Display Industry Grand Prix, three works for the Display Industry Gold Award, one work for the Display Industry Special Award, and 16 works for the Display Industry Silver Award were selected.

(Tsunokawa Wataru, chairperson, Display Industry Awarding and Annual Book committee)

Toyoguchi Kyo

Chairman of the board of trustees, Nagaoka Institute of Design
Chairperson, Display Industry Award selection committee

Every year, I ask myself what I should understand from the term "industry." I remember that nearly 30 years ago, the automobile industry attempted to create the Japan Automobile Museum. It was the time when Japanese automobiles were recognized and highly reputed in the world. The manufacturers planned the museum to show the history of the industry, their technologies and techniques as well as products. I still regret that this grand scale collaboration between the automobile industry and the display industry was not realized.

The four finalist works showed unique individual characteristics and elegance. They were articulate in expressing their messages, and the philosophies of the designers were thoroughly expressed. Careful consideration was paid to the details from planning, designing and fabricating processes.

I appreciated the "Basel World 2008 'Seiko Stand'" as it skillfully incorporated the local culture and aesthetic senses of Basel. I was amazed by the healthy appeal of the "Hirose Dental Clinic" to townspeople through its changing light.

"Interactive" display designs rather than "appealing" display designs will become more important in the increasingly complicated internationalized world.

From this point of view, the "INAX:GINZA" was excellent. It expressed the corporate image with white with the image of cleanliness and an organic form with infinite possibility. I highly evaluated the designers for their competence to express the corporate image in this way.

Senda Mitsuru

Environmental Architect / Professor of University of the Air

A design concept is essential for display design, just as it is for architecture and environmental design. Therefore it is not only the beauty of expression, but also the meaning of a display should be clearly presented. Therefore, the information that a display design intends to convey is an element for evaluation.

The Display Industry Grand Prix winner "INAX:GINZA" was an interior and display design with a strong message. In the space composed of gentle curved lines and surfaces, an image of a sharp and sophisticated life was clearly expressed. It succeeded in conveying the high technology of the sanitary ceramics company. I only felt that there should have been a little more design consideration for the edges.

The three Display Industry Gold Award winners had strong messages. In particular, the "Hirose Dental Clinic" was noted for its design using the entire glass wall. The movie-like expression appealing to people from both inside and outside might have given surprising and pleasant impressions to them. This could be considered a building in which a display design stands out.

It is evaluated as display architecture. I would like to recognize this as a new direction in an information-based and environmentally conscious society.

The Display Industry Special Award was given to the "Fujicohaku." The lighting design featuring slits gave a sense of direction to the space, and it was interesting as a space presenting a guide sign.

The Display Industry Silver Award was given to 16 works. I noted the "Masayuki Kurokawa 'The Re-Editing of Tradition' Exhibition" and "Sunplant" as samples of new technical attempts.

Hashizume Shinya

Professor, Dr. Eng. Osaka Prefecture University
Research Institute for Tourism Industry

Excellent works were found in showroom, exhibition and show window displays as represented by the Display Industry Grand Prix winning "INAX: GINZA." In addition to this work, I strongly recommended the "Basel World 2008 'Seiko Stand'" as a project outside Japan.

Unfortunately, I could not find challenging works in cultural and commercial facilities. I found potentiality in making the pattern of clouds surface on the windowpanes of the "Hirose Dental Clinic" and recommended it as a high-rank Award winner.

Among the Display Industry Silver Award winners, I noted the "Sunplant," a street lamp combining a solar cell power generator and LEDs. It will spearhead the social trend to consider the environmental issues.

Generally speaking, the entry works were conservative with no "outstandingly controversial" work in a positive aspect. Needless to emphasize, displays reflect the economic conditions, cultural and social trends. I wonder if they are forecasting social stagnation.

Selection Process

Under the catchphrase of "the JCD Award will determine the world's No. 1 spatial communication," application for this competition was opened to the world in 2008. Application through the Internet began two years ago, and 414 applications were received in 2008 including 25 from other countries. In the preliminary selection by judges from various fields the JCD 2008 Best 100 were selected. The final selection was held at the Tokyo Design Center on June 17, 2008. Here, the 100 selected entries were presented by photo panels. The jury of six (chaired by Kondo Yasuo, Kawashima Yoko, Nakamura Ryuji, Hashimoto Yukio, Hiromura Masaaki, Mende Kaoru) selected award winners. The selection was held in an open-to-the-public style before an audience. In the first stage, they selected 26 works, and shortlisted 6 works at the second stage, as candidates for the JCD Grand Award and JCD Gold Award winners. Then, 3 JCD Rookie Award winners were selected from among the 26 selected works. Finally the "Sukiya" and the "Bless" competed for the JCD Grand Award and after a heated discussion, the "Sukiya" won the Grand Award by a narrow margin. The JCD Gold Award was given to 5, and the individual judge's award to 5 works from among the remainder.

At the symposium held following the selection, the six judges and six young designers who were among those who were selected for Best 100 (Otsubo Terufumi, Ono Chikara, Keiko+Manabu, Natsume Tomomichi, Fujiwara Keisuke, and Hojin Hisashi) exchanged candid views on the JCD Design Award.

(Koizumi Makoto, chairperson, JCD Design Award committee)

Iijima Naoki

JCD chairperson

I have been interested in designs submitted by young designers. While skillfully drawing out the structure and form in a space, the sense of distance between their bodies and the space that they conceive interests me. The beauty salon by Nakamura Hiroshi (2006 Grand Award winner), the glasses shop by Nakamura Ryuji (2007 Grand Award winner), the glasses shop by Hojin Hisashi and the fashion shop "Bless" by Keiko + Manabu for this year are not only creative but they also suggest a new trend in design technique. They are all fresh and enchanting. The entry works always reflect the trend of the year. It is also true this year.

To determine the JCD Grand Award winner, the judges were divided between the supporters of "Bless" by Keiko+Manabu and the "Sukiya" by Suzuki Yukiharu. The "Sukiya" finally won the prize. "Sukiya" is a house with an extra space for residential training built on the bank of Lake Hamanako. It is a wild design like a wooden box made of cedar boards which are installed with a small space in between.

The result of the selection might be a question asking "what is the reality of design." The design of "Bless" was highly mature and stood out among other designs. On the other hand, the design of "Sukiya" was not sophisticated at all, but the reality of a building was there to help light and the air to circulate. The winds from the lake went through the spaces between the cedar boards, which was a sustainable air conditioning system. It reflects the need of society today. I feel like staying there.

Kawashima Yoko

Marketing manager

As a marketing manager, I am always trying to read the market trends looking around towns, shops and people, and shop design is an important element. Our emotion is greatly affected by the design when we visit a shop. In a tranquil space, we feel braced up, but in a gay and eloquent interior, we feel excited. In this way, shop designs determine the mood of visitors.

It is not shop design alone that is required to make visitors enjoy shopping. When the articles and services of a shop and sales clerks and shop design are well coordinated, visitors can enjoy visiting the shop. Shop design plays an important role to point up what the shop wants to convey to visitors.

At this selection, I judged works considering what I would feel if I were there, or the impression that I usually value. In other words, my consideration is from the viewpoint of users.

I felt myself emotionally enriched at the sight of many shop designs at the selection hall. I fully enjoyed the selection as I imagined what kinds of products and people would be placed in these shops. At the same time, I realized great potentiality of design in shop interiors. Indeed, design has power to make people happy.

Hiromura Masaaki

Graphic designer

An announcement was given to invite fresh designs related to spaces and environments in general. This promoted the applications of a wider range of designs that are not necessarily "commercial space" designs.

In the field of graphic design, recently, the range of activities for designers has been expanded to product design, spatial design, Internet web design and interactive design.

Looking back, there was not any distinction of genre or category in design concept at the beginning. In the process of progress, segmentation has occurred to specify the range of activities of a designer to a certain extent. However, at the selection meeting, I found it difficult to judge works of so many varieties using only one criterion.

In fact, the vector of design is completely opposite between interior design and architecture. Consciousness is directed into the inner side in designing the interior, while, in architecture, it is radiated into the outer side to establish a relationship with the environment and society. Therefore, the meaning of design should be fundamentally different. The objects of interior design are "individual" but those of architecture are "society" even if they are for "individual persons."

Selection Process

The regional selections for the 42nd SDA Award were held at 8 places on May 17, 2008. The first selection on the national level was held at the Ohashi Campus of Art and Engineering Faculty of Kyushu University in Fukuoka on May 29 to screen 123 works from 242 entries. The final selection was held in Tokyo on June 6, 2008. The Sign Design Grand Prix was given to the "Water Logo" from among the Sign Design Diamond Award winners of all categories.

Guest Judge Awards were given again this year, and the Sign Design Aoki Jun Award was given to the "Corn," the Okura Fumio Award to the "Trusco Nakayama Akita Branch," the Katsuo Takehiko Award to the "Diary," and the Kojima Ryohei Award to the "Motion Signage System for Nicolas G. Hayek Center."

Prior to the final selection, the selection for the Sign Design Special Award was held, and from the 6 finalists, the "Kuidaore Ningyo" and "A Town of Shop Curtains" were chosen. The former was evaluated as a display figure that has established a new style of commercial sign and that has contributed to creating liveliness in the Minami downtown district in Osaka. The latter was evaluated as an example of town activation with Shop Curtains in Katsuyama in Maniwa city, Okayama prefecture.

Noteworthy works were the "Water Logo," "Motion Signage System for Nicolas G. Hayek Center" and "Waving Information." They employed new materials, mechanisms and moving imagery instead of conventional signboards and other items. On the other hand, the "Nomura New Building," and the "Signage Renewal Design for Fukagawa Gatharia" showed guide boards with extremely simplified graphics.

Many challenging and sophisticated works were submitted for the 42nd SDA contest, and they suggested the new potential of sign designs.

(Nakaoka Satoru, chairperson, Sign Design Award)

Ihara Rian

SDA chairperson / chairperson, Sign Design Award selection committee

Among the entry works in the 42nd SDA contest, there were two major systems of signs. One was a sign system based on behavioral psychology to safely provide visitors to a building or facility with Information → Guidance → Display in an easy manner. The other system was to show changing information using LEDs and liquid crystal display terminals.

The Sign Design Grand Prix winning "Water Logo," and the Sign Design Diamond Award winning "Motion Signage System for Nicolas G. Hayek Center" imparted strong messages. In the "Water Logo," diamond-like polka dots dropped twinkling down one after another. All amazed, the judges unanimously selected this as the Grand Prix winner.

The work that drew my attention the most was the "Diary." This was a temporary wall of a construction site. The construction company crushed broken materials from the construction site into chips, and showed them to passers-by. I appreciated this corporate stance. The Sign Design Gold Award winning "Arrow" was a temporary signpost system to lead visitors in a campus. The form of an arrow was used as a sign. The arrows were portable and stackable. The Sign Design Silver Award winning "Sailing Ships of Seven Colors" presented a dynamic picturesque world as the traditional sailing ships with white masts changed their colors into seven colors and floated on the wide surface of Lake Kasumigaura.

Aoki Jun

Architect

I am designing buildings as my profession. I am making the vessel in which signs are going to be installed. From the side of the "vessel," designing signs seems to be extremely difficult. Signs are a tool to communicate information accurately, therefore, they have to be conspicuous. They must be pictures placed on the wall of a building which becomes the background. From my standpoint, spaces in a building are also pictures. If sign designers respect these spaces, they would consider designing their signs as pictures while maintaining the building as a picture at the same time. It is almost contradictory.

At the selection meeting, I found many works that have broken through the seemingly impossible job. The level of sophistication was terrific. The "Corn," for example, to which I offered the Award in my name, succeeded in making an ordinary building into a picture with an elaborate technique. In a sense, design methodologies are out in the open today, and attempts to paint a picture on a larger picture of a building will become a subject for sign designs.

Kojima Ryohei

Graphic designer

For the past several years, consciousness about sign design in spaces has gradually changed among designers, and changes have been observed in their design works. Messages have been designed on 2-dimensional panels and 3-dimensional structures for many years. A new trend in recent years is that the shops of famous brands from overseas use the buildings to show their intentions, and offer stimulating decorations to streetscapes by emitting luminary images on the facades. Their computer-controlled LED lighting generates futuristic images. In the future, sophisticated LED signs will replace neon signs in well- established city environments.

I had a favorable impression of the "Motion Signage for Nicolas G. Hayek Center." Usually, signs are static. But in this sign, light and images pleasantly crossed in a space. Orange colored watch designs were projected down on the floor. While moving, they were overlaid, and showed beautiful compositions leaving behind light loci. It was calculated that the patterns of orange color watches were to be in focus at a certain distance, and at the height of people looking at their wristwatches. This was called a floating clock, and the other was called a floating signal. At every hour, the image of a watch told the time with the orange color. Vanishing signs, floating signs, and signs that jumped into people's consciousness. The beautiful creation artistically using motion light graphics gave a little surprise and enjoyment. It was the most impressive and excellent work among the entries this year.